TRAITÉ GÉNÉRAL

DES

PROPULSEURS

EMPLOYÉS

DANS LA NAVIGATION A VAPEUR

PARIS — IMPRIMERIE E. BERNARD & Cie,
23, rue des Grands-Augustins, 23

TRAITÉ GÉNÉRAL

DES

PROPULSEURS

EMPLOYÉS

DANS LA NAVIGATION A VAPEUR

PAR

Benjamin MARTINENQ

PARIS
E. BERNARD ET Cie, IMPRIMEURS-EDITEURS
53ter, Quai des Grands-Augustins, 53ter
1893

TRAITÉ

DES

PROPULSEURS

EMPLOYÉS DANS LA NAVIGATION A VAPEUR

I. — PRÉLIMINAIRES

Travail des propulseurs. — Utilisation. — Recul

Les propulseurs employés dans la navigation à vapeur sont des appareils mûs mécaniquement de l'intérieur du navire et destinés à exercer sur l'eau, dans laquelle ils sont en partie ou totalement immergés, une poussée dirigée dans le sens opposé à la direction que l'on veut donner au navire. C'est la réaction de cette eau sur le propulseur qui, transmise au bâtiment, donne à celui-ci sa vitesse dans une direction déterminée.

En raison de sa mobilité, l'eau cède en partie sous l'action du propulseur. Si l'eau, supposée tranquille, ne cédait pas, la réaction serait entièrement employée à vaincre la résistance que rencontre le navire à se mouvoir dans la masse liquide et à imprimer à ce dernier une vitesse donnée.

La vitesse du propulseur ne peut jamais être inférieure à celle du navire et il serait nécessaire et suffisant qu'elle lui fût égale ; alors le travail fourni au propulseur serait égal au travail résistant que l'eau oppose à la marche du navire.

En appelant t le travail du propulseur et R la résistance que ce dernier doit vaincre pour mouvoir le navire à travers l'eau avec une vitesse v, en mètres par seconde, on a :

$$t = v\ \mathrm{R}.$$

R est ce que l'on appelle *résistance de la carène.*

Lorsque le bâtiment se meut, il refoule le liquide devant lui, et la résistance directe, c'est-à-dire la résultante, dans le sens contraire à la marche, des pressions exercées par l'eau contre la carène, est proportionnelle au carré de la vitesse et à la surface transversale normale à la direction de cette vitesse.

L'effort que l'eau refoulée exerce sur chaque élément constitutif de la carène du navire en marche peut se décomposer en deux : l'un est normal à cet élément, c'est la *pression* ; l'autre est tangentiel, c'est le *frottement.*

La pression est plus ou moins grande selon que les molécules d'eau viennent frapper plus ou moins perpendiculairement le plan normal à la direction du mouvement, avec une vitesse plus ou moins grande. L'effort particulier est exprimé par le sinus de l'angle d'incidence, puisque le sinus représente la composante de la vitesse perpendiculairement au plan.

L'impulsion doit être proportionnelle au carré de cet angle, ainsi qu'au carré de la vitesse.

Le frottement est d'autant plus grand que le liquide est plus visqueux et la carène moins lisse.

En désignant par b^2 la surface d'un élément de la carène, en mètres carrés ; par v la vitesse, en mètres par seconde, par rapport au milieu ambiant, et par K' un coefficient de *résistance* dépendant de la nature du liquide, on a pour valeur de la résistance R, en kilogrammes, que l'eau exerce sur cet élément en mouvement, l'équation générale :

$$\mathrm{R} = \mathrm{K'}\, b^2 v^2$$

Si le plan de l'élément fait avec la direction du mouvement un angle α, on a :

$$\mathrm{R} = \mathrm{K'}\, b^2 v^2 \sin^2 \alpha$$

Si l'on considère le navire entier, on déduit de ce qui vient d'être dit, que la résistance R, en kilogrammes, qu'éprouve ce bâtiment en mouvement dans l'eau suivant une direction normale à son plan transversal, perpendiculaire à l'axe longitudinal, avec une vitesse v, en mètres par seconde, est donnée par la formule générale :

$$\mathrm{R} = \mathrm{K}\ \mathrm{B}^2 v^2$$

dans laquelle B^2 est la surface immergée du navire au maître-couple, en mètres carrés ; K un coefficient qui peut être considéré comme la valeur moyenne de la résistance de 1 mètre carré du maître-couple pour une vitesse de 1 mètre par seconde. Cette valeur varie avec la vitesse, les dimensions du navire, l'état de propreté de la carène, la finesse des lignes d'eau.

Cette formule générale est désignée communément sous le nom de *formule générale de la résistance des carènes.*

La résistance de la carène augmente avec la vitesse, la rugosité de la carène, le développement de la surface mouillée, l'angle d'attaque de la flottaison à l'avant.

Si dans la formule $t = vR$, donnée plus haut, on remplace R par la valeur ci-dessus, on a, pour le travail que doit fournir le propulseur pour vaincre la résistance de la carène, afin de mouvoir le navire à travers l'eau avec une vitesse v, la formule :

$$t = K\,B^2 v^3.$$

La théorie et la pratique n'ont pas encore fourni de formule précise permettant de trouver *a priori* la résistance d'une carène donnée mue par un propulseur déterminé.

Néanmoins quelques auteurs ont donné les valeurs suivantes de K dans la formule $R = KB^2v^2$.

M. l'amiral Bourgois, dans son *Mémoire sur la résistance de l'eau au mouvement des bâtiments de mer*, a déterminé la valeur de K par l'expression suivante :

$$K = K_1 + K_2 \frac{lv^2}{B^2} + K_3 \frac{S}{B^2 v}$$

dans laquelle,

K_1 est un coefficient qui dépend de la forme de la carène et du frottement ; K_2 est un coefficient relatif à l'acuité des formes extrêmes du navire, et qui tient compte du bouillonnement de l'eau sur la proue et de la dépression à l'arrière ; K_3 est un coefficient de cohésion du liquide ; l est la largeur maxima du navire, et S *la surface mouillée réduite* que l'on obtient en faisant la somme des produits de tous les éléments de la surface de la carène par le cosinus de l'angle variable qu'ils forment avec la direction du mouvement.

M. Bourgois, a déterminé, de plus, la formule empirique suivante qui, dans la plupart des cas, peut servir à évaluer la valeur de S :

$$S = 0{,}6\,L\,(l + 2\,i)$$

dans laquelle L est la longueur, l la largeur maxima et i la profondeur de carène du navire.

Des expériences faites par MM. Moll et Bourgois sur des embarcations à carène propre, ont donné pour valeurs de K_1, 2 à 3 kilogrammes, y compris la résistance de l'air sur les œuvres mortes ; de K_2, 0 k. 120 à 0 k. 228 ; de K_3, 0 k. 05 à 0 k. 12.

Pour des navires à vapeur, en bois ou en fer, en bon état, dont la longueur est comprise entre 5 et 6 fois la largeur, $K_1 = 2{,}00$; $K_2 = 0{,}14$; $K_3 = 0{,}08$.

Pour des navires à formes très fines dont la longueur n'excède pas quatre fois et demie la largeur, $K_1 = 1{,}80$; $K_2 = 0{,}14$; $K_3 = 0{,}08$.

Pour tenir compte de la résistance de l'air sur les œuvres mortes et les superstructures, M. Bourgois augmente la valeur de K d'une quantité variant de 0 k. 20 à 0 k. 45.

M. Dupuy de Lôme a donné la formule suivante de la résistance des carènes :

$$R = K\,B^2\,(v^2 + 0{,}145\,v^3) + K'S\sqrt{v}$$

dans laquelle S est la surface mouillée de la carène, K un coefficient variant suivant les formes, et diminuant en raison inverse de la racine carrée des rayons de courbure des sections longitudinales de la carène. Ce coefficient diminue aussi avec l'angle moyen que font les lignes d'eau avec la proue : cette diminution est de 15 % environ lorsque cet angle moyen descend de 45 à 15 degrés. K' est un coefficient indépendant des formes de la carène, mais variant selon le degré de propreté de cette dernière. Il peut passer de 0 k. 300 pour des carènes très propres, à 3 kilogrammes pour des carènes pleines d'herbes et couvertes de coquillages.

Pour le vaisseau le *Napoléon*, M. Dupuy de Lôme a trouvé, avant l'oxydation du cuivre : $K = 1{,}96$; $K' = 0{,}44$.

M. le professeur Rankine a donné la formule suivante :

$$R = K\,L\,C\,v^2\,(1 + 4\sin^2\alpha + \sin^4\alpha)$$

dans laquelle α est l'angle moyen que font les lignes d'eau à l'avant avec le plan longitudinal ; L la longueur du navire à la flottaison et C le contour moyen des couples de carène. LC est donc la surface mouillée de la coque. K est un coefficient égal à 0,1847 pour une carène de navire en fer, peinte et propre.

MM. Guède et Jay ont, de leur côté, donné la formule suivante :

$$R = K\,B^2v^2 + K_1\,B^2v^4$$

dans laquelle,
les valeurs de K et de K_1 ont été trouvées, pour le navire *Elorn*, respectivement égales à 2 k. 6 et 0 k. 15.

D'après des expériences faites par M. C. Antoine, ingénieur de la Marine, on peut déterminer approximativement la valeur de K par la formule empirique suivante :

$$K = \frac{V}{\sqrt[3]{B^2}} + T$$

dans laquelle V est la vitesse exprimée en nœuds à l'heure, B^2 la surface immergée du maître-couple et T un terme dont la valeur dépend de la finesse des formes de la carène, l'état de propreté de cette dernière, etc. [1].

1. M. C. Antoine, *Calculs des Propulseurs héliçoïdaux.*

« En général $T = 2$. $K = \frac{V}{\sqrt[3]{B^2}} + 2$ est donc la valeur du coefficient K que l'on peut adopter *a priori* pour un bâtiment dont les formes sont comme on a l'habitude de les faire ordinairement.

Pour les bâtiments plus fins, tels que croiseurs et avisos, on peut prendre $T = 1,5$, et pour les bâtiments fins sans mâture $T = 1$.

Ces différentes valeurs attribuées au terme T se rapportent à des résistances mesurées par mer calme ; en réalité, le vent et les courants peuvent en augmenter pratiquement la valeur.

Les désaccords que l'on rencontre parfois entre les données du calcul et les résultats d'expériences sont de même ordre que les différences que l'on remarque souvent non seulement dans les essais de bâtiments de même type, mais encore dans ceux d'un même bâtiment. »

Le travail résistant T_r de la carène, exprimé en kilogrammètres, que doit vaincre le propulseur, est donné par la formule :

$$T_r = KB^2 v^3 \qquad (1)$$

Lorsque le bâtiment est arrivé à un mouvement uniforme, c'est-à-dire lorsqu'il est en équilibre dynamique, le travail résistant T_r est égal au *travail utilisé* T_u par le propulseur. D'où :

$$T_r = T_u$$

Le travail utilisé par le propulseur n'est pas entièrement celui développé par la machine motrice. Pour se rendre compte des pertes de travail dues au mode d'action d'un propulseur, il faut établir le rapport du travail moteur au travail utilisé.

Si T_m est le travail moteur, c'est-à-dire la puissance développée par les pistons de la machine, et T_a le travail sur l'arbre du propulseur, moindre que le premier en raison des efforts exercés par la machine sur ses organes, le rapport $\frac{T_a}{T_m}$ représentera le *coefficient de rendement* f de la machine. De sorte que l'on a :

$$\frac{T_a}{T_m} = f$$

Si T_u est le travail utilisé effectivement par le propulseur pour imprimer au navire une vitesse déterminée, ce travail est aussi moindre que celui T_a que lui transmet l'arbre, parce qu'il y a eu perte de travail utile pour vaincre la résistance de l'eau sur la marche du bâtiment. Le rapport $\frac{T_u}{T_a}$ représentera le *coefficient de rendement ou d'utilisation* f' du propulseur, et l'on aura :

$$\frac{T_u}{T_a} = f'$$

L'on déduit de ces deux rapports celui relatif au travail utilisé et au travail moteur, en posant :

$$\frac{Ta \times Tu}{Tm \times Ta} = ff' ; \qquad \text{d'où } \frac{Tu}{Tm} = ff'$$

Si on désigne par F le travail T_m sur les pistons de la machine, en chevaux de 75 kilogrammètres par seconde de temps, on a :

$$Tm = 75 \text{ F kgm.} \qquad \text{et } \frac{Tu}{75 \text{ F}} = ff' ; \qquad \text{puis } Tu = 75 \text{ F} \times ff'$$

Mais $T_u = T_r$ lorsque le navire a acquis une marche régulière, alors $75 \text{F} \times ff' = T_r$. D'autre part $T_r = KB^2v^3$; en substituant, il vient :

$$75 \text{ F} \times f \times f' = \text{K B}^2 v^3 \qquad (2)$$

Si l'on exprime la vitesse du navire en nœuds de 1.852 mètres par heure, on a par seconde de temps : $\frac{1852^m}{3600} = 0^m,514$.

L'équation (2) devient, en désignant par V la vitesse en nœuds :

$$75 \text{ F} \times f \times f' = \text{K B}^2 \text{ V}^3 \times (0,514)^3$$

d'où :

$$\text{F} = \frac{\text{K B}^2 \text{ V}^3 \times (0,514)^3}{75 ff'} = \frac{\text{K B}^2 \text{ V}^3 \times 0,136}{75 ff'}$$

et ensuite :

$$\text{V} = \sqrt[3]{\frac{\text{F} \times 75 \times f \times f'}{\text{K B}^2 \times 0,136}}$$

Dans cette expression le produit ff' ne peut être obtenu que lorsque les autres éléments sont connus. En pratique on fait $\frac{ff'}{\text{K}} = m$, que l'on appelle *coefficient d'utilisation.*

Alors :

$$\text{V} = \sqrt[3]{\frac{\text{F} \times 75 \times m}{\text{B}^2 \times 0,136}} \qquad (3)$$

$\sqrt[3]{\frac{75}{0,136}} = 8,204$. Le produit de 8,204 par $\sqrt[3]{m}$ est représenté en pratique par M que l'on nomme *coefficient de vitesse du navire*, et plus souvent *coefficient d'utilisation.*

La formule (3) devient alors :

$$\text{V} = \text{M} \sqrt{\frac{\text{F}}{\text{B}^2}}$$

d'où finalement :

$$M = \frac{V}{\sqrt[3]{\frac{F}{B^2}}} \qquad \text{et } F = \frac{V^3 B^2}{M^3}$$

Le coefficient M représente à la fois l'utilisation du moteur et du propulseur, et renferme les éléments de résistance de la carène. La valeur de K, que nous avons définie plus haut et pour laquelle on n'a pas encore pu donner théoriquement ni pratiquement une valeur exacte pour une carène et un propulseur donnés, se trouve donc comprise dans celle de M, et c'est cette dernière qui est employée en pratique dans la détermination des éléments des propulseurs. Ce coefficient M ne donne aucune indication particulière sur les autres valeurs de K, de f et f'.

En théorie la valeur de M n'est pas définie encore. Si par des considérations théoriques on pouvait fixer cette valeur, lorsque l'on fait une étude de navire, on aurait plus aisément les moyens de satisfaire aux conditions de vitesse que doit remplir le bâtiment projeté.

Le coefficient M pour un navire donné ne peut donc être établi que par comparaison avec un autre navire semblable, ou à peu près, dont le résultat des essais est connu. Dans les essais d'un bâtiment la valeur de M se détermine facilement par la formule donnée ci-dessus : $M = \frac{V}{\sqrt[3]{\frac{F}{B^2}}}$, dans laquelle : B^2, surface immergée au maître-couple, est donnée, d'après les plans, par les tirants d'eau du navire relevés au moment de l'expérience ; F, la force développée par les pistons de la machine, en chevaux de 75 kilogrammètres, est obtenue à l'aide de diagrammes d'indicateur pris à chaque cylindre ; V, la vitesse en nœuds, est mesurée sur une base connue ou d'après le loch.

Le coefficient M doit être le plus grand possible ; sa valeur augmente quand l'utilisation de la machine augmente, ainsi que celle du propulseur ; elle augmente également quand la résistance de la carène diminue. Pour un maître-couple donné et une force de machine déterminée, la vitesse obtenue par le navire croît avec la valeur de M.

ESPÈCE DES BATIMENTS	VITESSE en nœuds	VALEUR de M
Canots à vapeur et bâtiments de 10 à 15 tonneaux de déplacement.	6 à 8 nœuds	2,50 à 2,80
Canonnières, petits avisos de 200 tonneaux environ. . .	8 à 10 —	3,00 à 3,50
Avisos, canonnières de station de 600 à 800 tonneaux .	10 à 12 —	3,50 à 3,70
Avisos de 1re classe, transports de 1.200 à 1.600 tonneaux.	12 à 14 —	3,70 à 3,90
Croiseurs de 1.500 à 3.500 tonneaux	14 à 17 —	3,60 à 4,10
Garde-côtes et cuirassés de 2e rang de 3.000 à 5.000 tx. .	12 à 14 —	4,00 à 4,20
Cuirassés de 1er rang de 6.000 à 10.000 tonneaux. . . .	13 à 15 —	4,10 à 4,30

Le tableau ci-dessus donne la valeur de M des navires de la marine militaire, d'après quelques résultats d'essais. Ces valeurs se rapportent à des carènes doublées en cuivre et propres. Pour les navires en fer ou en acier, simplement peints, il faut admettre une réduction de 8 à 10 %.

Pour les navires de la marine marchande la valeur de M varie, selon l'espèce du bâtiment, de 3,80 à 4,10.

Les Anglais emploient la formule suivante pour exprimer la valeur du coefficient d'utilisation M :

$$M = \sqrt[3]{\frac{V^3 P^{\frac{2}{3}}}{F}}$$

dans laquelle, au lieu de la surface immergée du maître-couple, on fait usage de la puissance $\frac{2}{3}$ du déplacement P exprimé en tonnes anglaises de 1.016 kilogrammes.

Autrefois, pour les machines à basse pression, on se servait d'un coefficient d'utilisation U qui était le rapport entre le travail résistant et le travail utile de la machine. La valeur de ce coefficient U était, pour une machine à deux cylindres :

$$U = \frac{K B^2 V^3}{7{,}117 D^2 CN (P - x)}$$

Le numérateur de cette fraction est le travail utilisé pour vaincre la résistance du bâtiment, et le dénominateur le travail moteur sur les pistons, en kilogrammètres, exprimé en fonction du diamètre D, de la course C des pistons, du nombre N de tours de la machine par minute, et de la pression moyenne effective P sur les pistons, corrigée des frottements indépendants de la pression. La pression moyenne P, mesurée à l'indicateur sur les pistons, était exprimée en centimètres ; x était la valeur, en centimètres également, des frottements que subissent les organes de la machine. On prenait généralement 6 centimètres pour valeur de x.

A la place du travail moteur utilisé, on prenait souvent le travail indiqué sur les pistons et l'on avait un coefficient U' qui avait pour valeur :

$$U' = \frac{K B^2 V^3}{7{,}117 D^2 C N P}$$

Dans l'application de ces formules, K était généralement inconnu ; et c'était alors la partie numérique du second membre, ou le coefficient de K, qui, une fois les opérations effectuées, servait à apprécier l'utilisation.

Le coefficient M de vitesse ou d'utilisation du navire était donné par la formule :

$$V = M \sqrt[3]{\frac{F (P - 6)}{B^2}}$$

dans laquelle V est la vitesse en nœuds par heure, B^2 la surface immergée du maître-couple en mètres carrés, (P — 6) la pression en centimètres indiquée ci-dessus, et F la force nominale de la machine obtenue par la formule suivante déduite de celle de Watt, pour deux cylindres égaux :

$$F = \frac{2 D^2 C N}{0,59}$$

D et C sont le diamètre et la course des pistons, exprimés en mètres, et N le nombre de tours de la machine par minute.

La valeur du coefficient M oscillait autour de 1.

Recul. — La partie de l'eau qui cède sous l'action du propulseur, fuit avec une vitesse x dans la direction opposée au sens de la marche du navire. Pour obtenir du propulseur le même effet que si l'eau résistait entièrement à sa poussée, il faut lui imprimer une vitesse égale à celle du navire augmentée de la vitesse de l'eau refoulée dans le même temps. Si v représente la vitesse du propulseur et V la vitesse du navire, mesurées toutes les deux dans la même direction, et x la vitesse de l'eau refoulée, on a :

$$v = V + x, \text{ et par suite } x = v - V$$

C'est cette dernière expression qui représentera le *recul* du propulseur. Ce dernier doit donc développer un travail supérieur à la réaction de l'eau qui est nécessaire pour imprimer au navire une vitesse déterminée.

L'effort que doit produire le propulseur pour mettre ainsi en mouvement une certaine quantité d'eau et lui donner une vitesse x, n'est pas employé pour la propulsion : il y a là une perte de travail utile qu'il y a tout intérêt à diminuer le plus possible en réduisant au minimum la valeur du recul.

D'autre part, la réaction que l'eau exerce sur le propulseur, exprimée par la masse mise en mouvement, due à son inertie et mesurée par la quantité de mouvement qui lui est imprimée, dépend de la vitesse v — V, que l'on devrait en conséquence augmenter autant que possible ; mais cette quantité, comme nous venons de le voir, donne naissance à une perte de travail que l'on doit chercher à diminuer pour réduire au minimum la valeur de v — V. De sorte que l'on ne peut pas décider, *a priori*, quelle est la meilleure disposition à donner au propulseur pour que le rapport entre le travail utilisé par lui pour mouvoir le navire, et celui développé, soit égal à l'unité. La théorie est insuffisante pour résoudre complètement ce problème, qui, seul, pourrait servir à établir quelques principes généraux.

La réaction qui constitue la force propulsive est donc mesurée par le produit de la masse d'eau sur laquelle agit directement le propulseur en une seconde de temps, par la vitesse qui lui est imprimée.

Quelques auteurs prétendent que le volume correspondant à cette masse est obtenu en multipliant la surface S sur laquelle opère le propulseur, c'est-à-dire de sa projection sur un plan normal à la direction du mouvement, par l'espace qu'elle parcourt en une seconde par rapport au navire, c'est-à-dire $v - V$. La masse d'eau est donc donnée par le produit de S $(v - V)$ par $\frac{p}{g}$, p étant le poids du mètre cube du liquide, et g l'accélération due à la gravité pour une seconde de temps au début de l'action.

En désignant par R' la réaction de l'eau, laquelle constitue la force propulsive, on a : [1]

$$R' = \frac{p}{g} S (v - V)$$

D'autres auteurs ont établi que pour des propulseurs complètement immergés, lorsque le navire a parcouru un espace V, le prisme d'eau qui a subi l'action du propulseur a une hauteur égale à V, et que par suite la réaction du fluide est donnée par la formule :

$$R' = \frac{p}{g} S V (v - V)$$

Des auteurs anglais modernes ont donné pour hauteur au prisme d'eau sur lequel s'exerce l'action du propulseur en une seconde de temps, la vitesse v, et pour mesure de la réaction de l'eau l'expression :

$$R' = \frac{p}{g} S v (v - V) \qquad (1)$$

On déduit de tout ceci, que dans la généralité des cas, en supposant que la masse d'eau sur laquelle agit le propulseur en une seconde soit proportionnelle à la surface S et à un facteur qui contiendrait v, et que l'on pourrait faire $f(v)$, l'expression de la réaction de l'eau peut se mettre sous la forme :

$$R' = K' S f(v) (v - V) \qquad (2)$$

en désignant par K' un coefficient constant pour un même propulseur.

Cette dernière expression montre que la réaction de l'eau qui donne l'impulsion au navire, augmente avec l'accroissement de S et de v, et que par suite, pour une valeur déterminée de V et par là de la force R' nécessaire pour que le navire acquière cette vitesse, si l'on augmente S on doit diminuer v. En désignant par R'V le travail effectif utilisé pour la propulsion du navire, et par R'v celui développé par le propulseur, le rapport de l'utilisation au travail développé sera :

$$\frac{R' V}{R' v} = \frac{V}{v}$$

Ce rapport deviendra donc égal à l'unité (conformément à ce que nous avons admis plus haut)

1. Settimio Manasse, *Elementi di Teoria della Nave*, Livorno 1885

lorsque l'on aura $V = v$. Cette dernière valeur étant la plus petite que puisse avoir v, on en déduit que plus la surface d'action S sera grande, plus petite sera par conséquent la vitesse v, et plus efficace sera le propulseur.

Dans le cas limite lorsque $v = V$, $v - V$ est égal à zéro, et S devient infiniment grand. On fait généralement la surface S aussi grande que le permettent les considérations pratiques, afin d'avoir v le plus petit possible ; ou, en d'autres termes, on fait en sorte que la force impulsive soit obtenue plutôt avec une grande surface de propulseur, qu'avec une grande vitesse.

On peut obtenir une déduction de cette théorie en prenant pour facteur $f(v)$ de l'expression (6) de R', simplement v, comme l'ont fait les auteurs anglais.

Alors, en prenant la formule de la résistance de la carène KB^2V^2, on peut poser, en acceptant cette formule pour la résistance de l'eau au mouvement du bâtiment :

$$K B^2 V^2 = K' Sv (v - V)$$

Et si l'on fait :

$$\frac{K' S}{KB^2} = s$$

on aura :

$$V^2 + s v V - s v^2 = 0$$

d'où l'on déduit :

$$V = -\frac{vs}{2} \pm \frac{\sqrt{4 s v^2 + s^2 v^2}}{2} = \frac{v}{2} (\sqrt{4 s + s^2} - s)$$

Cette formule montre que pour un même navire et un même propulseur, V est proportionnel à v.

En multipliant et divisant le second membre par $\sqrt{4 s + s^2} + s$ on a :

$$V = \frac{v}{2} \frac{4 s}{\sqrt{4s + s^2} + s} = \frac{v}{2} \frac{4}{\sqrt{\frac{4}{s} + 1} + 1}$$

Sous cette forme, on déduit de la même expression, que pour une vitesse constante v du propulseur, V sera d'autant plus grand que s sera plus considérable, (puisqu'on rend ainsi toujours plus petit le dénominateur), ou bien que S sera plus grand par rapport à B^2.

En supposant $S = \infty$, et $s = \infty$, la dernière expression de V donne : $V = v$, puisque $\frac{4}{s}$ est alors égal à zéro.

Prenant l'expression $\frac{v - V}{v}$, que l'on peut appeler *coefficient de recul*, et substituant la valeur trouvée de V, on a :

$$1 - \frac{1}{2} (\sqrt{4 s + s^2} - s)$$

de laquelle on déduit que ce coefficient est indépendant de la vitesse, et est d'autant plus petit que S est plus grand.

De ce fait on observe que le coefficient de recul varie un peu lorsque la vitesse change, et que seul il peut être supposé constant dans un même navire pour des vitesses qui ne sont pas beaucoup différentes entre elles.

Les propulseurs les plus en usage et qui emploient à leur mouvement la force motrice de la vapeur, sont :

Les Roues à aubes et *l'Hélice.*

II. — ROUES A AUBES

1. — Description et fonctionnement.

Les roues à aubes employées à la propulsion des navires sont de deux sortes : *les roues à aubes fixes* et *les roues à aubes articulées*.

Les roues à aubes fixes sont constituées par un moyeu en fonte claveté sur un arbre O (fig. 1),

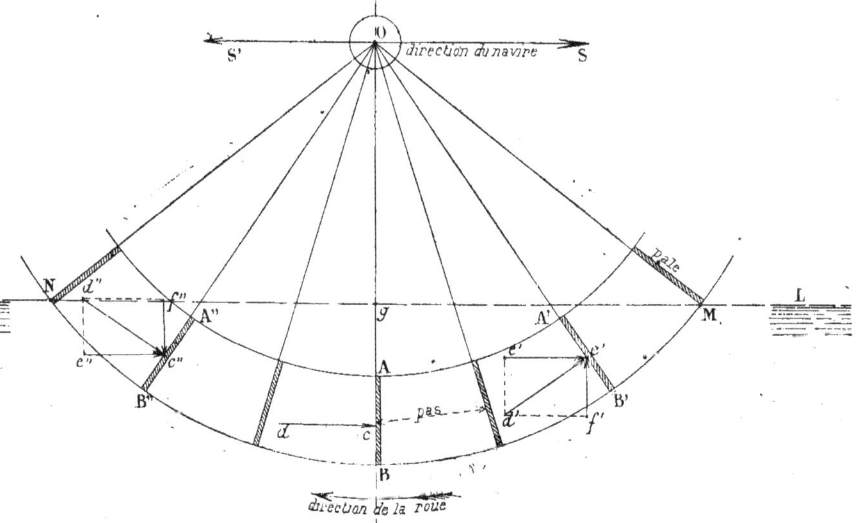

Fig. 1.

qui reçoit son mouvement de la machine, lequel moyeu porte des rayons en fer plat aux extrémités desquels sont fixés deux cercles en fer appelés *jantes*.

Entre les jantes se trouvent placées les *aubes* ou *pales* formées de rectangles en bois AB, A'B', A''B''..... fixés transversalement aux rayons en fer plat.

Dans les roues à aubes articulées, les pales sont mobiles autour d'un axe d'oscillation porté par les rayons.

Dans le mouvement de rotation qui est imprimé aux roues, les pales viennent successivement attaquer l'eau sous un certain angle, et se meuvent ensuite à travers le liquide en exerçant sur lui une poussée qui détermine une réaction en sens inverse, *cd*, *c'd'*, *c''d''*... normale à la surface des pales. La résistance que rencontrent, de la part de l'eau, les pales en mouvement dans son sein, est d'autant plus grande que leur surface et leur vitesse sont elles-mêmes plus considérables.

La réaction que l'eau exerce sur les pales, et qui, dans le mouvement uniforme, est égale à la force avec laquelle ces dernières sont poussées à travers le liquide, se décompose en deux autres : l'une horizontale, *c'e'*, *c''e''* ,.. qui est seule employée à la propulsion ; l'autre verticale, *c'f'*, *c''f''*... qui tend à modifier l'immersion du navire : la première *c'f'* en le soulevant, la seconde *c''f''* en l'enfonçant. C'est seulement lorsque la pale se trouve dans la position verticale AB, que la réaction due à l'effort de poussée est utilisée en entier pour la propulsion.

En raison de l'obliquité de la pale à l'entrée et à la sortie de l'eau, il y a donc choc et soulèvement d'une colonne liquide, et, par suite, travail perdu.

Si S représente la somme des composantes horizontales *cd*, *c'd'* *c''d''*..., des réactions de l'eau sur les pales, et si l'on suppose appliquées en O deux forces *s* et *s'* égales à S, dirigées horizontalement, et de sens contraire l'une à l'autre, la somme S et la force *s'* forment un couple qui tend à s'opposer au mouvement de la roue et que doit vaincre la puissance de la machine. La force *s* qui reste, exerce une traction sur le point O qui, fixé solidement au navire, entraîne ce dernier et le fait avancer dans le sens de la direction de l'effort *s*.

Quand le bâtiment est parvenu à l'état de mouvement uniforme, il y a équilibre entre la somme S des composantes horizontales des réactions de l'eau sur les pales et la résistance de la carène R ; on a alors $R = S$.

Si on désigne par V la vitesse absolue du navire, par v la vitesse du bord extérieur des pales dans la rotation de la roue, et par b^2 la surface d'une pale, l'action de cette pale sur l'eau supposée immobile, en la considérant au moment où elle est verticale, peut être exprimée par :

$$K'\, b^2\, (v - V)^2$$

K' est un coefficient de résistance que l'on fait égal à $\frac{p}{2g}$ pour les plans minces; p est le poids d'un mètre cube de liquide et g l'accélération due à la gravité pendant une seconde de temps, et égale à $9^m,809$.

Si l'élément agit dans l'eau de mer $p = 1.026$ kilogrammes et on a :

$$\frac{p}{2g} = \frac{1026^k}{19,618} = 52,290$$

Si l'action s'exerce dans une eau saumâtre, $p = 1.015$ kilogrammes et alors

$$\frac{p}{2g} = \frac{1015^k}{19,618} = 51,730$$

Si c'est en eau douce, de densité égale à 1, $p = 1.000$ kilogrammes et

$$\frac{p}{2g} = \frac{1000^k}{19,618} = 50,970$$

Si l'eau, point d'appui mobile, ne cédait pas en partie sous l'action de la pale, la vitesse de progression V du bateau serait égale à la vitesse v de la pale. v-V représente donc la portion de vitesse perdue.

La résistance de la carène est donnée, avons-nous vu, par la formule $R = KB^2V^2$. C'est cette valeur de R qui est égale à la somme des composantes horizontales des réactions de l'eau sur les pales, lorsque le navire est parvenu à l'état de mouvement uniforme.

Si l'on considère seulement deux pales attaquant l'eau, une de chaque bord, on a pour valeur de ces deux composantes $2K'b^2 (v - V)^2$; alors :

$$K B^2V^2 = 2 K' b^2 (v - V)^2$$

d'où l'on tire successivement :

$$v = V\left[1 + \sqrt{\frac{K B^2}{2 K' b^2}}\right]; \qquad \text{et } V = v \frac{1}{1 + \sqrt{\frac{K B^2}{2 K' b^2}}}.$$

Il résulte de ces relations que pour un navire donné, il y a généralement avantage à accroître b^2, la surface de la pale. De plus, avec les hypothèses admises, $\frac{V}{v}$ est indépendant de la vitesse du navire et de la puissance motrice, et dépend seulement, dans les limites où K et K' demeureront à peu près constants, du rapport qui existe entre la surface de pale et la surface immergée du maître-couple.

Ces relations ont été données par M. Marestier, ingénieur de la Marine, qui, le premier en France a étudié l'action des roues à aubes (1).

1. Bienaymé, *Les machines marines*. E. Bernard et Cie, éditeurs, 53 ter, Quai des Grands-Augustins, Paris

2. — Centre d'action des pales.

On appelle *centre d'action* d'une pale le point d'application de la résultante des efforts de poussée que reçoivent les différents points de cette pale.

Dans le mouvement de rotation, la vitesse de chaque point de la pale augmente à mesure qu'on s'éloigne du centre. Le maximum d'action de la pale sur l'eau est donc sur le bord extérieur. On admet généralement que le centre d'action se trouve à une distance *c*B (fig. 1) égale aux 0,4 de la largeur de la pale à partir du bord extérieur. En pratique on prend souvent pour centre d'action le milieu de AB.

3. — Causes des pertes de travail des roues à aubes fixes; rendement.

Le mode d'action des roues à aubes fixes occasionne des pertes de travail qui en diminuent le rendement ; c'est-à-dire que le travail transmis par la machine à l'arbre moteur n'est pas totalement utilisé pour la propulsion.

Ces pertes de travail sont :

1° L'action oblique des pales, dans la plus grande partie du travail, rend inefficace pour la propulsion une importante partie de l'effort de poussée.

2° Les pales attaquant l'eau avec choc, à leur entrée, produisent un éclaboussement ; à leur sortie, elles soulèvent une colonne liquide : deux causes qui occasionnent des pertes de travail d'autant plus considérables que les pales entrent et sortent plus à plat. C'est pour remédier sensiblement à ces inconvénients que l'on a imaginé les pales articulées dont il sera parlé plus loin.

3° L'eau attaquée par les pales cède sous leur action, et la quantité de travail nécessaire pour déplacer ainsi la masse liquide et lui imprimer une certaine vitesse, est dépensée en pure perte.

4° Pendant leur mouvement dans l'eau, les pales éprouvent un frottement qui absorbe aussi une certaine partie du travail.

Le *rendement* des roues à aubes établies dans les meilleures conditions de fonctionnement, vaut 0,6 à 0,7 du travail moteur sur l'arbre ; c'est-à-dire qu'il n'y a que les 0,6 à 0,7 du travail moteur d'utilisés pour faire avancer le navire.

---

4. — Éléments des roues à aubes.

Dans les roues à aubes on distingue les six éléments suivants :

1° Le *diamètre*. C'est celui de la circonférence décrite par le bord extérieur des pales.

2° Les *angles d'entrée et de sortie*. Ce sont les angles OMN et ONM (fig. 1) que font les pales avec la flottaison FL, au moment où le bord extérieur entre dans l'eau ou en sort.

3° L'*immersion des pales*. C'est la hauteur gA comprise entre la flottaison et le bord intérieur de la pale lorsqu'elle est verticale.

4° Le *pas*. C'est la distance qui sépare les milieux de deux pales consécutives.

5° Le *nombre de pales trempantes*. C'est le nombre des pales qui se trouvent en même temps au-dessous du niveau de l'eau.

6° Les *dimensions des pales*. La dimension perpendiculaire au plan du navire se nomme la *longueur*.

La dimension mesurée dans le sens du rayon se nomme la *largeur* ou la *hauteur*.

Tous ces éléments dépendent les uns des autres.

Le *diamètre* des roues se détermine suivant le tirant d'eau que l'on doit donner au navire et en vue d'une certaine immersion des pales, pour que la machine développe une puissance voulue à un nombre de tours déterminé. On doit également faire entrer en considération, dans ces calculs, la variation du tirant d'eau qui se produit dans la traversée, principalement par la consommation du combustible.

L'expérience a démontré que les grandes roues sont plus avantageuses que les petites, surtout dans la navigation en haute mer, car, au roulis, elles maintiennent les pales dans des conditions plus stables de fonctionnement. De plus, la vitesse de rotation peut être diminuée, les angles d'entrée et de sortie sont plus favorables à l'effort de poussée, et il y a un plus grand nombre d'aubes trempantes et par suite une surface d'action plus considérable. Ces avantages compensent largement l'inconvénient d'avoir, avec les grands diamètres, des roues plus lourdes et une machine plus encombrante.

Les roues de petit diamètre ne conviennent pas à la navigation en eau agitée.

Pour un bon rendement, les angles d'entrée et de sortie des pales fixes doivent être de 38 à 45 degrés : chiffres donnés par l'expérience.

L'immersion du bord supérieur de la pale dans la position verticale, hauteur gA (fig. 1), ne doit pas être inférieure aux 0,04 du diamètre. Si l'on se base sur la valeur de l'angle d'attaque, de 38 à 45 degrés, on trouve que la valeur de gB, qui mesure l'immersion du bord inférieur de la pale verticale, doit être de 0,15 du diamètre de la roue dans un cas, et 0,20 dans l'autre.

Pour remédier aux variations de tirant d'eau qui ont pour effet d'altérer la valeur de l'immersion des pales, on évite, en construction, de placer les pales à l'extrémité des rayons, et on les dispose de manière à ce qu'on puisse les déplacer le long de ces rayons. En cas d'émersion, on descend les pales pour améliorer la situation, et en cas de surimmersion, on les remonte pour faciliter la rotation et développer une plus grande puissance.

La *hauteur* ou *largeur des pales* se fait d'habitude égale aux 0,125 du diamètre de la roue, pour les aubes fixes, et à 0,1 de ce même diamètre, pour les aubes articulées.

La *longueur* varie de 2 à 3 mètres pour des navires d'une certaine importance ; on la prend quelquefois égale à une quantité comprise entre le $\frac{1}{3}$ et la $\frac{1}{2}$ de la largeur maxima du maître-couple.

On est quelquefois obligé de limiter la longueur des pales à l'effet de restreindre l'encombrement du navire en largeur.

Le *pas* doit être tel, que l'eau projetée par une des pales, dans le mouvement de rotation, ne vienne pas choquer la pale précédente dont l'action se trouverait diminuée d'autant, et que, de plus, cette eau puisse se dégager facilement de la roue, tout en augmentant le plus possible le nombre des aubes trempantes.

Pour concilier ces deux conditions quelque peu contradictoires, on a fixé le pas, à la suite d'expériences, de $0^m,80$ à 1 mètre, selon le diamètre, dans les roues à aubes fixes, et de $1^m,60$ à $1^m,80$ dans les roues à aubes articulées. Ces données ne sont pourtant pas rigoureuses.

Le *nombre des pales trempantes* doit être aussi grand que possible. Il est une conséquence forcée du pas et du diamètre, et varie ordinairement de 3 à 10.

La *surface de chaque pale* doit être telle que son produit par le nombre total d'aubes trempantes des deux roues, soit compris entre 0,4 et 0,5 de la surface immergée du maître-couple du navire.

Le rapport de cette dernière à la surface totale des pales trempantes des deux roues, se nomme *résistance relative*.

5. — Avance et recul. — Coefficient de recul. — Cercle roulant.

Nous avons vu que les roues à aubes n'utilisent qu'une partie du travail qui leur est transmis par l'arbre de la machine. Une des causes de perte de travail est la vitesse imprimée à l'eau par les aubes, en sens inverse du mouvement du navire, en raison de la mobilité de cet élément sur lequel elles agissent.

Si l'eau était un corps solide et ne se déplaçait pas, le navire avancerait par tour de roue d'une longueur égale à la circonférence décrite par le centre d'action d'une des pales. Si V_1 est la vitesse du navire en mètres par seconde, et N le nombre de tours de roue par minute, pour chaque tour le navire marchera d'une quantité

$$A = \frac{60\,V_1}{N}$$ qui s'appellera *avance*.

Si l'on exprime la vitesse en nœuds par heure, ou V, on aura pour une seconde de temps :

$$\frac{1852}{3600} = 0^m,5144$$

L'avance sera donc :

$$A = \frac{60\,V \times 0{,}5144}{N}$$

La mobilité de l'eau fait que le navire avance, par tour de roue, d'une quantité inférieure à la circonférence décrite par le centre d'action d'une des pales : c'est la différence entre ces deux espaces parcourus que l'on nomme *recul*.

On désigne sous le nom de *coefficient de recul,* ou simplement de *recul,* le rapport de cette différence des deux espaces parcourus à la circonférence décrite par le centre d'action des pales. On a ainsi:

$$\text{Coefficient de recul} = \frac{\text{circonférence du centre d'action des pales. — Avance.}}{\text{circonférence décrite par le centre d'action des pales.}}$$

En pratique, on prend le plus souvent pour l'expression du recul la circonférence décrite par le bord extérieur des pales, dont D est le diamètre de la roue.

Le recul r sera donc exprimé comme il suit :

$$r = \frac{\pi D - A}{\pi D} = 1 - \frac{A}{\pi D}$$

En remplaçant A par sa valeur donnée plus haut, on a :

$$r = 1 - \frac{0^m,5144 \times 60 \times V}{\pi D \times N}$$

En considérant les vitesses v du bord extérieur des roues, et V du navire, comme nous l'avons fait, page 14, on voit que $v - V$ est la portion de vitesse perdue, et par conséquent le recul, que l'on pourra exprimer ainsi :

$$r = \frac{v - V}{v}$$

Le recul peut se considérer facilement et doit pouvoir, théoriquement du moins, servir à mesurer, dans toutes les circonstances, l'efficacité des roues, car les équations de la page 15 donnent :

$$r = \frac{v - V}{v} = \frac{1}{1 + \frac{1}{\sqrt{\frac{KB^2}{2K'b^2}}}}$$

ce qui montre que le recul varie inversement au rendement du propulseur.

Le recul varie de 0,30 à 0,25 avec les pales fixes, et est de 0,20 avec les pales articulées. Il augmente rapidement avec vent debout et lorsque l'immersion des pales est insuffisante. Il augmente également dans le remorquage.

Cercle roulant. — On désigne ainsi le cercle dont tous les points de sa circonférence ont une vitesse linéaire égale à celle du navire. Si l'on représente par R' le rayon de ce cercle, $2\pi R'$ sera l'avance du bâtiment, et l'on aura :

$$A = 2\pi R' \qquad (1)$$

Le recul r, étant égal à $1 - \frac{A}{\pi D'}$, si nous prenons le diamètre D' au centre d'action des pales, nous aurons, en désignant par R le rayon de D' :

$$r = 1 - \frac{A}{2\pi R} \qquad (2)$$

En remplaçant dans la formule (1) A par sa valeur (2), on a successivement :

$$r = 1 - \frac{2\pi R'}{2\pi R}; \quad \text{et} \quad \frac{2\pi R'}{2\pi R} = 1 - r;$$

$2\pi R' = 2\pi R\ (1 - r)$, puis $R' = R\ (1 - r)$.

Si l'on prend le recul égal à 0,20 ou 0,25, on aura :

$$R' = R\ (1 - 0{,}20 \text{ ou } 0{,}25), \quad \text{et} \quad R' = R \times 0{,}80 \text{ ou } 0{,}75$$

Ces formules montrent que, dans un rayon vertical, tout point situé en dehors du cercle roulant agit efficacement pour la propulsion du navire, tandis que tout point situé en dedans oppose une résistance à la marche et ne fait que *scier*. Le bord intérieur de la pale ne doit donc jamais être en dedans du cercle roulant.

---

6. — Charpente des roues à aubes fixes.

Les roues à aubes fixes sont installées généralement en porte-à-faux à l'extrémité des arbres moteurs. Quelquefois pourtant l'extrémité de l'arbre repose sur une chaise extérieure.

Le moyeu en fonte claveté sur l'arbre est relié aux jantes par des rayons en fer plat sur lesquels se fixent les aubes ou pales en bois.

La planche 1 représente une roue à aubes fixes avec chaise à l'extérieur. Trois moyeux en fonte, clavetés sur l'arbre, portent trois plans de rayons verticaux reliés à six cercles en fer plat ou jantes.

Les pales en bois sont d'une seule pièce, et tenues aux rayons par des crochets en fer recourbés qui, d'un côté, emboitent le fer des rayons, et, de l'autre, traversent les pales sur le plat desquelles ils sont serrés à l'aide d'une rondelle et de deux écrous ordinaires ou un écrou à oreilles (fig. 2).

Les pales en une seule pièce ne sont employées que sur des petits navires. Sur un grand navire, elles seraient, à cause de leur poids, difficiles à déplacer en mer, et si une avarie nécessitait le remplacement d'une d'elles, le travail de démontage et de remontage deviendrait très pénible.

Pour obvier à ces inconvénients, on a imaginé de fractionner les pales afin d'en rendre le démontage plus facile. De plus, l'expérience a prouvé que les pales fractionnées trouvaient une résistance sur l'eau plus grande, à surface égale, qu'une pale en un seul morceau. Ces pales sont disposées de manière que la majeure partie de leurs fragments soit poussée par les rayons dans la marche avant.

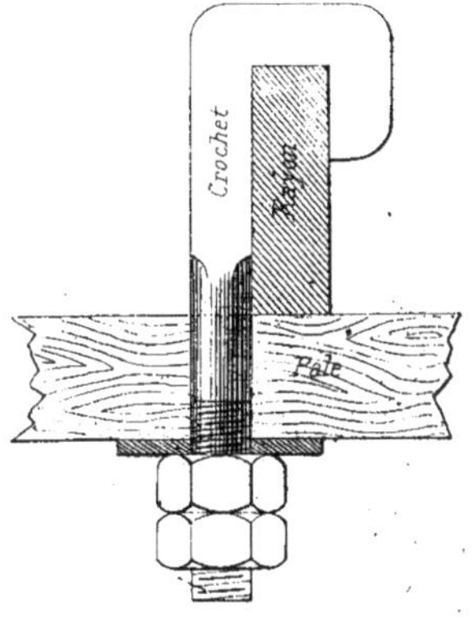

Fig. 2.

La figure 3 représente une roue en porte-à-faux, avec aubes fixes fractionnées en trois morceaux, du système de l'amiral Dupouy.

Le moyeu en fonte, claveté sur l'arbre moteur, porte deux plans de rayons en fer plat reliés aux jantes. Le moyeu est relié à la jante inférieure par des tirants en fer rond s'entrecroisant, ce qui donne plus de solidité à l'ensemble. Les pales sont disposées de manière à pouvoir être facilement rapprochées ou éloignées du centre de l'arbre, lorsque l'on veut régler l'immersion de la roue par rapport au tirant d'eau du navire.

Jante
Jante
Moyeu
Rayon
Pale
Pale
Tirant
Rayon
Jante
Pale
Rayon
Pale
Chevalet
ecrou
Pale
Jante

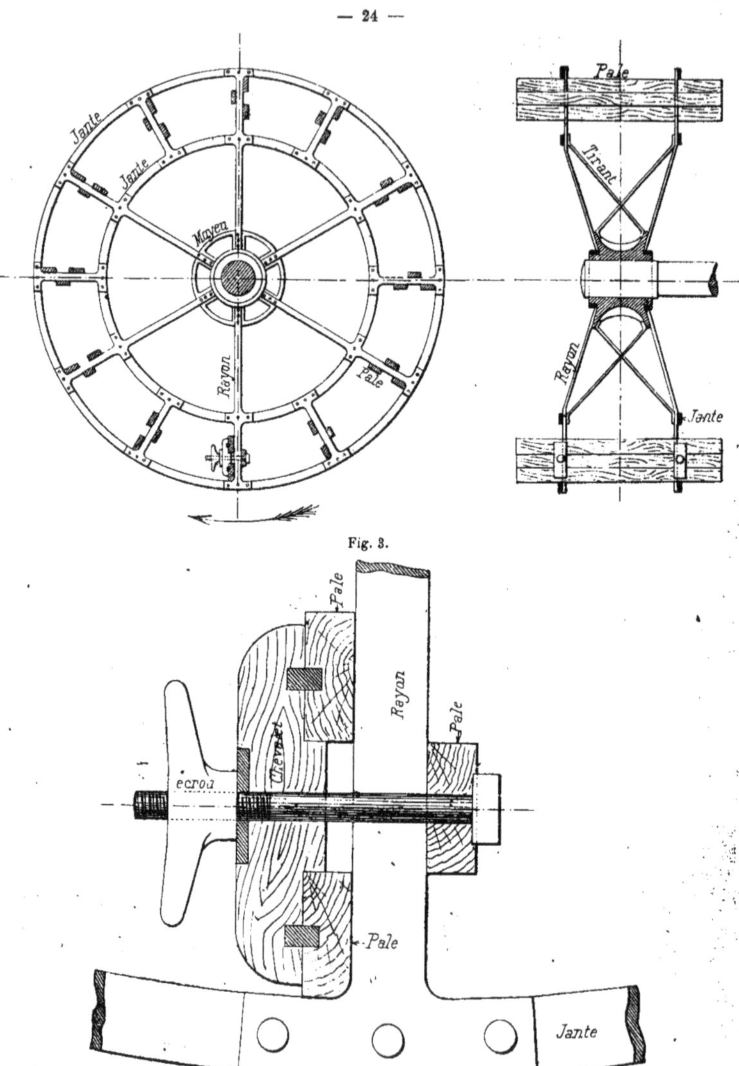

Fig. 3.

Fig. 4.

La figure 4 indique clairement le mode de fixation des trois fragments de la pale. Deux morceaux sont appliqués sur la face arrière du rayon de façon à être poussés par celui-ci dans la marche avant; le troisième est placé sur la face avant du rayon. Ces morceaux sont maintenus en place par un chevalet assujetti par un boulon qui le traverse ainsi que la pale du milieu. Des tenons, entrant à mi-bois dans les deux fragments extrêmes et dans le chevalet, maintiennent l'écartement de ces derniers.

En desserrant l'écrou d'une certaine quantité, on peut faire courir les trois parties de la pale sur les rayons, et rapprocher ou écarter ainsi facilement cette pale du centre de l'arbre moteur.

---

7. — Emplacement et nombre des roues.

Les roues à aubes, généralement au nombre de deux, sont placées de chaque côté du bâtiment, presque toujours par le travers du maître-couple.

Cet emplacement est nécessité par les considérations suivantes :

1° De changer le moins possible l'assiette du navire; 2° de ne pas exposer les roues à des différences d'immersion considérables dans les mouvements de tangage; 3° d'empêcher l'eau projetée à l'arrière par les pales de venir heurter la coque.

8. — Roues à aubes articulées.

Pour remédier aux inconvénients des roues à aubes fixes, qui sont : choc et éclaboussement à l'entrée des pales dans l'eau, et soulèvement d'une colonne d'eau à la sortie, on a imaginé d'articuler les pales de manière à leur assurer, relativement à la roue, un mouvement réglant les angles d'entrée et de sortie dans les meilleures conditions possibles.

On avait songé, d'abord, à fixer les pales sur une droite un peu inclinée par rapport au rayon ; l'entrée se faisant alors avec une position de la pale plus rapprochée de la verticale, le choc initial était diminué. Mais en augmentant l'angle d'entrée on diminuait l'angle de sortie, et l'avantage que l'on obtenait d'un côté était compensé par un inconvénient de l'autre.

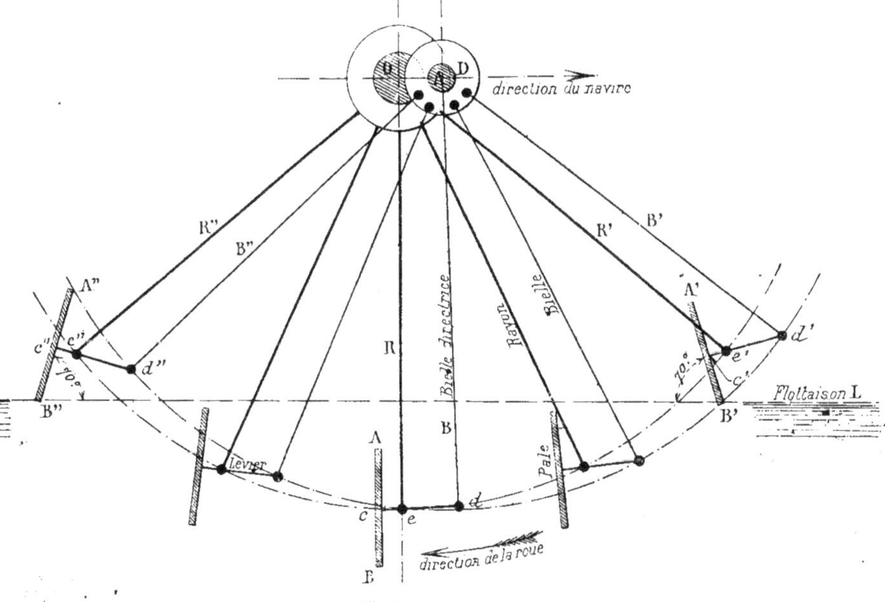

Fig. 5.

Dans le système des aubes articulées, les angles d'entrée et de sortie sont réglés à 70° environ : chiffre déterminé par des expériences.

Une disposition de roue à aubes articulées est obtenue de la manière suivante :

Soient : O le centre de la roue (fig. 5); FL la flottaison; AB une pale verticale; A'B', A"B" deux pales faisant à l'entrée et à la sortie un angle de 70° avec la flottaison.

On place sur les pales, normalement à leur surface, et au centre d'action, des leviers *cd*, *c'd'*, *c"d"*..., de longueur égale ou un peu supérieure à la moitié de la largeur des pales, et pouvant osciller en *c*, *c'*, *c"*, au $\frac{1}{3}$ de leur longueur à partir de AB, A'B', A"B", à l'extrémité des rayons R, R', R".

Les leviers des trois pales A'B', AB, A"B", occupant dans la figure les positions *c'd'*, *cd*, *c"d"*, d'entrée, de milieu et de sortie, leurs extrémités *d'*, *d*, *d"* déterminent un cercle dont il est facile de trouver le centre A.

En reliant le centre A (centre auxiliaire) avec les extrémités *d'*, *d*, *d"* des leviers rigides, par des bielles B', B, B", les pales, dans le mouvement de rotation, prendront forcément les positions voulues à leur entrée dans l'eau et à leur sortie. Mais cette condition théorique, d'articuler toutes les bielles sur un axe passant par le centre A du cercle auxiliaire, est impossible en pratique.

On a imaginé alors de monter sur l'axe A un moyeu ou disque D, tournant autour de lui, et portant sur une circonférence, d'aussi court rayon que possible, des points d'articulation auxquels viennent osciller toutes les bielles, sauf une, B, qui est solidaire du disque et qui le conduit. Cette dernière est appelée *bielle directrice*, et, sa pale, *pale directrice*.

Le disque D est indépendant de l'arbre O de la roue, et excentré par rapport à lui. Leur position relative doit être tenue invariablement la même, pour que les conditions de fonctionnement des pales soient toujours celles que l'on a eues en vue.

La pale directrice remplit seule exactement toutes les conditions déterminées ci-dessus, dans son parcours au sein du liquide, pour les trois positions qui ont servi à fixer le centre auxiliaire A. Les autres pales s'écartent d'autant plus de remplir ces conditions qu'elles sont plus éloignées de la pale directrice.

Les bielles ordinaires, B', B"..., étant articulées sur le disque D, la distance de leur extrémité inférieure à l'axe A varie pendant la rotation, parce que ces bielles ne sont pas constamment en ligne droite avec les rayons qui partent de l'axe et aboutissent aux points d'articulation. Le pied de la bielle directrice est seul sans cesse à la même distance de A, dans la rotation. Ces variations n'ont pas d'importance en pratique.

Dans le cas où la bielle ne serait pas complètement extérieure à la pale, on devra prendre garde que, pour la position où cette dernière fait avec le rayon le plus grand angle, ce qui a lieu lorsque le rayon est horizontal après la sortie de l'eau, la pale ne vienne pas rencontrer la bielle. On doit laisser le jeu nécessaire pour que cette éventualité n'ait pas lieu.

9. — Charpente des roues à aubes articulées.

Les roues à aubes articulées sont généralement en porte-à-faux à l'extrémité des arbres moteurs. Le collier portant l'attache de la bielle directrice et les points d'articulation des autres bielles, et excentré par rapport à l'arbre de la roue, est fixé à l'élongis extérieur du tambour.

Les bras rigides sont fixés sur les pales par des plaques boulonnées. Les pales oscillent autour de deux boulons placés à chaque bout entre deux supports.

Le centre auxiliaire pouvant se déplacer par rapport à l'axe de la roue, soit par affaissement de celle-ci, soit par affaissement de l'élongis, ce qui altérerait alors les angles d'entrée et de sortie des pales dans l'eau, on doit avoir soin, en construction, de disposer le collier de manière à ce que l'on puisse, sans trop de difficulté, en retoucher la position si cela était nécessaire.

Les roues à aubes articulées, malgré leur avantage, ne peuvent être employées sur les navires naviguant dans les mers dures, car leur mécanisme assez compliqué peut être facilement avarié. De plus elles sont très lourdes, et lorsqu'on veut marcher à la voile il faut, ou affoler les roues en démontant les bielles, ou démonter les pales, ce qui présente une certaine difficulté et un temps assez long pour le remontage, pendant lequel la machine demeure désemparée. Le mécanisme des pales articulées ne permet pas de déplacer ces dernières sur les rayons lorsqu'on veut régler l'immersion de la roue par rapport au tirant d'eau du navire; aussi ce système est-il peu répandu pour les grandes traversées.

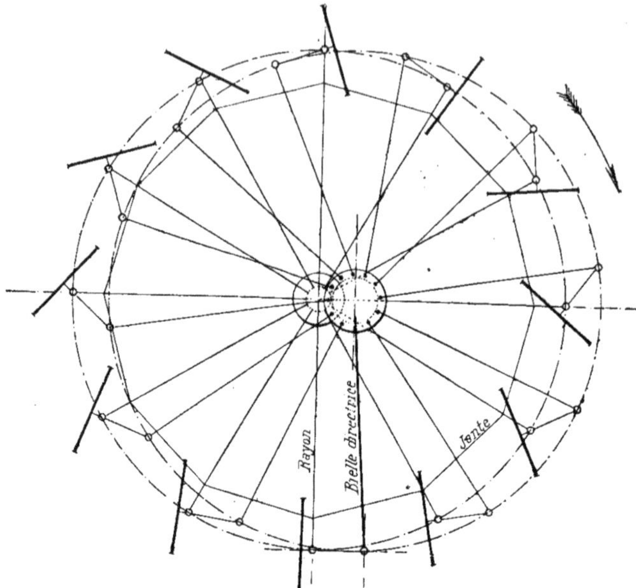

Fig. 6. — Roue à aubes articulées, Système *Fréminville*.

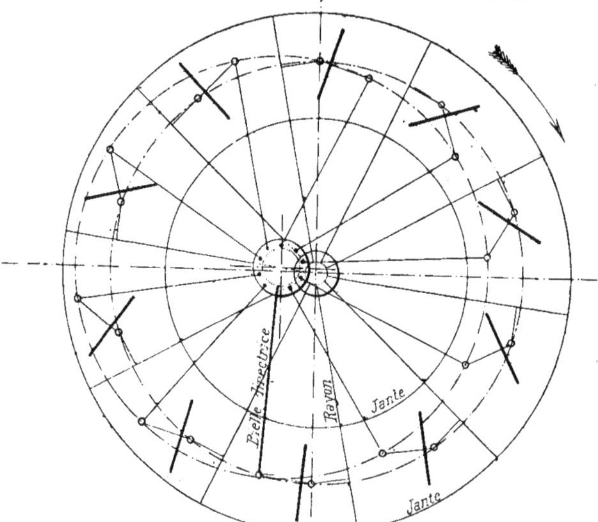

Fig. 7. — Roue à aubes articulées, Système *Scott Russell*.

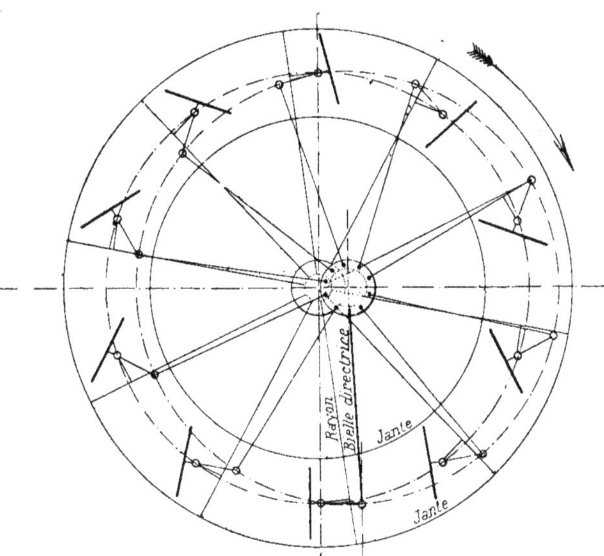

Fig. 8. — Roue à aubes articulées, Système *Rankine*.

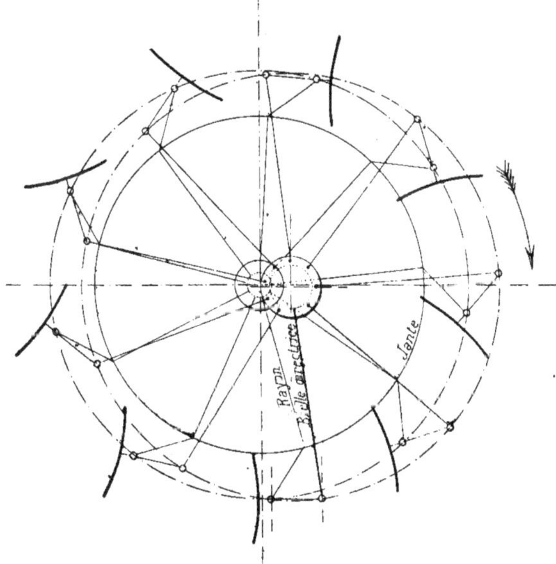

Fig. 9. — Roue à aubes articulées, Système *Stroudley*.

10. — Différents systèmes de roues à aubes articulées.

On a construit, et on construit encore, différents systèmes de roues à aubes articulées. Les figures 6, 7, 8 et 9 représentent les canevas géométriques des systèmes les plus connus : Fréminville, Scott Russell, Rankine, Stroudley.

La disposition des pales sur les rayons est clairement indiquée par ces figures. Dans le système Stroudley, les pales sont creuses sur la face qui attaque l'eau dans la marche avant. Ces pales sont en bois et quelquefois en fer. La figure 10 représente une de ces pales courbes en tôle de 5 à 8 mil-

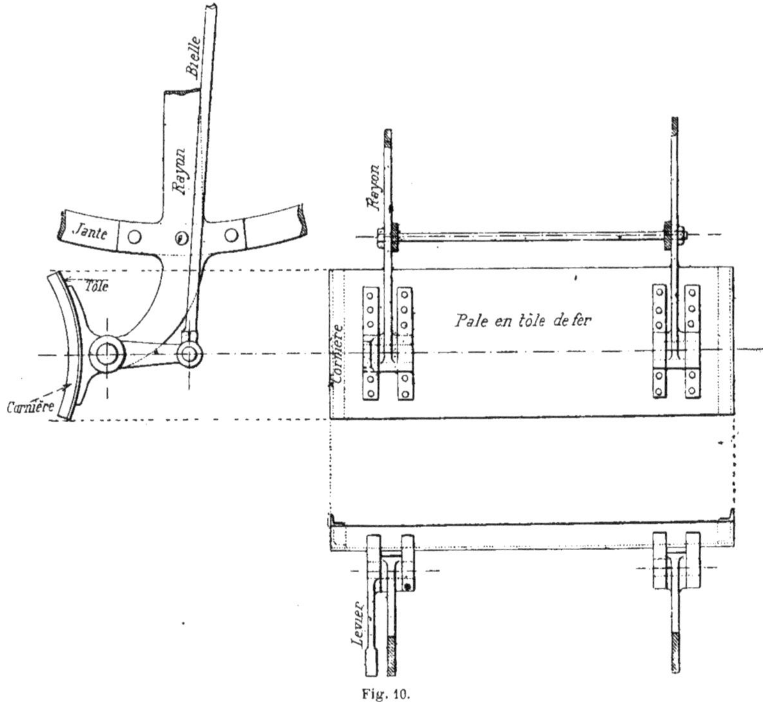

Fig. 10.

limètres, selon l'importance de la roue, avec deux petites cornières aux extrémités. Un des navires anglais qui font le service de Londres et Southampton au Havre, est pourvu de roues à aubes de ce dernier système avec aubes courbes en fer.

La figure 11 représente une roue à aubes articulées d'un navire récemment construit par MM. Napier, Shanks et Bell, et dont l'appareil moteur a été fourni par MM. Rankin et Blacmore, de Greenock (1).

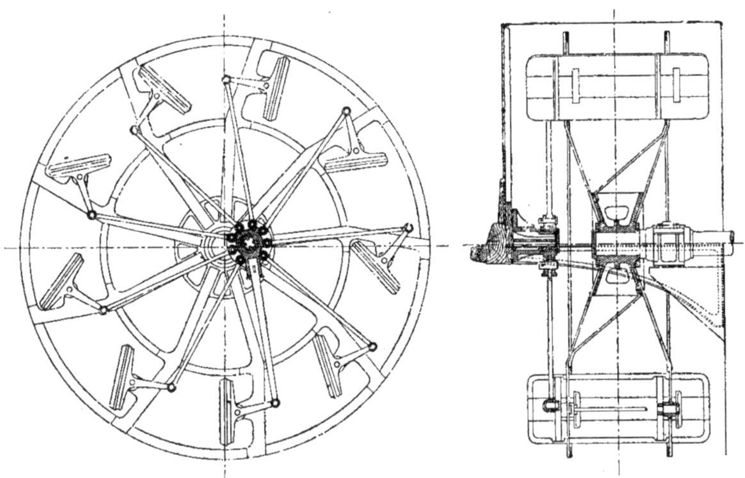

Fig. 11.

Les dimensions du navire sont : longueur 79^m,25; largeur 8^m,53 ; tirant d'eau 1^m,75. La machine a une force indiquée de 2.680 chevaux, et la vitesse du navire est de 18 nœuds 1/4.

Le diamètre des roues est de 6^m,25 en dehors des pales. Ces dernières sont en orme et ont 2^m,97 × 1^m,065. Le nombre de tours par minute est de 47 et le recul de 26 1/2 %. Le bord supérieur de la pale la plus basse, lorsque le navire est au repos, est de 25 millimètres au-dessous de la flottaison. Le recul est plutôt élevé, et il est probable que l'on aurait obtenu une meilleure utilisation si les roues avaient été un peu plus immergées. »

La planche II représente une roue à aubes articulées pour une machine de 40 chevaux.

La planche III représente une roue à aubes articulées pour une machine de remorqueur de 140 chevaux. Dans cette roue, le disque des articulations est relié par une bielle directrice non pas

1. Barnaby — « *Marine propellers* » 1891.

au levier d'une pale directrice, mais à l'un des rayons porteurs, rayon dont la pale reçoit alors une bielle articulée identique à celle des autres rayons. Ce système revient, en somme, au même que celui précédemment décrit.

On a construit en Amérique, de 1882 à 1891, pour la *Fall River Line*, 3 magnifiques steamers à roues, *Pilgrim, Puritan* et *Plymouth*. Ces navires, destinés au service des passagers entre New-York et Boston, ont deux galeries au-dessus du pont supérieur, régnant sur toute la longueur du navire et renfermant les salons, salles à manger et cabines des passagers.

Le *Pilgrim*, construit en 1882, a les dimensions suivantes :

Longueur à la flottaison.	118m,90
Largeur hors membrures.	15 ,25
Creux de carène	6 ,40
Tirant d'eau en charge	3 ,66
Déplacement	4.150 tonnes.

Le *Puritan*, construit en 1887, a les dimensions suivantes :

Longueur à la flottaison.	128m,10
Largeur hors membrures	15 ,85
Creux de carène.	6 ,50
Déplacement.	4.150 tonnes.

Les roues à aubes articulées ont 10m,67 de diamètre en dehors des pales. Les pales ont 4m,27 × 1m,52 ; elles sont en tôle d'acier de 22 millimètres d'épaisseur.

Le *Plymouth*, construit en 1891, a les dimensions suivantes :

Longueur à la flottaison	107m,19
Largeur hors membrures.	15 ,25
Creux de carène.	6 ,40

La machine est à triple expansion et de la force indiquée de 5.000 chevaux.

Les roues à aubes articulées ont 9m,14 de diamètre en dehors des pales. Chaque roue a 12 pales courbes en tôle d'acier de 22 millimètres d'épaisseur et de 4m,04 de long sur 1m,22 de large.

En Angleterre, on a construit, en 1891, pour la *Glasgow and Inverary Steamboat Company*, un navire à roues, *Lord of the Isles*, destiné au service des passagers sur la Clyde.

Ce navire a les dimensions suivantes :

Longueur.	77m,72
Largeur	7 ,77
Creux	2 ,59
Tonnage	466 tonnes.

Les roues à aubes articulées sont en acier et ont 6m,10 de diamètre. Les pales sont en orme.

Aux essais, la machine a développé, à 48 tours, une force indiquée de 2.438 chevaux, pour 17 nœuds 5 de vitesse.

11. — Dimensions des roues à aubes.

La détermination des éléments d'une roue à aubes pour un navire de dimensions données, devant produire une vitesse exigée, s'obtient d'après les indications fournies par la pratique et que nous avons énumérées plus haut.

La connaissance du navire et sa vitesse à atteindre entraînent la détermination des dimensions de la machine, après avoir établi la valeur du coefficient d'utilisation M, comme nous l'avons indiqué dans les préliminaires, et le nombre de tours par minute. Dans les navires à roues ce nombre de tours varie, dans le plus grand nombre de cas, de 20 à 35 ; il s'élève quelquefois jusqu'à 50 pour de très grandes vitesses.

La vitesse V, le coefficient d'utilisation M, la force F de la machine et le nombre de tours N par minute, étant ainsi établis pour première approximation, on se donne un recul de 20 à 30 %, basé sur les résultats d'essais de navires analogues à celui que l'on étudie, et l'on détermine d'abord le diamètre effectif D de la roue au centre d'action des pales, par les formules de la page 21 :

$$r = 1 - \frac{0^m5144 \times 60 \times V}{\pi D \times N} \qquad (1)$$

ou par celle :

$$r = \frac{v - V}{v} \qquad (2)$$

en désignant par V la vitesse du navire en mètres par seconde et par v la vitesse, dans le même temps, du centre d'action de la pale. Cette dernière donne :

$$v = \frac{N}{60} \times \pi D \qquad (3)$$

Si l'on appelle K_1 le coefficient de recul multiplié par 100, la formule (2) devient :

$$K_1 = \frac{v - V}{v} \times 100 \quad \text{et} \quad v = \frac{100 \times V}{100 - K_1} \qquad (4)$$

En remplaçant dans (3), v par sa valeur, on a :

$$\frac{100 \times V}{100 - K_1} = \frac{N}{60} \pi D$$

d'où :

$$\pi D = \frac{100 \times V \times 60}{(100 - K_1) N} ; \quad \text{et} \quad D = \frac{6000 \ V}{\pi (100 - K_1) N} \qquad (5)$$

Si l'on prend V la vitesse en nœuds par seconde de temps, comme dans la formule (1), on a :

$$D = \frac{6000 \times 0{,}514 \ V}{3{,}14 \ (100 - K_1) N}$$

et enfin :

$$D = \frac{3086 \ V}{3{,}14 N \ (100 - K_1)} \qquad (6)$$

Prenons un exemple numérique pour l'application de ces formules et posons :

Vitesse du Navire.	V . .	14 nœuds
Nombre de tours par minute. .	N . .	30
Recul estimé	K_1 . .	25 %

Le diamètre D de la roue sera, d'après la formule (6) :

$$D = \frac{3086 \times 14}{3{,}14 \times 30 \ (100 - 25)} = 6^m{,}11$$

Il est possible que le diamètre ainsi déterminé ne permette pas de construire la roue de manière à placer son axe à une hauteur convenable pour la machine, et ne réponde pas aux conditions de fonctionnement que nous avons énumérées, pages 18, 19, ainsi qu'à celles des angles d'entrée et de sortie et d'immersion des pales. On modifie alors le nombre de tours de façon à obtenir un diamètre en rapport avec les exigences des autres éléments de la roue.

Les angles d'entrée et de sortie des palés, avons-nous vu, doivent être de 38 à 45° pour les aubes fixes, et 70 degrés pour les aubes articulées.

L'immersion du bord supérieur de la pale, lorsqu'elle est verticale, ne doit pas être inférieure aux 0,04 du diamètre de la roue, avons-nous dit. Quelques constructeurs prescrivent qu'en eau calme cette immersion ne doit pas excéder $\frac{1}{8}$ de la largeur de la pale, et qu'en service ordinaire en mer, elle soit égale à la moitié de cette même largeur. Si le navire doit porter des marchandises, l'immersion ci-dessus doit être de quelques centimètres quand le navire est lège, et ne doit pas excéder la largeur de la pale lorsque le chargement est complet.

Le nombre des pales, dans les roues à aubes articulées, peut être déterminé, pour première approximation, par l'expression $\frac{D}{0{,}61} + 1$, et leur largeur doit être double de celle des pales fixes.

D'après M. Barnaby, dans son ouvrage *Marine propellers*, en Angleterre on fait le nombre de pales, dans les roues à aubes fixes, égal au nombre de pieds contenus dans le diamètre de la roue, et la largeur d'une pale, généralement de $\frac{3}{4}$ de pouce à un pouce par pied de diamètre. Dans les roues à aubes articulées le nombre de pales doit être moitié de celui des roues à aubes fixes, et leur largeur le double de celle des pales fixes.

La largeur de la roue peut se faire de $\frac{1}{3}$ à $\frac{1}{2}$ la largeur du navire.

Pour compléter les indications que nous avons données sur la détermination des roues à aubes, nous emprunterons au *Cours de Machines Marines*, de M. Bienaymé, le tableau suivant qui nous donne des renseignements sur les éléments des roues à aubes d'un certain nombre de bâtiments :

NAVIRES	B^2 aux essais	V en nœuds aux essais	Valeur de M dans la formule $V = M\sqrt[3]{\frac{F}{B^2}}$	Diamèt. des roues D	Nombre de pales	Éléments d'une pale				$\frac{B^2}{2b^2}$	$\frac{h}{D}$	Recul r
						Hauteur h	Longueur l	Surface b^2	Espacement ou pas			
	m^2											
Descartes (aubes fixes). .	56,04	$10^n,70$		$9^m,00$	24	$0^m,66$	$2^m,99$	$1^m,97$	$1^m,18$	14,22	0,073	
Mogador — . .	53,81	12 ,00		9 , 00	»	0 , 60	»	»	»	»	0,066	
Gomer — . .	»	10 ,00		9 , 14	24	0 , 57	3 , 22	1 , 84	1 , 19	»	0,062	
Mouette — . .	18,35	9 ,30	3,32	6 , 10	20	0 , 60	2 , 36	1 , 42	0 , 96	6,63	0,098	0,31
Utile à Robuste — . .	20,85	9 ,10	3,14	6 , 69	24	0 , 50	2 , 60	1 , 30	0 , 88	8,01	0,074	0,35
Sphinx — . .	20,68	9 ,00	»	5 , 94	16	0 , 66	2 , 44	1 , 61	1 , 16	6,42	0,111	»
Antilope — . .	15,04	9 ,96	3,03	3 , 40	16	0 , 31	2 , 00	0 , 62	0 , 60	12,13	0,091	0,39
Espadon — . .	10,27	8 ,27	2,85	4 , 06	12	0 , 43	2 , 20	0 , 95	1 , 06	5,40	0,106	0,40
Phoque — . .	10,27	8 ,17	2,69	4 , 06	12	0 , 43	2 , 20	0 , 95	1 , 06	5,40	0,106	0,40
Archimède — . .	9,49	8 ,16	2,73	4 , 28	12	0 , 43	2 , 20	0 , 95	1 , 12	4,99	0,100	0,40
Phaéton — . .	6,64	6 ,90	2,45	3 , 40	12	0 , 45	1 , 80	0 , 81	0 , 89	4,10	0,132	0,47
Protée — . .	5,41	7 ,04	2,92	2 , 96	10	0 , 40	1 , 25	0 , 50	0 , 93	2,90	0,135	0,42
Pygmée — . .	4,76	6 ,64	2,59	2 , 92	10	0 , 36	1 , 25	0 , 45	0 , 92	2,58	0,123	0,41
Balaguier — . .	3,86	6 ,62	3,15	2 , 76	8	0 , 35	1 , 09	0 , 38	1 , 08	5,08	0,127	0,35
Guyenne (aubes articulées)	37,66	12 ,55	4,08	9 , 50	14	1 , 20	3 , 00	3 , 60	2 , 13	5,18	0,126	0,22
Aigle — . .	32,94	14 ,24	3,72	7 , 50	12	0 , 85	3 , 20	2 , 72	1 , 96	5,87	0,113	0,29
Alecton — . .	13,60	8 ,48	3,10	5 , 50	11	0 , 71	1 , 80	1 , 28	1 , 57	3,87	0,129	0,38
Prince impérial — . .	12,00	16 ,50	3,35	5 , 41	12	1 , 07	2 , 44	2 , 61	1 , 41	2,29	0,197	0,39
Samson — . .	5,20	8 ,39	2,36	3 , 86	10	0 , 39	1 , 32	0 , 61	1 , 21	4,26	0,101	0,40

12. — Dimensions des Navires à roues (1)

La proportion de la longueur à la largeur, dans les navires à roues, a rarement été moindre que 8,5. La proportion généralement admise est 9. M. Denny, de Dumbarton, a construit des steamers rapides à roues dont le rapport de la longueur à la largeur diffère sensiblement du chiffre généralement adopté.

Les dimensions de ces navires sont les suivantes :

NOMS DES NAVIRES	LONGUEUR	LARGEUR	CREUX	VITESSE MOYENNE
	mètres	mètres	mètres	nœuds
Princesse-Henriette / *Princesse-Josephine*	91.50	11.58	4.11	21.28
Princesse-Victoria	85.34	10.82	4.27	19.77
Duchesse-d'Hamilton	76.20	9.14	3.20	18.09
Clacton-Belle	74.98	8.07	3.05	17.07

Dans les steamers *Princesse-Henriette*, *Princesse-Joséphine* et *Princesse-Victoria*, le rapport de la longueur à la largeur est de 7,89 ; dans la *Duchesse-d'Hamilton*, ce rapport est 8,33 ; dans la *Clacton Belle* il monte à 9,29. Ce dernier navire a été construit avec des dimensions pouvant lui permettre de passer sous les ponts de Londres ; la largeur et le tirant d'eau ont été, par suite, inférieurs à la valeur généralement admise.

On peut comparer ces navires avec le *Calais-et-Douvres*, steamer impérial, qui a comme longueur 9 fois 3 la largeur ; le *Calais-et-Douvres* 8,9 ; la *Victoria* 8,53 ; les steamers de Liverpool : *Princesse-de-Galles* et *Victoria* 8,6 ; les navires *Paris* et *Rouen*, faisant le service entre Dieppe et Newhaven, 8,6 ; le steamer *Adder*, de Belfast, 8,8.

Quant à la proportion de la longueur au creux, on a : sur les navires *Princesse Henriette* et *Princesse-Joséphine*, 22 fois 2 ; sur la *Princesse-Victoria*, 20 fois ; sur la *Duchesse-d'Hamilton*, 23 fois 8, et sur la *Clacton-Belle*, 24 fois 6.

Les steamers *Princesse-Henriette* et *Princesse-Joséphine* ont été construits pour le service postal belge entre Douvres et Ostende. La profondeur d'eau sur la barre du port d'Ostende a obligé le constructeur de ces navires à réduire au minimum le tirant d'eau.

1. Extrait de l'*Engineering* du 9 janvier 1891.

La *Princesse-Victoria* fait un service bi-quotidien entre Larne et Stranraer, points les plus rapprochés de l'Irlande et de l'Ecosse. La distance entre ces deux ports est de 35 nœuds, et elle doit être franchie par le navire en moins de deux heures.

La *Duchesse-d'Hamilton*, de la « Caledonian Company », fait le service entre la côte d'Ayrshire et l'île d'Arran, à l'embouchure de la Clyde.

La *Clacton-Belle* fait le service de la Tamise entre Londres et Clacton-sur-Mer.

---

13. — Historique des roues à aubes.

L'application des roues à aubes à la navigation, pour la propulsion des navires, remonte jusqu'à l'antiquité. Il existe des médailles romaines qui représentent des navires de guerre armés de trois paires de roues, mues par des bœufs (1).

D'après quelques auteurs, il y aurait eu des roues à aubes tournées par des bœufs à bord des radeaux qui transportèrent les Romains en Sicile, pendant la première guerre punique.

De 1687 à 1693, le mécanicien Duquet fit, à Marseille et au Havre, un certain nombre d'essais avec des rames tournantes appliquées à un petit bateau, et composées chacune de 4 rames courtes et larges, opposées deux à deux et placées en croix.

Le bateau à vapeur que Papin fit construire en 1707, pour essayer de descendre le Weser, naviguait à l'aide de rames tournantes, dont Papin avait emprunté l'idée à un petit bateau de plaisance appartenant au prince Rupert, qu'il avait vu fonctionner à Londres. Ce petit navire qui marque l'une des premières applications de la vapeur d'eau comme force motrice, ne put arriver à Brême d'où Papin voulait le faire conduire à Londres, et fut détruit par les mariniers du Weser, jaloux de cette innovation.

En 1732, le comte de Saxe présenta à l'Académie des sciences de Paris, le plan d'un bateau remorqueur ayant de chaque côté une roue à aubes que faisait tourner un manège de 4 chevaux.

En 1776, le marquis de Jouffroy fit naviguer sur le Doubs un petit bateau à vapeur de 12 mètres, mû par des rames articulées s'ouvrant et se fermant d'une manière successive, et constituant le système palmipède. Une machine de Watt, à simple effet, installée au milieu du navire, mettait en action ces rames articulées. Le mécanisme des rames palmées n'ayant pas donné les résultats attendus, le marquis abandonna entièrement ce système pour adopter celui des roues à aubes ou à palettes.

Le 15 juillet 1783, eut lieu, sur la Saône à Lyon, l'expérience du marquis de Jouffroy, d'un bateau à vapeur muni de roues à aubes, dont le succès fut complet. Ce navire avait 46 mètres de long et 5 mètres de large ; les roues avaient $4^{m},25$ de diamètre. La machine à vapeur, construite à Lyon, était à deux cylindres. Le mouvement des deux pistons était transmis aux roues par une double crémaillère à rochets, qui agissait constamment sur une partie cannelée de l'arbre des roues.

1. Louis Figuier, *Merveilles de la Science.*

Les rochets supérieurs cédaient lorsque les rochets inférieurs poussaient ; ce qui imprimait à l'arbre un mouvement de rotation, et empêchait l'action motrice de se produire autrement qu'en avant.

Mais à la suite des évènements de la Révolution française, le marquis émigra, et la continuation de ces expériences fut abandonnée.

A la même époque eurent lieu, en Écosse, des essais de navigation, au moyen de roues à aubes mues par la vapeur, faits par Miller, Taylor et Symington. Ces essais ne donnèrent aucun résultat pratique à cause de certaines défectuosités dans le mécanisme.

Pendant que ces essais avaient lieu en Europe, d'autres expériences du même genre s'effectuaient en Amérique. Dès que la machine à vapeur de Watt fut inventée en Angleterre, on essaya aux Etats-Unis de l'appliquer à la navigation. Dans l'été de 1787, le constructeur américain John Fitch fit, sur la Delaware, l'expérience d'un bateau pourvu de rames ordinaires mises en mouvement par la vapeur. Ce bateau remonta parfaitement le cours du fleuve, contre la marée, à raison de cinq milles à l'heure. En 1788, John Fitch obtint du gouvernement des Etats-Unis un privilège pour l'exploitation exclusive, pendant 14 ans, de la navigation à vapeur dans cinq Etats de ce pays. Il fit construire, à cet effet, une galiote à vapeur qui, aux essais, donna une vitesse de 8 milles à l'heure ; mais des embarras financiers survinrent ensuite et empêchèrent l'extension de cette exploitation. Fitch découragé après plusieurs tentatives infructueuses en Europe et en Amérique, se noya de désespoir.

Dans la même année, un autre américain, James Rumsey, fit des expériences analogues à celles de Fitch, mais en employant un appareil moteur tout différent. Il se servait d'une pompe qui puisait l'eau à l'avant du bateau, et la refoulait sous la quille, pour la faire ressortir à l'arrière. La poussée du bateau se faisait ainsi par la réaction du liquide. Rumsey ne put réussir dans son entreprise, à cause du refus, par le Congrès des Etats-Unis, du privilège qu'il sollicitait pour l'emploi des bateaux à vapeur.

En 1803, l'américain Robert Fulton entreprit, à Paris, avec l'aide de Robert Livingstone, ambassadeur des Etats-Unis, la construction d'un bateau à vapeur qui devait servir à juger définitivement la question pratique de la navigation par la vapeur. Les échecs que l'on avait éprouvés jusqu'alors tenaient aux défauts du système moteur destiné à faire office de rames, et à l'insuffisance de la force développée par la machine à vapeur.

Le 9 août 1803, eurent lieu sur la Seine les essais du bateau de Fulton, qui avait 33 mètres de longueur et pourvu de roues à aubes mues par une machine à vapeur. La vitesse obtenue contre le courant fut d'une lieue et demie par heure.

A la suite de ce premier succès, Fulton demanda au Premier Consul Bonaparte que son bateau fût soumis à un examen attentif de la part de l'Académie des Sciences. Bonaparte accueillit mal sa requête et refusa de saisir l'Académie de la question.

En présence de cet échec, Fulton se rendit en Angleterre où il commanda à l'usine Boulton et Watt une machine à vapeur pour un nouveau bateau qu'il se proposait de faire construire en Amérique.

Au mois d'octobre 1806, il quitta l'Angleterre pour revenir à New-York où sa machine lui avait été expédiée. Dès son arrivée dans cette ville, Fulton s'occupa, de concert avec Livingstone, de faire construire le bateau projeté, qui fut lancé le 11 août 1807 des chantiers Brown.

Ce navire de 46 mètres de long, $4^m,90$ de large, $2^m,25$ de creux et 150 tonneaux de jauge, fut appelé le *Clermont*. Les roues à aubes avaient $4^m,60$ de diamètre et chacune 8 aubes de $1^m,20 \times 0^m,60$. La machine, à double effet et à condenseur, était de la force de 18 chevaux.

Le *Clermont* fut affecté au service des passagers entre New-York et Albany, sur l'Hudson, et parcourut la distance de 60 lieues qui sépare ces deux villes en 31 heures. A la suite de ce succès, Fulton fit construire pendant l'année 1811 quatre magnifiques bateaux à vapeur, dont le plus grand prit le nom de *Chancelier Livingstone*.

En 1814, le Congrès des États-Unis fit construire, d'après les plans de Fulton, une grande frégate, mue par la vapeur, et destinée à la défense du port. Ce bâtiment, nommé le *Fulton 1er*, avait 45 mètres de long, et était formé de deux bateaux séparés par un espace de 16 mètres de large, au milieu duquel se trouvait la roue à aubes, protégée ainsi contre le feu de l'ennemi. Fulton mourut sans avoir complètement terminé ce navire.

En Angleterre, ce ne fut que 5 ans après les succès de Fulton aux États-Unis que les bateaux à vapeur firent leur apparition. En 1812, l'écossais Henry Bell construisit un bateau à roues, la *Comète*, qui fit un service de transports sur la Clyde, entre Glasgow et Greenock. Plus tard, en 1815, il fit construire le *Rob-Roy*, de 90 tonneaux et pourvu d'une machine de 30 chevaux, pour la traversée de la Clyde et de Belfast.

En France, ce ne fut qu'en 1815 que l'on songea pour la première fois à l'établissement de la navigation par la vapeur. Le marquis de Jouffroy, à qui revient l'honneur d'avoir le premier, dans le monde entier, fait naviguer un bateau à vapeur, revenu en France après la paix de Lunéville, reprit ses travaux sur la navigation à vapeur. Il fit construire, à cet effet, un nouveau bateau, le *Charles-Martel*, qui fut lancé sur la Seine, à Bercy, le 20 août 1816, au milieu des acclamations d'une foule énorme. Mais à la suite de démêlés judiciaires avec une Compagnie rivale, la Société Pajol, l'entreprise du marquis de Jouffroy fut ruinée. Ce dernier mourut du choléra en 1832, à l'âge de 80 ans.

En janvier 1816, la Compagnie Pajol fit acheter en Angleterre, par le capitaine Andriel, un navire à roues, l'*Élise*, de 16 mètres de long, 5 mètres de large et pourvu d'une machine de 10 chevaux. Pendant la traversée de New-Haven au Havre, l'*Élise* fut assailli en mer par une tempête furieuse qui la mit à deux doigts de sa perte. Cette traversée fut effectuée en 17 heures. Le lendemain de son arrivée au Havre, l'*Élise* se rendit à Paris, par la Seine, en traversant Rouen. Après un séjour de quelques jours à Paris, où il fut admiré, ce navire repartit pour Rouen et commença un service de transports réguliers entre cette ville et Elbeuf.

Les premiers bateaux à vapeur pour le service de la mer qui aient été construits en France, sont (de 1825 à 1830): le *Courrier de Calais*, construit par M. Cavé, de Rouen, avec des roues articulées et une machine à vapeur de 60 chevaux; le remorqueur le *Vésuve*, construit au Havre en 1828; les paquebots le *Var*, le *Liamone* et le *Golo*, qui faisaient le service des dépêches entre Marseille et la Corse.

Jusqu'à cette époque la navigation à vapeur avait été limitée à des parcours le long des fleuves et des lacs, ou en mer à des distances peu considérables. Pourtant, en 1819, un navire américain, le *Savannah*, avait franchi l'Atlantique entre Savannah et Liverpool. Ce navire pourvu d'une bonne voilure, marcha à la voile durant 7 jours, pour profiter d'une bonne brise et pour épargner le charbon. Pendant ce temps les roues avaient été démontées et posées sur le pont. Aux approches de la côte d'Angleterre, on replaça tout l'appareil moteur afin de terminer le voyage comme il avait été commencé.

En 1825, le steamer anglais l'*Entreprise* fit le voyage des Indes en se servant alternativement de la vapeur et du vent. Il mit 47 jours pour aller du Cap de Bonne-Espérance à Calcutta.

C'est en 1830 que la Loire, la Garonne et la Seine ont eu leurs premiers bateaux à vapeur, pour le transport des voyageurs.

En 1838, on construisit en Angleterre le *Great-Western*, jaugeant 1.340 tonnes, et le *Sirius*, jaugeant 700 tonnes. La machine du premier était de la force de 450 chevaux, celle du second, de 320 chevaux. Les roues du *Great-Western* avaient $8^{m},50$ de diamètre et les pales $3^{m},50$ de longueur. Ces deux navires, destinés aux traversées transatlantiques, firent leur premier voyage en même temps, en se servant exclusivement de leur moteur à vapeur.

Le 5 avril 1838, le *Sirius* partit de Cork, en Irlande, pour New-York (Cork est le port des iles britanniques le moins éloigné des Etats-Unis). Trois jours après, le *Great-Western* appareillait à Bristol, pour New-York, avec 7 passagers seulement. Ces deux navires luttèrent de vitesse pour arriver à se dépasser l'un l'autre sur la vaste carrière de l'Atlantique. Le *Sirius* qui avait 3 jours d'avance, arriva le premier à New-York dans la matinée du 23 avril, après une traversée de 17 jours. Le *Great-Western* arriva le lendemain. Ce premier voyage souleva l'enthousiasme des américains.

Quelques jours après, les deux navires quittaient New-York pour revenir en Europe. Le *Sirius* arriva à Falmouth, après un voyage de 18 jours. Le *Great-Western*, parti de New-York le 7 mai, arriva à Bristol après 15 jours seulement de traversée.

La France ne devait pas rester longtemps en arrière du mouvement rapide imprimé en Europe à la navigation à vapeur. En 1822, le ministre de la marine envoya dans le Nouveau-Monde un ingénieur de mérite, M. Marestier, avec mission de prendre sur les lieux une connaissance détaillée et complète des travaux exécutés en ce genre dans les divers États de l'Union.

La mission confiée à M. Marestier porta tous les fruits que l'on attendait de l'expérience et des talents de cet ingénieur. Sur les conclusions de son rapport, on fit un essai en petit avec deux navires construits à Rouen, le *Coureur* et la *Caroline*. Il fut assez concluant pour qu'on fit entrer désormais dans la flotte les navires à roues.

En 1835, les bateaux à vapeur de la Saône doublaient en nombre.

En 1837, M. Cavé, de Rouen, construisait sur le Haut-Rhin, les *Aigles*, et sur la Basse-Seine, les *Dorades*, pour le service des voyageurs et des marchandises. A la même époque, la Seine recevait, d'une autre Compagnie, de magnifiques bateaux en fer construits au Havre par M. Normand et pourvus de machines à vapeur tirées des ateliers de Barnes en Angleterre.

Dans la marine militaire française, le premier navire à vapeur à roues, armé en guerre, fut le *Sphinx*, de 160 chevaux, construit en 1830 à Liverpool dans les ateliers de M. Fawcet.

Après le *Sphinx*, vinrent les corvettes à vapeur le *Veloce* et l'*Archimède* de 220 chevaux; le *Prony* et le *Cuvier* de 320 chevaux; les frégates le *Gomer*, l'*Asmodée* et l'*Albatros*, de 450 chevaux et filant 10 nœuds; le *Mogador* de 650 chevaux; le *Descartes* et le *Vauban* de 540 chevaux.

Dans la marine marchande, la Compagnie des Messageries Maritimes affecte au service postal du Brésil, obtenu en 1860, quatre beaux navires à roues articulées: la *Guyenne*, le *Béarn*, la *Navarre* et l'*Estramadure*.

En 1861, la Compagnie Générale Transatlantique fait mettre en construction, en Écosse et à Penhoët-Saint-Nazaire, neuf navires à roues pour ses services postaux du Havre à New-York et des Antilles. Les cinq destinés à la ligne de New-York étaient le *Washington*, le *Lafayette*, l'*Europe*, le *Saint-Laurent* et le *Napoléon III*. Les quatre de la ligne des Antilles étaient : l'*Impératrice Eugénie*, la *France*, le *Nouveau-Monde* et le *Panama*.

Dans le cours de sa construction, le *Saint-Laurent* est transformé sur cale en navire à hélice, à la suite des succès que venaient d'obtenir ce dernier propulseur, particulièrement sur les paquebots anglais *China* et *Cuba*, de la Compagnie Cunard, en 1863.

Le *Napoléon III* était un magnifique paquebot de 6.000 tonneaux environ. Il avait 114 mètres de long, 14 mètres de large et 10 mètres de creux. Sa machine à vapeur était de la force de 1.500 chevaux. Il fut lancé en 1866 et donna 10 nœuds 5 aux essais. Il fut transformé plus tard en navire à hélice et prit le nom de *Ville-du-Havre*.

Les autres paquebots à roues de cette Compagnie furent de même successivement transformés en navires à hélices. L'*Impératrice-Eugénie* prit alors le nom d'*Amérique*, le *Nouveau-Monde* celui de *Labrador* et le *Panama* celui de *Canada*.

Ce fut là le dernier terme de la marine à vapeur à roues qui allait être presque exclusivement détrônée par la marine à vapeur à hélice, car le moteur à roues avait bien des côtés faibles. Les pales ne plongeant que d'une petite quantité dans l'eau, le fonctionnement de l'appareil moteur est fortement influencé par les variations inévitables qui se produisent dans l'immersion du navire, par la consommation du charbon et des vivres. Le roulis modifie aussi profondément l'immersion des roues, tandis que l'une plonge trop, l'autre est trop émergée, et quelquefois tourne à vide.

De plus, les roues ayant de grandes dimensions sont d'une construction délicate et ne sont point défendues contre le choc des lames, et pour les navires de guerre, contre les boulets.

Tous ces inconvénients auxquels échappe le propulseur héliçoïdal, totalement immergé, l'a fait préférer aux roues à aubes, qui ne sont plus employées aujourd'hui que sur les fleuves ou pour de petits parcours en mer, et dans tous les cas où le peu de profondeur de l'eau ne permet pas l'emploi du propulseur héliçoïdal de diamètre nécessaire à la marche du bâtiment.

III. — HÉLICE

1. — Propriétés géométriques de l'hélice et des surfaces héliçoïdales.

L'*hélice* employée en marine pour la propulsion des navires, est un appareil composé de portions de *surfaces héliçoïdales*, implantées symétriquement autour d'un moyeu claveté sur l'arbre moteur de la machine, et recevant de celle-ci un mouvement de rotation.

La géométrie définit l'*hélice*: une courbe tracée par un point qui tourne autour d'un cylindre, en s'élevant de quantités proportionnelles aux arcs qu'il décrit.

La courbe tracée par ce point dans un tour complet se nomme *la spire*.

La hauteur dont le point décrivant s'est élevé dans un tour complet se nomme *le pas*.

Le développement de la surface du cylindre autour duquel est tracée la spire, donne un rectangle dont la base est le développement de la circonférence du cylindre, et la hauteur le pas. Le point qui a décrit la spire, ayant parcouru, en s'élevant et en tournant autour du cylindre, des distances proportionnelles, le développement de la spire sur le rectangle sera une ligne droite représentée par la diagonale.

Soit un cylindre MN (fig. 12) de diamètre *ab*. Si l'on veut tracer sur ce cylindre une hélice de pas donné *bd*, on doit diviser le pas et la circonférence projetée *a'c'b'd'* de la section droite *ab*, en un certain nombre de parties égales. Par les points de division 1, 2, 3, 4, 5 de *a'c'b'd'* et de *bd* on mène des verticales et des horizontales. En faisant passer une courbe par les points d'intersection de ces lignes, de même numéro, on obtient, en projection verticale, l'*hélice aec* qui a pour projection horizontale le cercle de diamètre *a'b'*.

La hauteur *st*, dont le point *a* s'est élevé en passant de *a* en *s*, est dans un rapport constant avec l'arc *a's'* de la projection de *as* sur la circonférence de la base. Ce rapport est le même lorsque la hauteur dont s'est élevé *a* est égale au pas P, et que l'arc de cercle, marquant la projection de la courbe correspondante qui est *la spire*, est égal à la circonférence de la base *a'b'*, ou $2\pi R$, R étant le rayon de cette base.

De sorte que l'on a :

$$\frac{st}{\text{arc } a's'} = \frac{P}{2\pi R}$$

D'autre part, soit à enrouler autour du cylindre MN (fig. 12) à partir d'un point a, une droite AC faisant avec la ligne xy, perpendiculaire à l'axe MN du cylindre, un angle quelconque α.

On divise la circonférence $a'c'b'd'$, du cercle ab projeté, en un certain nombre de parties égales: 1, 2, 3, 4, 5... On porte sur xy, à partir de A, une longueur AB égale au développement de la circonférence $a'c'b'd'$, que l'on divise en un même nombre de parties égales que cette dernière. Les divisions de AB et de la circonférence $a'c'b'd'$, sont par suite égales.

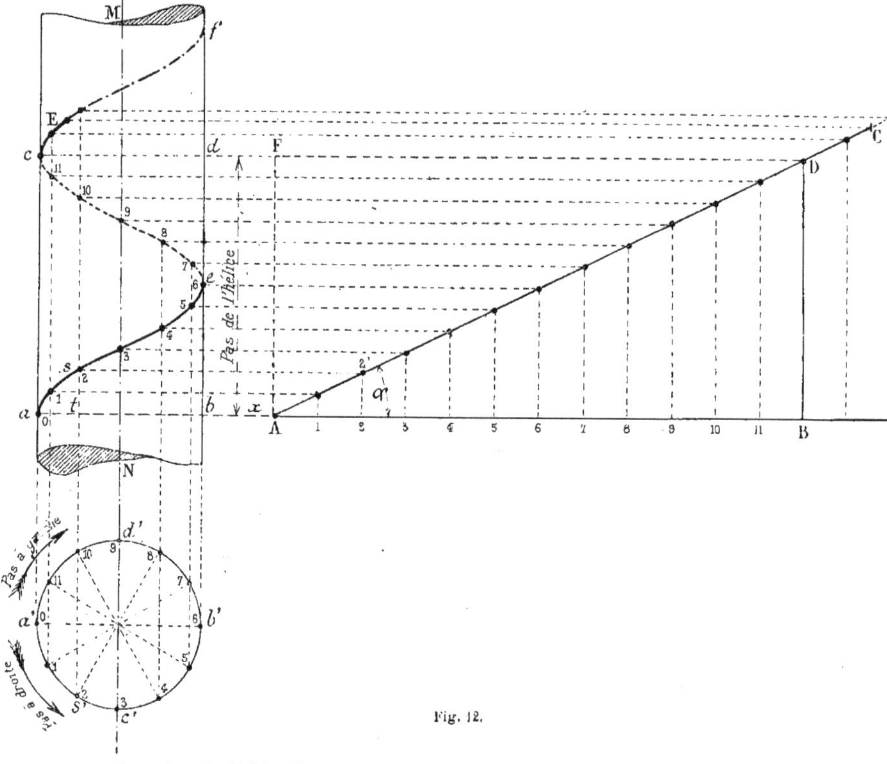

Fig. 12.

Des points de division de AB on élève des perpendiculaires sur cette ligne jusqu'à la rencontre de la droite AC. On continue les divisions de AB vers y, jusqu'à ce que l'on arrive, avec les perpendiculaires, à comprendre le point C dans les intervalles. On projette sur le cylindre MN, par des verticales, les points de division de la circonférence $a'c'b'd'$, et par des horizontales, les points de rencontre avec AC des perpendiculaires élevées sur Ay par les points de division.

Les intersections de ces lignes, de même numéro, marquent sur le cylindre une série de points par lesquels on fait passer une courbe *aecf* qui constitue *l'hélice.*

Le point C, extrémité de la ligne AC, se projette en E, et la courbe *aec*E, fraction d'hélice, représente l'enroulement cherché de la ligne AC autour du cylindre MN.

La hauteur *bd*, dont le point *a* s'est élevé en un tour complet, pour revenir à la même génératrice, est *le pas* de l'hélice *aecf.*

La fraction d'hélice *aec*, décrite par le point *a* dans un tour complet est *une spire,* dont la projection sur la base du cylindre, autour duquel elle est décrite, est la circonférence $a'c'b'd'$ de cette base, comme nous l'avons vu ci-dessus.

Le rectangle ABDF est le développement de la surface du cylindre qui correspond à un tour d'hélice; le triangle rectangle ABD est la moitié de ce développement; le côté BD de ce triangle est le pas de l'hélice, la base AB, le développement de la circonférence de la section droite du cylindre, et l'hypothénuse AD le développement de la spire *aec*. L'angle BAD est l'*angle de l'hélice*, pour lequel on a :

$$\text{tang BAD} = \frac{BD}{AB}$$

Si l'on désigne par α l'angle BAD, par P le pas de l'hélice et par R le rayon du cylindre, comme nous l'avons fait plus haut, on a enfin, d'une manière générale :

$$\text{tang}\ \alpha = \frac{P}{2\pi R}$$

Une fraction *as* de la spire a pour projection l'arc $a's'$ qui mesure l'angle dont le point décrivant *a* a tourné pour tracer cette portion de spire. La projection 2.2', dans le triangle ABD, de *as*, représente la fraction de pas correspondant à cette fraction de spire *as*.

Le point qui décrit l'hélice sur le cylindre peut tourner à droite ou à gauche en s'élevant : ce qui produit le pas à droite ou le pas à gauche. Dans la figure 12, l'hélice ou la courbe hélicoïdale, partant de *a*, passe sur le devant du cylindre de *a* en *e*, et sur le derrière de *e* en *c*; *le pas est à droite.* Si la fraction d'hélice *ac* passait sur le derrière du cylindre, ce qui serait indiqué sur la figure par une ligne pointillée, *le pas serait à gauche*: la portion *ec* au lieu d'être pointillée serait alors en trait plein.

On appelle *surface hélicoïdale, hélicoïde gauche à plan directeur,* ou *surface de vis à filet carré*, et plus simplement *hélicoïde*, la surface engendrée par une ligne droite AB (fig. 13) partant de l'axe MN d'une hélice A*bcdefg*, et s'élevant parallèlement à elle-même, en s'appuyant sur l'hélice par son extrémité A, tandis que l'autre extrémité B reste constamment perpendiculaire à l'axe. Dans la figure 13, cette surface est hachée.

L'hélice A*bcdefg* est dite la *directrice* de l'héliçoïde, la droite AB en est la *génératrice*, et le plan de la section droite, le *plan directeur*.

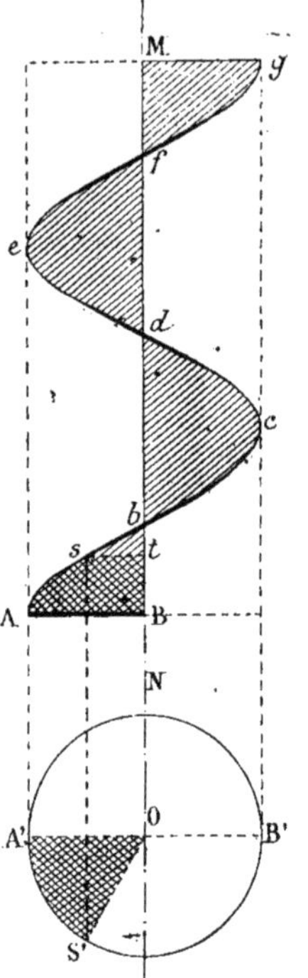

Fig. 13.

Il n'est pas absolument nécessaire que la génératrice de l'héliçoïde soit toujours une droite perpendiculaire à l'axe. Cette ligne peut être une droite inclinée sur l'axe ou une courbe; mais elle ne peut engendrer une héliçoïde qu'autant qu'elle se meut parallèlement à elle-même pendant tout son parcours.

La surface héliçoïdale qui a pour directrice une spire complète, a pour projection sur la base du cylindre le cercle entier de cette base. Une portion A *s t* B (fig. 13) de cette surface, a pour projection le secteur A'O S', dont l'arc A'S' représente la projection de la fraction A *s* de la spire directrice.

Si l'on coupe l'héliçoïde ANBFCDEM (fig. 14) par des cylindres *abcd*, *a'b'c'd'*, *a''b''c''d''*, concentriques à l'axe MN, on obtient des hélices *a*B*e*D*d*, *a'*B*c'*D*d'*, *a''*B*e''*D*d''*, de même pas que la directrice ABCDE.

Seulement, les tangentes à ces hélices font avec le plan directeur des angles d'autant plus grands que le rayon du cylindre est plus petit.

La tangente à l'hélice en un point quelconque T, par exemple, de l'hélice ABCDE, s'obtient en menant la tangente au point correspondant T' de la circonférence A'N'C'M', et prenant sur cette tangente une longueur T'S' égale à la longueur développée de l'arc A'N'T', ou encore la longueur égale I*s*, sur la base du triangle IGH, donnée par la projection du point T en *t* sur HI. Puis projetant le point S' sur la base AA_1 du cylindre, en S, on joint S à T, et l'on a la projection verticale ST de la tangente en T, à l'hélice cherchée.

Cette tangente fait avec le plan horizontal un angle α égal à celui donné par le développement HI de l'hélice, et le développement IG de la circonférence de la base du cylindre AA_1E_1E. C'est-à-dire, que si l'on rabat en plan vertical la longueur S'T' de l'intersection de la tangente avec le plan horizontal, en UV, l'angle TUV, ou α, que fait la vraie tangente UT avec l'horizontale UA, est égal à HIG, désigné aussi α.

En considérant les cylindres concentriques à l'axe qui coupent la surface héliçoïdale ANBFCDEM, on remarque que plus le rayon du cylindre d'intersection est grand, plus grande est la longueur de la circonférence correspondante; et comme le pas E_1A_1 est constant pour toutes les hélices d'intersection, il s'ensuit que l'*angle de l'hélice diminue à mesure que le rayon du cylindre augmente.*

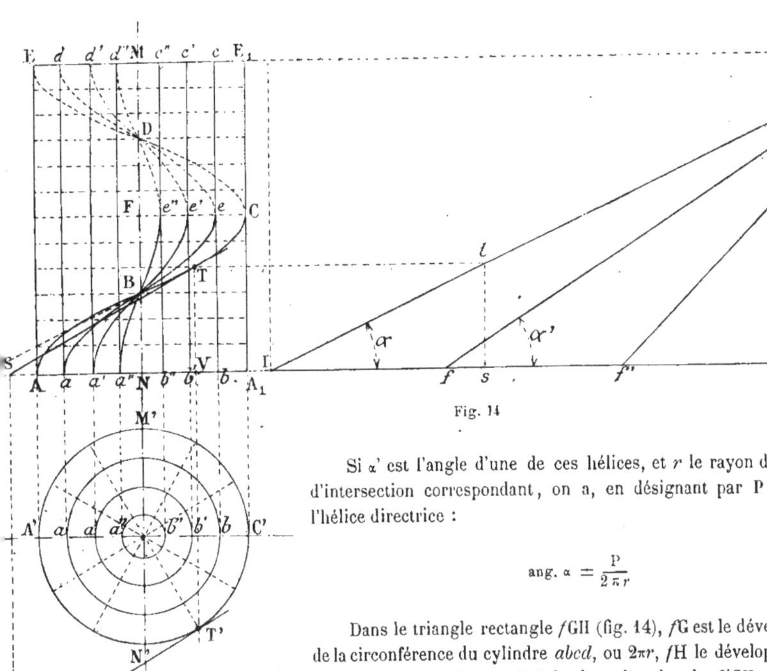

Fig. 14

Si α' est l'angle d'une de ces hélices, et r le rayon du cylindre d'intersection correspondant, on a, en désignant par P le pas de l'hélice directrice :

$$\text{ang. } \alpha = \frac{P}{2\pi r} \qquad (1)$$

Dans le triangle rectangle fGH (fig. 14), fG est le développement de la circonférence du cylindre $abcd$, ou $2\pi r$, fH le développement de l'hélice correspondante aBcDd ; dans le triangle f'GH, f'G est le développement du cylindre $a'b'c'd'$, ou $2\pi r'$, f'H le développement de l'hélice a'Be'Dd' ; dans le triangle f''GH, f''G est celui de la circonférence du cylindre $a''b''c''d''$, ou $2\pi r''$, f''H celui de l'hélice a''Be''Dd''.

La formule (1) s'applique à tous ces triangles, et confirme la règle donnée ci-dessus, qui est la propriété géométrique fondamentale d'une surface héliçoïdale de pas uniforme, et que nous résumerons ainsi :

« Si l'on coupe l'héliçoïde par des cylindres concentriques à l'axe, on obtient des hélices de même pas que la directrice, mais dont les angles varient, diminuant à mesure que le rayon du cylindre d'intersection augmente ».

Si l'on projette ces hélices sur un plan parallèle à l'axe, on obtient des sinusoïdes.

2. — De l'hélice propulsive.

Le *propulseur héliçoïdal* des navires, improprement appelé *hélice*, est formé, avons-nous dit page 47, de portions de surfaces héliçoïdales implantées symétriquement autour d'un moyeu. Ces fractions de surfaces héliçoïdales sont équivalentes et de même pas, et chacune constitue *une aile*.

Le moyeu autour duquel sont implantées symétriquement les ailes, est claveté à l'extrémité d'un arbre sortant à l'arrière du navire, et placé dans son plan longitudinal, au-dessous de la flottaison. Cet arbre reçoit de la machine motrice un mouvement de rotation. Dans ce mouvement, l'héliçoïde agit dans l'eau comme une vis dans un écrou, et reçoit du liquide, dans lequel elle est totalement immergée, une réaction qu'elle transmet au navire à l'aide de l'arbre moteur, qui, exerçant alors une poussée sur un point fixe solidement relié au bâtiment et formant *butée*, fait avancer ce dernier parallèlement à l'axe du propulseur.

Si l'on suppose un cylindre ABCD (fig. 15 et 16) servant de moyeu à une héliçoïde propulsive géométrique formée d'une spire complète, on a pour la surface héliçoïdale qui sera employée à la propulsion, la surface *aCbcdefA*. Dans la figure 15 *le pas est à droite*, dans la figure 16 *le pas est à gauche*.

Si dans cette surface héliçoïdale on découpe une tranche quelconque 5.5, 6.6, de longueur *mn*, on obtient une fraction d'héliçoïde constituant *une aile*.

La longueur de l'aile dans le sens de l'axe, ou *mn*, est égale à longueur de la tranche ainsi découpée et représente *une fraction* du pas *af* de l'héliçoïde.

Une spire tracée sur un cylindre donne une hélice à un seul filet ; deux spires tracées de même et laissant entre elles des espaces égaux, donnent une hélice à deux filets ; trois spires, une hélice à trois filets, et ainsi de suite. Toutes ces spires ont bien entendu même pas, et le nombre de filets détermine le nombre d'ailes dont l'hélice est formée.

On comprend par *hélice*, dans ce que nous venons de dire, l'ensemble des spires ou hélices tracées sur un même cylindre.

Sur le cylindre ABCD (fig. 17), traçons deux spires de pas donné AD, et partant de deux points A et B diamétralement opposés. Supposons un autre cylindre *abcd*, concentrique au premier, et traçons également deux spires partant de *a* et *b*. Plaçons les génératrices droites A*a* et B*b*, de même longueur, et faisons-les tourner, comme il est dit plus haut, en les appuyant sur les hélices A*e*F*hd*, B*e*E*h*C par les extrémités A et B, et sur les hélices *aeghd*, *befhc* par les extrémités *a* et *b* en les élevant parallèlement à elles-mêmes.

Nous engendrerons ainsi deux surfaces héliçoïdales égales A*ae*F*ghd*D et B*be*E*fhc*C, de même pas donné AD.

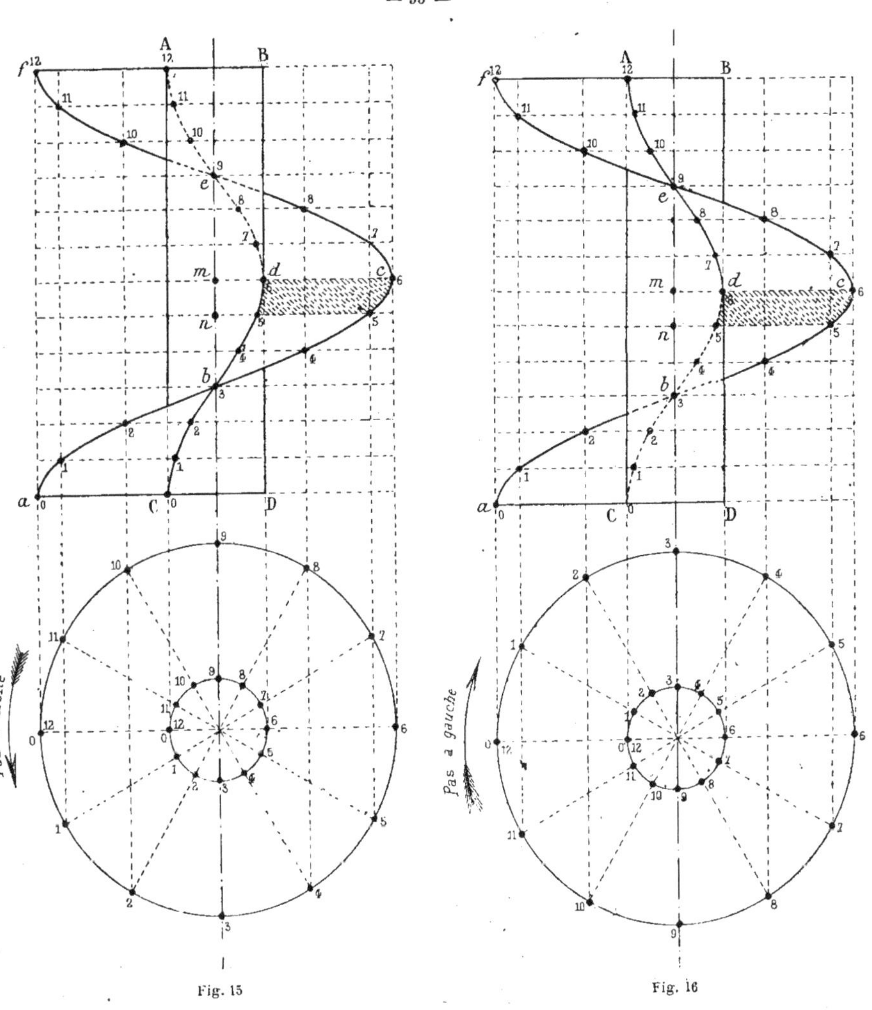

Fig. 15

Fig. 16

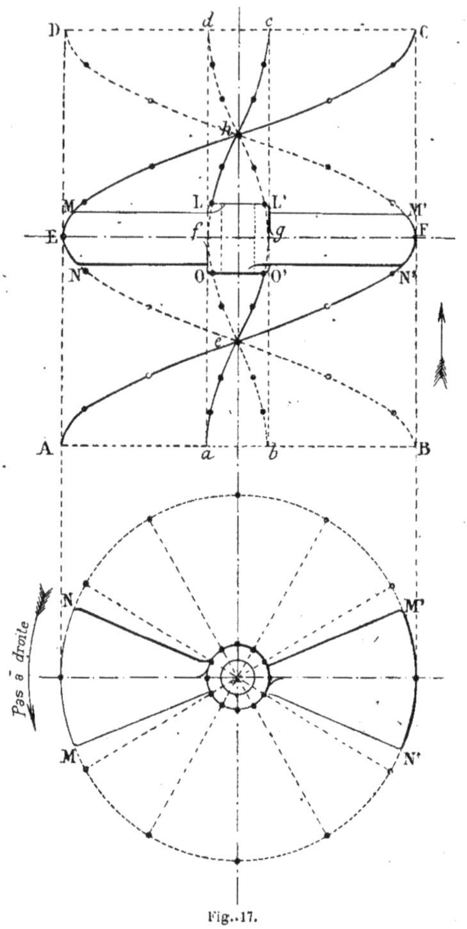

Pas à droite

Fig. 17.

Pas à droite

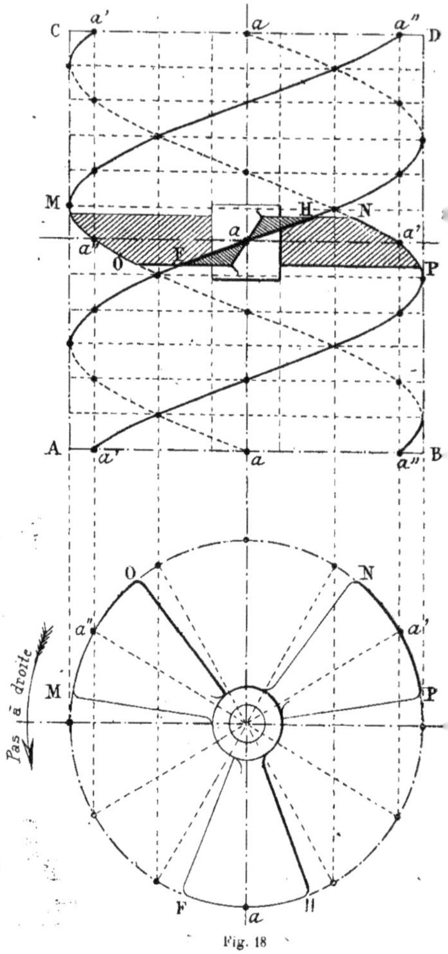

Fig. 18

Toute fraction de ces surfaces, limitée par deux positions assez rapprochées LMNO et L'M'N'O' de ces génératrices, formera *la surface d'une aile d'héliçoïde.* On obtiendra donc *une héliçoïde à deux ailes,* ou, plus communément, *une hélice propulsive à deux ailes.*

La fraction de pas qui correspond à la surface de chaque aile, est la hauteur LO ou L'O' de la longueur des ailes dans le sens de l'axe du moyeu.

En suivant la même construction, on parvient à tracer des héliçoïdes à 3, 4, 5, 6 ailes et même plus.

La figure 18 représente une héliçoïde propulsive à 3 ailes, dont les surfaces héliçoïdales ont été engendrées par 3 droites de même longueur, placées comme ci-dessus, perpendiculairement à l'axe et s'élevant parallèlement à elles-mêmes, en s'appuyant par leurs extrémités extérieures sur les hélices *a*, *a'*, *a''* du cylindre ABCD, et ayant même pas.

Les points *a*, *a'*, *a''*, qui ont décrit les trois hélices, sont le milieu de la largeur des extrémités des ailes projetées sur le plan horizontal, en supposant l'héliçoïde MNOP placée au milieu de la hauteur AC des spires. La fraction de pas des 3 ailes est la hauteur comprise entre les positions MN et OP des génératrices dans leur mouvement d'élévation.

POSITION DE L'HÉLICE

L'hélice propulsive se place généralement à l'arrière du navire.

Dans son mouvement de translation à travers le liquide, la carène du bâtiment exerce sur l'eau qui l'environne un frottement important qui entraîne une certaine quantité de cette eau dans la direction du mouvement, et l'abandonne ensuite après lui avoir communiqué une partie de sa vitesse : c'est ce qui constitue *le sillage.* Si l'hélice agit dans cette, eau elle peut acquérir une partie de l'énergie qui a été dépensée par le navire pour la mettre en mouvement,

La vitesse du sillage, que quelques auteurs ont estimé en moyenne à un dixième de la vitesse du navire, ne dépend pas seulement de la forme de la carène, mais aussi de la nature et de l'étendue de la surface frottante.

Il ne serait pas utile d'augmenter le volume ou la vitesse du sillage dans le but d'augmenter le rendement du propulseur, parce que cette surface de friction représente la plus grande partie de la résistance que rencontre le navire à se mouvoir dans l'eau ; mais comme le sillage est forcé, il y a un grand avantage à lui placer le propulseur au milieu, afin de permettre à ce dernier d'utiliser la plus grande quantité possible d'énergie qu'il y trouve.

Le sillage dû au frottement ne doit pas être confondu avec *le remous.* Ce dernier est l'eau qui tourbillonne derrière la poupe du navire, et qui a acquis toute la vitesse de ce dernier, en se précipitant à sa suite dans le vide que fait sa carène en mouvement de translation au sein du liquide. Lorsque la vitesse du navire a été ainsi communiquée à cette eau, il n'est pas nécessaire de développer beaucoup d'énergie pour la maintenir. Si elle est rejetée de côté par l'hélice, une nouvelle couche d'eau prend sa place, et il y a là un continuel écoulement d'énergie du navire, car l'eau entrant à flots dans le vide produit par la rotation de l'hélice, doit à son tour acquérir toute la vitesse en avant qui lui est communiquée.

Le remous est fortement marqué et a une valeur importante, proportionnellement à la surface totale du courant sur lequel agit l'hélice, dans les navires à formes très pleines.

Avec de grands sillages, la résistance d'un navire augmente dans un rapport plus grand que le carré de la vitesse. Cet accroissement de résistance peut être attribué, surtout avec de grandes vitesses, à la difficulté qu'éprouve l'eau à remplir l'espace à l'arrière du navire avec une célérité suffisante pour empêcher le vide de se maintenir, et pour exercer sur la carène sa pression habituelle. Pour atteindre de grandes vitesses, il faut donc faire l'arrière du navire très fin, dans ses lignes d'eau, pour qu'en traversant le liquide, la carène ne laisse pas derrière elle un espace vide qui aurait pour effet d'augmenter considérablement sa résistance au mouvement de translation.

---

3. — Éléments de l'hélice.

Les éléments du propulseur hélicoïdal, vulgairement appelé *hélice*, (nom que nous lui donnerons désormais), sont les suivants :

1° Les *ailes*. Ce sont, comme il vient d'être dit, des fractions égales de surfaces hélicoïdales de même pas, implantées sur un moyeu commun et symétriquement placées.

L'arête avant de l'aile, dans le plan longitudinal du navire, est *l'arête d'entrée ;* l'arête arrière, *l'arête de sortie :* considérées toutes les deux pour la marche avant du navire. La face de l'aile qui agit sur l'eau dans la marche avant, se nomme *face* ou *surface d'attaque*, le côté opposé est le *dos* de l'aile, c'est lui qui agit sur l'eau dans la marche arrière. La forme de l'aile indique généralement que le propulseur agit mieux pour la marche avant que pour la marche arrière.

Par rapport au navire, la face d'attaque est tournée vers l'arrière et le dos vers l'avant.

La *surface projetée des ailes* est la somme des surfaces des ailes, projetées sur un plan transversal au navire, déduction faite de la surface du moyeu.

La *surface développée des ailes* est la somme des surfaces des ailes, diminuée de la surface du moyeu.

Les ailes de l'hélice rencontrent dans leur demi-révolution inférieure une résistance plus grande que dans leur demi-révolution supérieure, à cause de la pression de l'eau qui varie avec la profondeur, et augmente à mesure que l'on s'enfonce.

Cette différence de pression a pour effet de faire exercer par l'hélice une poussée latérale vers l'arrière qui, pour une hélice à pas à droite, tend à faire venir le navire sur bâbord en marchant en avant, et sur tribord en marchant en arrière. Cet effet est bien marqué lorsque le bâtiment se met en marche.

2° Le *diamètre*. C'est celui de la circonférence décrite par le point extrême des ailes. Ou, le diamètre du cylindre qui limite concentriquement à l'axe la surface employée à la propulsion

La *surface du disque de l'hélice* est la surface du cercle décrit par les ailes dans toute la rotation.

3° Le *pas*. C'est la longueur de l'axe qui correspond à une spire de l'héliçoïde directrice.

Le pas est *à droite* lorsque, pour la marche avant, l'hélice tourne de bâbord à tribord dans le demi-cercle supérieur de sa rotation ; il est *à gauche* quand cette rotation a lieu en sens contraire.

4° La *fraction de pas*. C'est la longueur de la fraction de spire utilisée pour la propulsion.

La fraction de pas se détermine généralement en fonction du pas total, par percentage, et se divise ensuite en autant de parties égales que l'on veut avoir d'ailes à l'hélice. Chacune de ces parties constitue alors la fraction de pas de chaque aile. Dans ce cas, la fraction de pas peut se définir le *rapport du pas des ailes au pas total :* c'est ce que l'on est convenu d'appeler la *fraction de pas totale.* Par suite, la fraction de pas par aile est la *fraction de pas partielle.*

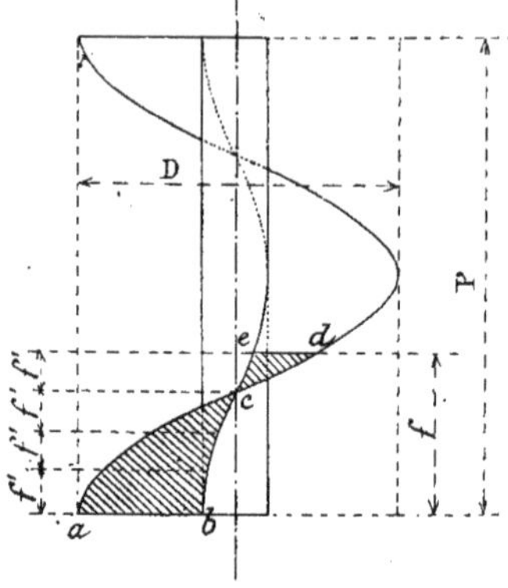

Fig. 19

Ainsi dans la figure 19, si *abcde* est la portion de l'hélicoïde qui a pour diamètre D et pour pas P, que l'on veut utiliser pour la propulsion, la fraction de pas qui lui correspond est la longueur f. Si dans cette fraction *abcde* d'hélicoïde, on découpe un certain nombre de tranches égales, 4 par exemple, chacune de ces dernières constituera une aile d'hélice qui aura pour fraction de pas la longueur f' de la portion de spire qui lui correspond, et qui a même longueur pour toutes.

Le rapport $\frac{f}{P}$ est *la fraction de pas totale.*

Le rapport $\frac{f'}{P}$ *la fraction de pas partielle.*

(Dans la figure ci-dessus, les portions d'hélicoïdes constituant les ailes sont indiquées sur une même surface hélicoïdale, pour l'explication des fractions de pas partielles. Ces portions d'hélicoïde sont bien entendu indépendantes les unes des autres, quoique ayant même pas ; et chaque aile, comme nous l'avons dit plusieurs fois, appartient à une hélicoïde distincte).

La fraction de pas ne se fait pas toujours constante, comme nous le verrons plus tard, sur toute la longueur de l'aile prise dans le sens du diamètre. Elle est le plus souvent élargie au moyeu pour donner plus de résistance à l'attache de l'aile sur ce dernier, et rétrécie aux extrémités. Par cette disposition on voit que les arêtes d'entrée et de sortie ne sont pas des rayons, et que la projection de l'aile sur un plan perpendiculaire à l'axe n'est plus un secteur, comme on a pu le remarquer sur les figures 17 et 18.

4. — Représentation géométrique de l'hélice.

Pour exposer clairement la représentation géométrique d'une hélice quelconque, proposons-nous de tracer, par exemple, une hélice propulsive à 2 ailes, à génératrice droite perpendiculaire à l'axe, et ayant les dimensions suivantes :

Diamètre		3m20 — D
Pas à droite		4,50 — P
Fraction de pas	totale	0,20 — f
(uniforme sur toute la surface de l'aile)	par aile	0,10 — f'

Indiquons par un schéma les données et indications nécessaires au tracé.

Dans la figure 20 de ce schéma, la vue 1 représente l'hélice dans le plan longitudinal du navire, ainsi que le pas P et les spires décrites par l'extrémité et l'attache au moyeu des ailes, permettant de définir les surfaces hélicoïdales employées à la propulsion.

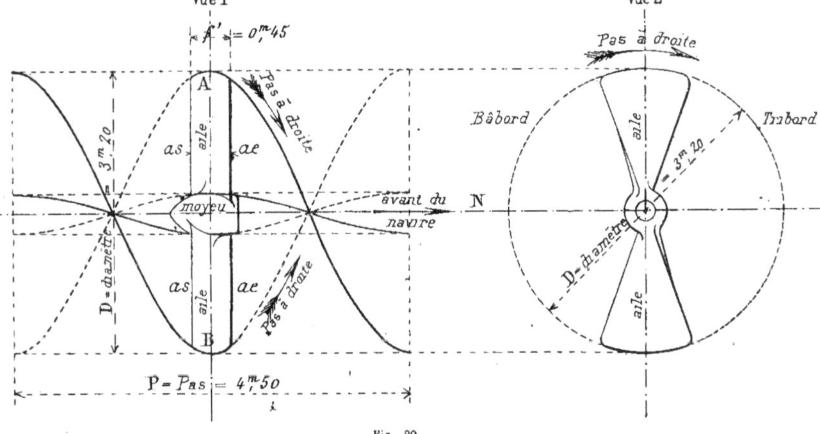

Fig. 20

La fraction de pas partielle, ou d'une aile, est la longueur f' de l'aile dans le sens de l'axe MN du moyeu ; elle est de 0,10 d'après les données, c'est-à-dire qu'elle est égale au dixième du pas : soit 0 ,45.

Les bords *ae*, *ae* des ailes, sur l'avant, sont les arêtes d'entrée ; les bords *as*, *as*, sur l'arrière, les arètes de sortie, en considérant le navire dans la marche en avant.

La vue 2 représente l'hélice vue de l'arrière du navire, en regardant l'avant. Le pas étant à droite, l'hélice tourne de gauche à droite, de bâbord sur tribord, dans le demi-cercle supérieur de sa rotation, et de tribord sur bâbord dans le demi-cercle inférieur. Le navire avance dans le sens de la flèche placée en N.

Reproduisons en grand cette figure pour la représentation géométrique de l'hélice. Nous opèrerons sur une aile seulement, l'autre lui étant égale et symétrique. Soit, planche IV, cette figure. Traçons, avant toute chose, le moyeu ABCD sur lequel on doit implanter les ailes. L'hélice étant à génératrice droite, perpendiculaire à l'axe du moyeu, et ayant une fraction de pas uniforme sur toute la surface de l'aile, les deux arètes d'entrée et de sortie seront déterminées dans la vue 1, planche IV, par deux droites EF et GH perpendiculaires à l'axe MN du moyeu, et dont l'espacement GE, dans ce plan, représentera la fraction de pas partielle f', égale à $0^m,45$. Les deux arètes EF et GH seront à égale distance de l'axe PQ qui est, par définition, la génératrice droite engendrant la surface héliçoïdale.

La vue 2, planche IV, représente l'hélice vue de l'arrière du navire, c'est-à-dire de la face AC du moyeu : c'est une projection sur un plan transversal perpendiculaire à l'axe longitudinal du bâtiment. La fraction de pas étant constante sur toute la surface de l'aile, cette projection est un secteur, comme nous l'avons vu, figures 17 et 18.

Le bord extérieur de l'aile, de rayon R, décrit dans un tour complet une spire de pas donné P, égal à $4^m,50$. Pour déterminer la fraction de spire qui doit limiter l'extrémité de l'aile dans la vue 1, il n'est pas nécessaire de tracer à l'échelle du plan la spire complète, comme il a été fait (fig. 20) ce qui conduirait trop loin. On procède à cette détermination de la façon suivante :

On trace du centre O, vue 2, des angles égaux, assez petits pour apporter à l'exécution le plus de justesse possible, 5 degrés par exemple. En nous reportant à la figure 12 de la description de l'hélice, nous voyons que les divisions que font les rayons vecteurs de ces angles sur la circonférence décrite par l'extrémité de l'aile, correspondent à des divisions proportionnelles sur la longueur du pas. Comme pour tracer le pas il faut une révolution complète de l'aile, soit 360 degrés, lorsque cette dernière aura décrit un angle de 5 degrés seulement, la fraction de pas qu'elle aura parcourue sera égale à

$$\frac{P \times 5^\circ}{360^\circ}$$

En appliquant cette proportion à l'hélice que nous traçons, nous aurons pour la valeur de la fraction de pas x correspondant à 5 degrés de rotation :

$$x = \frac{4^m50 \times 5^\circ}{360^\circ} = 0^m0625$$

Nous porterons sur l'axe MN (vue 1) à partir de Q'' et de chaque côté, des distances x égales à $0^m,0625$ jusqu'à ce que nous ayons dépassé le bord des ailes. Par les points de division nous élèverons des perpendiculaires à MN, sur lesquelles nous projetterons horizontalement les points de division correspondant aux angles de 5 degrés de l'arc I'O'J (vue 2).

Les intersections de ces droites détermineront la portion de spire GP'E décrite par l'extrémité de l'aile de rayon R pour la fraction de pas f'. En projetant les points G et E, intersections de cette spire avec les arêtes d'entrée et de sortie de l'aile, sur l'arc de cercle I'O'J', on obtient l'arc IO'J qui est la projection de l'extrémité de l'aile en plan transversal, pour la fraction de pas GE ou f'.

Pour avoir maintenant la forme projetée de l'aile, dans la vue 2, il faut continuer pour d'autres points le tracé que nous venons de faire. On y procède en portant sur la longueur P'Q' de l'aile, dans le sens du rayon, des divisions de section, en nombre quelconque, équidistantes ou non, P'', P''', P^{iv}, P^{v} par exemple, que l'on projette sur l'axe OO' de la vue 2 en O'', O''', O^{iv}, O^{v}, par lesquelles on fait passer du centre O des arcs de cercle. Les points de rencontre des rayons vecteurs à 5 degrés avec ces arcs de cercle, projetés horizontalement sur la vue 1, déterminent, comme ci-dessus, de nouvelles fractions de spires en P'', P''', P^{iv}, P^{v}, pour la même fraction de pas f'. Si l'on complétait ces spires, on verrait qu'elles ont toutes même pas P que la directrice, d'accord en cela avec la propriété des surfaces héliçoïdales, que nous avons donnée page 51, savoir : « que si l'on coupe une héliçoïde par des cylindres concentriques à l'axe, on obtient des hélices de même pas que la directrice ». Les sections faites sur la longueur de l'aile dans le sens du rayon, représentent bien des cylindres concentriques à l'axe.

Les points de rencontre G', G'', G''', G^{iv} de l'arête de sortie et E', E'', E''', E^{iv} de l'arête d'entrée avec les fractions de spires, projetés sur les arcs de cercle de rayons correspondants, de la vue 2, donnent les points I'', I''', I^{iv}, I^{v} et J'', J''', J^{iv}, J^{v}, qui déterminent, par leur jonction, les arêtes de sortie et d'entrée de l'aile en projection transversale. La figure $IO'JJ^{v}I^{v}$ représente par suite *la surface projetée de l'aile*. Il est facile de voir que dans le cas particulier d'une fraction de pas constante sur toute l'aile, cette surface projetée est un secteur.

Les deux tracés (vues 1 et 2) terminent la représentation géométrique de l'aile de l'hélice en plan longitudinal et en plan transversal, par rapport au navire.

Il reste à tracer la surface développée de l'aile, ainsi que les largeurs développées de cette dernière aux points des sections, afin d'en connaître toutes les proportions : c'est ce qui va constituer la vue 3 de la planche IV. (Vue auxiliaire.)

Si nous construisons le triangle rectangle ABC (fig. 21) ayant pour base AB le développement $2\pi R$ de la circonférence du cylindre de rayon R, circonscrit à l'aile de l'hélice, et pour hauteur BC le pas P, l'hypothénuse AC sera, d'après ce que nous avons vu, le développement de la spire tracée par l'extrémité de l'aile dans un tour complet. Sur AB, portons, à partir de B, des distances $A'B$, $A''B$, $A'''B$ égales aux développements de la circonférence des cylindres concentriques à l'axe, correspondant aux points des sections que nous avons faites sur la longueur de l'aile dans le sens du rayon, et qui ont respectivement pour rayons : R', R'', R'''... En joignant les points A', A'', A'''... à C on obtient de nouveaux triangles rectangles de même hauteur BC, et dont les hypothénuses respectives sont les développements des spires tracées dans un tour complet par la fraction de l'aile qui correspond aux sections. (Voir figure 14).

Si, parallèlement à AB, nous menons MN à une distance NB égale à la fraction de pas f' de l'aile, les intersections de cette ligne avec les droites CA, CA', CA'', CA''', donnent les quantités AM, A' M', A'' M'', A''' M''' qui sont les développements des fractions de spires correspondant aux sections, pour la fraction de pas constante f'. Ces développements sont, par suite, ceux de la largeur de l'aile aux points des sections, suivant l'arc de cercle qui est la projection horizontale des fractions de spires correspondantes, comme nous l'avons vu sur la figure 12.

Si nous reproduisions donc sur la planche IV, à l'échelle du plan, les triangles rectangles ABC, A'BC, A''BC, A'''BC, et la ligne MN, nous aurions la représentation géométrique des développements cherchés, AM, A'M', A''M''..... des largeurs de l'aile aux différentes sections. Mais il n'est pas nécessaire de recourir à un pareil tracé qui prendrait trop de place sur le dessin ; on le simplifie par la construction suivante :

On mène parallèlement à AB (fig. 21) une droite DE égale au rayon R de l'hélice. Si de cette ligne DE on porte par moitié d'un côté et de l'autre, la fraction de pas f' et que l'on mène mn et an' parallèles à DE, on obtient des quantités am, $a'm'$, $a''m''$, $a'''m'''$ qui, par construction, sont égales

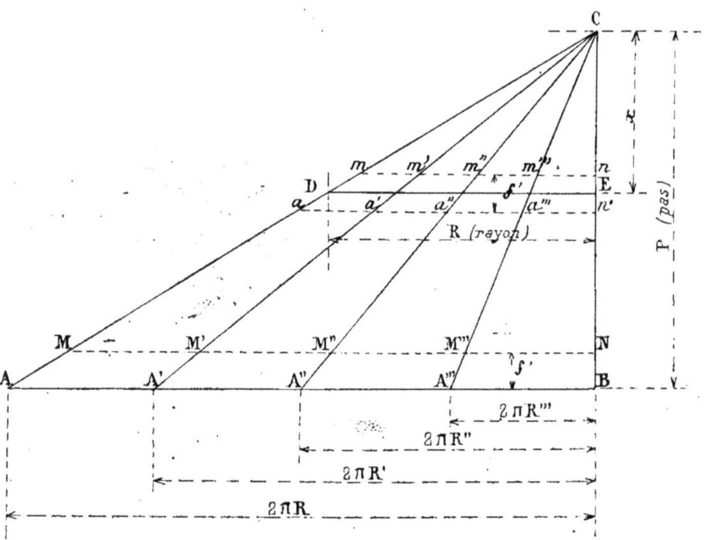

Fig. 21

à AM, A'M', A"M", A'"M"', et représentent encore les développements cherchés des largeurs de l'aile aux sections.

Donc, si sur la planche IV nous traçons un axe vertical M'N', (vue 3), sur lequel nous projetons les points O', O", O"', O^{IV}, O^{V} et O^{VI} des sections, nous prenons ensuite $x'x''$, sur l'axe horizontal, égal à CE, ou x, de la figure 21, et joignons x'' aux points des sections, nous reproduisons les triangles de DEC de cette dernière figure, et il nous suffira de mener deux parallèles $G_1 H_1$ et $E_1 F_1$, à M' N', espacées de f' portée par moitié à partir de M' N', pour avoir, par leurs intersections avec les droites inclinées menées de x'', et prolongées en conséquence, les développements LL_1, $L'L_2$, $L''L_3$, $L'''L_4$, $L^{IV}L_5$, L^{V} L_6 de la largeur de l'aile aux sections.

La distance x' x'' se détermine en fonction de quantités connues, en remarquant que les deux triangles ABC et DEC (fig. 21) sont semblables et donnent la proportion :

$$\frac{CE}{DE} = \frac{CB}{AB};$$

d'où :

$$CE = \frac{DE \times CB}{AB}$$

mais :

$$CE = x, \; DE = P, \; CB = R, \quad \text{et} \quad AB = 2\pi R,$$

alors :

$$x = \frac{P \times R}{2 \pi R} = \frac{P}{2 \pi}$$

Dans notre exemple, la distance x' x'', égale à $\frac{P}{2\pi}$, est, en mesures métriques :

$$\frac{4^m50}{2 \times 3,1416} = 0^m7166$$

Les droites inclinées $x''L$, $x''L'$, $x''L''$..... donnent la direction de l'angle des hélices aux sections, α, α', α'', α'''... pour lesquelles on a : tang. $\alpha = 2\pi R$; tang. $\alpha' = 2\pi R'$; tang. $\alpha'' = 2\pi R''$... etc.

Dans le triangle rectangle LL_0L_1 (pl. IV, vue 3), de la section à l'extrémité de l'aile, L_0L_1 est la fraction de pas f'', ou la projection de l'aile sur un plan parallèle à l'axe, égale à GE (vue 1); LL_0 est la largeur projetée de l'aile, ou la projection de l'aile sur un plan perpendiculaire à l'axe, égale à IO'J (vue 2); et LL_1 la largeur développée de l'aile à cette section.

Nous avons vu (pages 47 et 49) que les fractions de pas sont proportionnelles aux arcs décrits, et que l'on a :

$$\frac{\text{arc}}{\text{circonférence}} = \frac{\text{fraction de pas}}{\text{pas total}}$$

Si la fraction de pas est dans une certaine proportion par rapport au pas total, l'arc correspondant sera dans la même proportion par rapport à la circonférence du cylindre autour duquel est tracée l'hélice.

Dans notre exemple, le rapport de la fraction de pas au pas total est de 0,1 ; par suite, le rapport de l'arc à la circonférence de l'hélice, pour cette fraction correspondante de pas, sera aussi de 0,1. D'où, dans le triangle LL_0L_1, $L_0L_1 = P \times 0,1$ et $LL_0 = 2\pi R \times 0,1$.

Ce triangle donne, d'autre part :

$$\overline{LL_1}^2 = \overline{LL_0}^2 + \overline{L_0L_1}^2;$$

alors :

$$LL_1 = \sqrt{\overline{LL_0}^2 + \overline{L_0L_1}^2}$$

ce qui montre que la largeur développée de l'aile aux différentes sections peut s'obtenir mathématiquement en fonction de quantités déterminées.

Nous pouvons donc former le tableau de la page suivante pour toutes ces dimensions :

Le développement de la surface de l'aile se détermine en rabattant, des points O', O'', O''' O^{IV}, O^{V}, O^{VI}, (vue 3) sur les horizontales des sections, les extrémités L, L_1, L', L_2, L'', L_3 .. les largeurs d'aile ; on obtient ainsi les points U, U', U'', U''', U^{IV}, U^{V}, du côté de la sortie, et V, V', V'', V''', V^{IV}, V^{V}, du côté de l'entrée, par lesquels on fait passer une courbe qui donne la surface $UU^{V}V^{V}V$, laquelle est *la surface développée de l'aile.*

(Les épaisseurs de l'aile figurées sur la vue 3 ne sont données que comme indication : cette planche IV n'ayant été faite qu'en vue du tracé géométrique de l'hélice).

La représentation géométrique de l'hélice est donc obtenue par les trois vues de la planche IV.

Tableau du relevé des dimensions de l'hélice à pas constant (planche IV)

Numéros des sections	Diamètres correspondant aux sections	Circonférences correspondantes	PAS	Fraction de pas par aile	PROJECTIONS DE L'AILE sur un plan parallèle à l'axe	PROJECTIONS DE L'AILE sur un plan perpendiculaire à l'axe	LARGEURS DÉVELOPPÉES de l'aile aux sections
					(Vue 1) (Vue 3)	(Vue 2) (Vue 3)	(Vue 3)
1	3m200	10m053	4m50	0,10	GE ou $L_0L_1 = 4^m,50 \times 0,1 = 0^m,45$	IO'J ou $LL_0 = 10^m,053 \times 0,1 = 1^m,005$	$LL_1 = \sqrt{\overline{0^m45}^2 + \overline{1^m005}^2} = 1^m100$
2	2,650	8,325	d°	d°	G'E' ou $L'_0L_2 = 4,50 \times 0,1 = 0,45$	I"O"J" ou $L'L'_0 = 8,325 \times 0,1 = 0,833$	$L'L_2 = \sqrt{\overline{0,45}^2 + \overline{0,833}^2} = 0,947$
3	2,100	6,597	d°	d°	G"E" ou $L''_0L_3 = 4,50 \times 0,1 = 0,45$	I'''O'''J''' ou $L''L''_0 = 6,597 \times 0,1 = 0,660$	$L''L_3 = \sqrt{\overline{0,45}^2 + \overline{0,660}^2} = 0,799$
4	1,550	4,869	d°	d°	G'''E''' ou $L'''_0L_4 = 4,50 \times 0,1 = 0,45$	IivOivJiv ou $L'''L'''_0 = 4,869 \times 0,1 = 0,487$	$L'''L_4 = \sqrt{\overline{0,45}^2 + \overline{0,487}^2} = 0,663$
5	1,»	3,142	d°	d°	GivEiv ou $L^{iv}_0L_5 = 4,50 \times 0,1 = 0,45$	IvOvJv ou $L^{iv}L^{iv}_0 = 3,142 \times 0,1 = 0,314$	$L^{iv}L_5 = \sqrt{\overline{0,45}^2 + \overline{0,314}} = 0,549$
6	0,450	1,414	d°	d°	GvEv ou $L^v_0L_6 = 4,50 \times 0,1 = 0,45$	IviOviJvi ou $L^vL^v_0 = 1,414 \times 0,1 = 0,141$	$L^vL_6 = \sqrt{\overline{0,45}^2 + \overline{0,141}^2} = 0,473$

5. — Mode d'action de l'hélice — Pertes de travail.

Nous avons dit que l'hélice agissait dans l'eau comme une vis dans son écrou, mais avec un effet moindre, parce que le liquide cède un peu sous son action.

Si nous supposons deux coupes AB et CD faites sur la surface d'une aile d'hélice (fig. 22), de

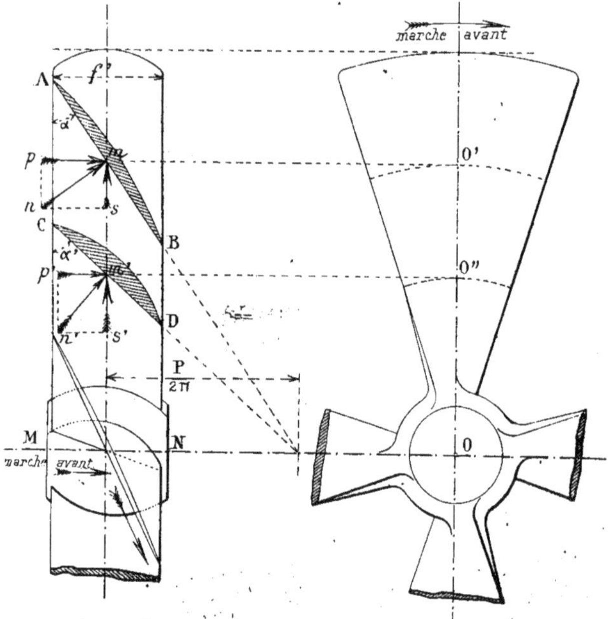

Fig. 22

fraction de pas f', et suivant l'angle des hélices que donnent les intersections de la surface héliçoïdale avec des cylindres concentriques à l'axe, aux points O', O'', nous voyons qu'un élément quelconque de la surface *m, m'*, exerce sur l'eau, dans le mouvement de rotation, une poussée qui tend à chasser le liquide derrière lui, avec une vitesse qui dépend de celle de la rotation, et de la distance à l'axe MN des points *m, m'*.

Cette poussée provoque de la part de l'eau une réaction contraire, suivant une normale *nm, n'm'* à la surface d'attaque de l'aile. Cette réaction se décompose en deux autres : l'une *ms, m's'* perpendiculaire à l'axe du moyeu, et l'autre *mp, m'p'* parallèle à ce même axe.

La composante *mp, m'p'*, agit de l'arrière à l'avant dans le sens du mouvement de translation en avant du bâtiment, et tend à le faire avancer : c'est la force qui donne l'impulsion. La composante *ms, m's'*, exerce une action oblique à la surface d'attaque et tend à éloigner l'eau de l'axe de l'hélice. Cette force forme, de plus, un couple qui tend à s'opposer au mouvement de rotation du propulseur, et auquel le couple moteur, transmis par l'arbre de la machine, fait sans cesse équilibre, si l'on suppose le mouvement uniforme.

Les flèches de la figure 22 indiquent le sens du mouvement de rotation et de translation du propulseur. Si ce dernier tournait en sens contraire, la réaction *mp, m'p'* ferait *culer* le bâtiment, et c'est le dos des ailes qui agirait sur l'eau dans ce cas.

On admet généralement que les poussées normales exercées sur l'eau par les éléments divers de la surface des ailes d'une hélice, sont proportionnelles aux carrés des distances respectives de ces éléments à l'axe du moyeu. Ces pousséés diminuent donc à mesure que l'on se rapproche du centre, et la composante *mp, m'p'*, qui détermine la propulsion du navire suit la même loi. La figure 22 montre bien que pour les deux sections AB et CD, avec des résultantes *mn, m' n'* égales, les composantes propulsives *mp,* et *m' p'* sont inégales, et que, par suite, la partie de l'aile qui confine au moyeu travaille beaucoup moins que l'extrémité. On voit par là que toutes les portions de l'hélice n'agissent pas avec la même efficacité.

Pertes de travail. — L'hélice n'utilise pas entièrement le travail que lui transmet l'arbre moteur de la machine. Son mode d'action entraîne des pertes qui se résument ainsi :

1° Les ailes de l'hélice attaquent l'eau avec choc et produisent un éclaboussement qui est une cause de perte de travail ;

2° L'action oblique des ailes sur l'eau est cause que les poussées élémentaires ne se produisent pas en totalité suivant l'axe de l'arbre de l'hélice ;

3° La mobilité de l'eau occasionne du *recul* à l'hélice en cédant sous son action, et force le propulseur à imprimer à une partie de cette eau une vitesse sur l'arrière qui est une nouvelle perte de travail utile ;

4° Le mouvement de l'hélice au sein de la masse liquide produit, par la surface des ailes, un frottement qui est encore du travail perdu.

Ces pertes de travail peuvent se résumer par une diminution de rendement, estimée au quart environ du rendement de la machine motrice, à l'extrémité de l'arbre porte-hélice.

6. — Avance — Recul — Coefficient de recul.

Avance. — On appelle *avance*, le chemin parcouru par le navire pendant un tour de l'hélice. Elle a pour expression :

$$\text{Avance} = \frac{\text{vitesse en nœuds} \times 0^{m}514 \times 60}{\text{nombre de tours de l'hélice par minute}}$$

En représentant par V, la vitesse en nœuds par heure, et par N, le nombre de tours de l'hélice par minute, on a :

$$\text{Avance} = \frac{V \times 0^{m}5144 \times 60}{N}$$

$0^{m},5144$ est la fraction de nœud qui correspond à une seconde $= \frac{1.852^{m}}{3.600}$; 60 est le nombre de secondes dans une minute.

Si l'hélice considérée comme une vis, agissait dans un écrou fixe, elle ferait avancer le navire, dans une révolution, d'une longueur égale au pas ; mais à cause de sa mobilité, l'eau cède en partie sous l'action de l'hélice, c'est ce qui fait que le navire n'avance pas, dans un tour du propulseur, du chemin développé par ce dernier, ou du pas.

L'avance est donc plus petite que le pas. La différence entre le pas et l'avance se nomme *recul.* Nous avons donné, dans les préliminaires, quelques considérations théoriques sur le recul des propulseurs auxquelles se rapporte en particulier l'hélice.

En désignant le pas par P, l'avance par A et le recul par R, on a :

$$R = P - A \text{ et } A = P - R$$

On donne le nom de *coefficient de recul*, ou simplement *reçul*, au rapport de cette différence au pas.

Le coefficient de recul a pour expression :

$$\text{Recul} = \frac{\text{pas de l'hélice} - \text{avance du bâtiment}}{\text{pas de l'hélice}} = \frac{\text{Vitesse de l'hélice} - \text{Vitesse du navire}}{\text{vitesse de l'hélice}}$$

ou :

$$\text{Recul} = 1 - \frac{\text{Avance}}{\text{Pas}} = 1 - \frac{A}{P}$$

ou encore :

$$\text{Recul} = 1 - \frac{\text{Vitesse du navire}}{\text{Vitesse de l'hélice}} = 1 - \frac{60\ V}{NP}$$

Le recul est le même pour tous les points de l'hélice; il varie suivant les dimensions de l'hélice et la vitesse. Sa détermination dépend d'un certain nombre de circonstances dont il sera parlé plus loin.

Par ce qui vient d'être dit, on voit que le navire ne peut être poussé par l'hélice que si le recul est *positif*, c'est-à-dire, que si l'avance ou le chemin parcouru par le navire est plus petit que le chemin parcouru par l'hélice. Pourtant, le recul de l'hélice est indiqué quelquefois comme *négatif*, ce qui signifie que le navire marche plus vite que l'hélice. Cette contradiction, avec ce que nous avons vu précédemment, n'est pas réelle, elle n'est qu'apparente; car des expériences ayant démontré que le navire entraine après lui, dans sa marche, une colonne liquide de volume et de vitesse appréciables (voir page 55), il s'ensuit que l'hélice n'agit pas sur l'eau immobile, mais sur de l'eau entrainée dans le mouvement du navire, avec une vitesse dirigée dans le sens de la marche. L'hélice a toujours un recul positif, relativement à l'eau dans laquelle elle se meut; mais, si cette dernière a elle-même une vitesse plus grande que celle exprimée par le recul de l'hélice, il y a *recul négatif*.

En supposant, par exemple, que le *recul réel* d'une hélice soit de deux nœuds par heure, et que le courant entrainé ou qui suit le navire soit de deux nœuds également par heure, il n'y aura pas de *recul apparent*, si la comparaison se fait avec l'eau qui entoure le bâtiment; mais, si le courant est de trois milles, par exemple, il y aura un *recul négatif* de un mille à l'heure.

Le recul négatif, que l'on constate quelquefois, ne prouve donc pas que l'hélice n'ait eu, dans ces occasions, le recul positif indispensable à son bon fonctionnement.

Dans son « *Mémoire sur les différentes théories émises sur l'Hélice propulsive,* » lu à la 31e session de l' « *Institution of naval Architects,* » à Londres, en mars 1890, M. James Howden présente les remarques suivantes sur le recul de l'hélice :

1° Qu'il y ait recul ou non, le chemin C, parcouru par un point quelconque de l'aile, situé à une distance r de l'axe, pendant un tour de l'hélice, est représenté par l'hypothénuse d'un triangle rectangle dont la base est égale à $2\pi r$, et la perpendiculaire à l'avance A du navire, ou :

$$C = \sqrt{(2\pi r)^2 + (P - R)^2}$$

Dans cette formule, P est le pas et R le recul.

En effet, soit le triangle rectangle ABC (fig. 23), dans lequel AB est le développement de la circonférence du cercle de rayon r, décrit par le point donné, et BC le pas P de l'hélice. S'il n'y a pas de recul, le chemin parcouru par le point, dans un tour, est égal à AC. Si CD représente le recul R, BD est l'avance A, et alors le chemin parcouru C par le point est égal à AD, hypothénuse du triangle rectangle ABD. On a par suite :

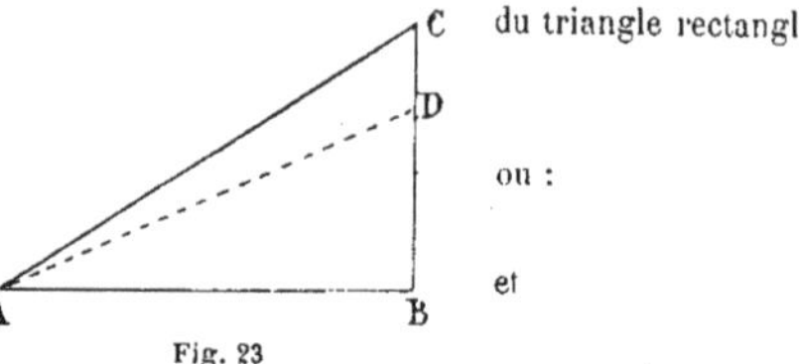

Fig. 23

$$\overline{AD}^2 = \overline{AB}^2 + \overline{BD}^2$$

ou :

$$\overline{AD}^2 = \overline{AB}^2 + (BC - CD)^2$$

et

$$AD = \sqrt{\overline{AB}^2 + (BC - CD)^2}$$

En substituant, on a enfin :

$$C = \sqrt{(2\pi r)^2 + (P - R)^2}$$

2° A cause de l'action oblique de l'aile par rapport à la ligne d'avance, le recul de l'eau, à un diamètre donné quelconque, est moindre que le recul de l'hélice, dans le rapport de la base à l'hypothénuse d'un triangle rectangle dans lequel la base $= 2\pi r$, et la perpendiculaire = le pas du propulseur.

Pour le démontrer, soient, dans le triangle rectangle ABC (fig. 24), AB $= 2\pi r$; BC = P (pas du propulseur); BD = avance du navire par tour d'hélice. AC est la distance parcourue, dans chaque tour, par un point de l'aile au diamètre donné, s'il n'y a pas de recul. AB, étant à angle droit avec la ligne BC du mouvement du navire, CAB est l'angle d'obliquité de la face propulsive de l'aile au diamètre donné, pour un plan à angle droit avec la ligne du mouvement.

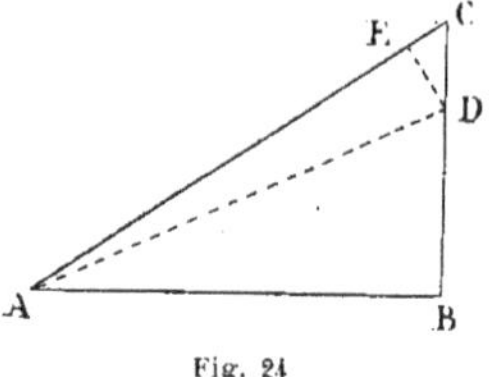

Fig. 24

Quand il y a un recul de l'hélice, ou DC, AD est la distance et la direction parcourues par un point de l'aile au diamètre donné, par tour, comme il a été dit.

Si maintenant DE est mené perpendiculairement à AC, DE est le recul de l'eau par tour au diamètre donné, tandis que DC est le recul de l'hélice à ce même diamètre. ABC et DEC, étant deux triangles semblables, leurs angles étant égaux, on a la proportion : $\frac{DE}{DC} = \frac{AB}{AC}$: d'où la règle donnée ci-dessus.

7. — Hélices à pas constant, pas variable et pas croissant.

Pas constant. — Dans le tracé de l'hélice que nous avons fait (pl. IV), le développement de la directrice d'une aile, pour le cylindre circonscrit au propulseur, est représenté par l'hypothénuse A*c* (fig. 25) d'un triangle rectangle A*bc*, dont l'un des côtés *bc* de l'angle droit est la fraction de pas, et l'autre A*b* le développement de l'arc qui correspond à l'extrémité de cette aile.

Dans ce cas, le pas est dit *constant* parce que la génératrice de la surface héliçoïdale, pour des angles égaux décrits autour du moyeu, s'élève de quantités égales le long de l'axe, en développant l'extrémité de l'aile suivant une même courbe hélice.

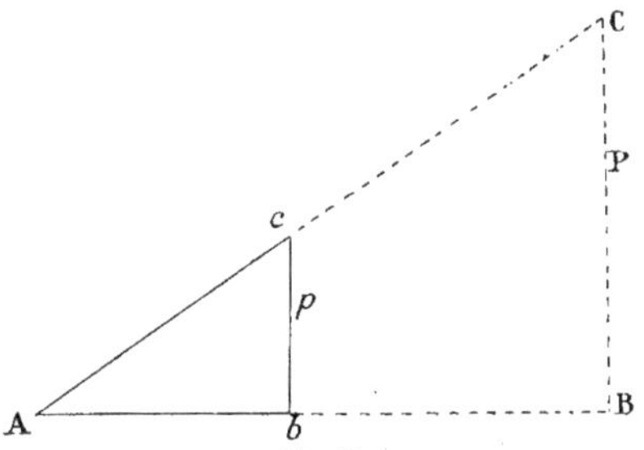

Fig. 25

Étant donnés le pas P et le rayon R d'une hélice, on détermine la fraction de pas p et la largeur d'une aile à son extrémité en construisant le triangle rectangle ABC, dans lequel on fait AB égal au développement de la circonférence décrite par les extrémités des ailes par tour, pour le rayon R, et le pas de l'hélice BC. L'hypothénuse AC, ligne droite pour le pas constant, est le développement de la directrice de l'héliçoïde.

Si l'on connait la largeur projetée de l'aile à l'extrémité, on porte sur AB une distance A*b* égale à la longueur développée de l'arc correspondant à cette largeur, et on élève *bc* perpendiculaire à AB ; *bc* sera la fraction de pas p qui correspond à cet arc. Si l'on connait le développement du profil de l'aile, on porte sur AC une distance A*c* égale à ce développement, et l'on abaisse sur AB la perpendiculaire *bc*, qui est encore la fraction de pas p qui correspond à cette largeur développée de l'aile à son extrémité. Si l'on ne connait que la fraction de pas p, on porte sur AB, à partir de A, une distance A*b* égale à $2\pi R \times p$, si p est exprimé en fonction de P, et on élève la perpendiculaire *bc* qui est égale à cette fraction de pas.

On peut également mener parallèlement à BC une droite telle que son intersection avec AC et AB détermine une longueur *bc* égale à p. La ligne droite A*c* est le développement de la fraction de spire directrice correspondant à la fraction de pas p de l'extrémité de l'aile.

On opère de la même façon pour tout autre point de la surface de l'aile pour des rayons R', R"..., etc.

Les deux triangles rectangles Abc et ABC donnent la proportion suivante: $\frac{bc}{Ab} = \frac{BC}{AB}$; ou, R étant le rayon de l'hélice, $\frac{p}{Ab} = \frac{P}{2\pi R}$; ou encore $\frac{Ab}{2\pi R} = \frac{p}{P}$, c'est-à-dire :

$$\frac{\text{Arc}}{\text{Circonférence}} = \frac{\text{Fraction de pas}}{\text{Pas total}}$$

expression que nous connaissons déjà.

Connaissant trois de ces quantités, il est toujours facile de déterminer la quatrième.

Si l'on fait $2\pi R = 360°$, et que l'on prenne l'angle au centre x, qui correspond à Ab, exprimé en degrés, on a la proportion :

$$\frac{\text{arc } Ab}{\text{circ. } 2\pi R} = \frac{x°}{360°}$$

Pas variable. — Dans les hélices à *pas variable*, chaque aile est constituée par deux portions de surface héliçoïdale de pas différent, plus petit du côté de l'entrée que du côté de la sortie de l'aile dans l'eau, pour la marche en avant. Le développement de la directrice d'une aile, au lieu d'être sur une ligne droite Ac (fig. 26), est sur une ligne brisée Aef.

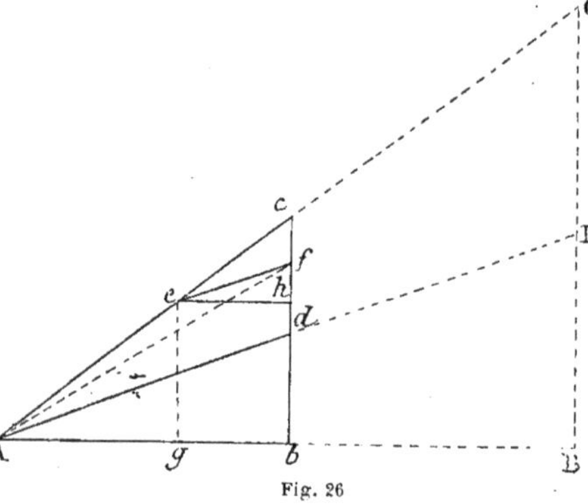

Fig. 26

On fait l'hélice à pas variable pour atténuer les chocs sur l'eau de l'arête d'entrée, chocs provenant du recul, en donnant pour directrice à la surface héliçoïdale, du côté de l'arête d'entrée, sur $\frac{1}{5}$ environ de la longueur de l'aile dans le sens de la rotation, une hélice ayant pour pas l'avance présumée du bâtiment. L'autre surface héliçoïdale, du côté de l'arête de sortie, sur les $\frac{4}{5}$ qui restent de la longueur de l'aile, a pour directrice une hélice ayant un pas calculé avec un recul prévu.

Cette proportion de $\frac{1}{5}$ et $\frac{4}{5}$ pour la *longueur* de l'aile, dans le sens de la rotation, (que l'on désigne plus généralement sous le nom de *largeur*), n'est pas rigoureusement suivie, comme on le verra plus loin.

Le pas de l'héliçoïde, du côté de l'arête d'entrée, se nomme *pas d'entrée;* celui de l'héliçoïde, du côté de l'arête de sortie, se nomme *pas de sortie*. Quand on calcule le recul de ces hélices, c'est toujours sur le pas de sortie que l'on opère.

Les propulseurs, construits de cette façon, ont généralement donné de meilleurs résultats que ceux à pas constant.

Pour déterminer la directrice de l'hélice à pas variable, on construit les triangles rectangles ABC et ABD, dans lesquels AB est le développement de la circonférence de rayon R décrite par l'extrémité des ailes dans un tour, ou $2\pi R$; BD est le pas d'entrée, et BC le pas de sortie.

On prend $Ab = 2\pi R \times$ fraction de pas par aile à l'extrémité; on élève *bc* perpendiculaire à AB; alors A*c* donne le développement et la direction de la fraction de spire correspondant à la fraction de pas calculée toute entière sur le pas de sortie, et A*d* le développement et la direction semblables pour le pas d'entrée. Si l'on porte maintenant sur *bc* une quantité *bh* égale à la fraction de pas de sortie, et que de *h* on mène *he* parallèle à AB, A*e* sera le développement de la fraction de spire directrice correspondant à la fraction de pas de sortie. Si de *e* on mène *ef* parallèle à A*d*, on obtient le triangle *ehf* dans lequel *fh* est la fraction de pas d'entrée, et *fe* le développement de la fraction de spire directrice correspondante.

Les développements des arcs de cercle correspondant à ces fractions de pas sont respectivement A*g* et *gb*. Si l'on ne connaissait que ces dernières quantités, on les porterait sur AB, et l'on déduirait les fractions de pas, *ge* de sortie et *fh* d'entrée, par la construction que nous venons de faire, en prenant le problème au rebours.

La ligne brisée A*ef* représente donc la *directrice de l'aile.*

Si l'on faisait le pas d'entrée sur $\frac{1}{5}$ de la longueur de l'arc à l'extrémité de l'aile, comme nous l'avons dit plus haut, on prendrait *gb* égal à $\frac{1}{5}$ de A*b*.

En joignant A*f* on a la directrice du pas moyen, et l'on déduit que le *pas moyen* correspond à *la corde* de la directrice. En pratique on prend pour *pas moyen* la moyenne arithmétique des deux pas d'entrée et de sortie.

Pas croissant. — On fait quelquefois le pas *croissant* depuis l'arête d'entrée jusqu'à l'arête de sortie; dans ce cas, la directrice développée est une ligne courbe convexe AC (fig. 27) dont l'arête d'entrée est en C.

Pour avoir, dans ce cas, la valeur du pas moyen, on divise le développement AC de la portion de spire directrice correspondant à la fraction de pas BC, en un certain nombre de parties égales A*m*, *mn*, *no*, *o*C, dont on cherche le pas, en prenant la corde comme représentant chaque portion correspondante de la courbe AC. Pour cela, on mène des points de division *m*, *n*, *o*, des horizontales *m*D', *n*D'', *o*D''', parallèles à AD, sur lesquelles on porte de A en D, de *m* en D', de *n* en D'' et de *o* en D''', le développement de la circonférence $2\pi R$ de l'hélice. Par les points D, D', D'', D''', on élève des perpendiculaires sur les horizontales jusqu'à la rencontre des cordes A*m*, *mn*, *no*, *o*C prolongées en E, E', E'', E'''. Ces perpendiculaires DE, D'E', D''E'', D'''E''', représentent le pas de chacune des parties correspondantes de la courbe AC. Le pas moyen P_m est alors égal à $\frac{P + P' + P'' + P'''}{4}$, et les verticales *mm', nn', oo'*, CC', sont les fractions de pas partielles, dont la somme est la fraction de pas BC de l'aile.

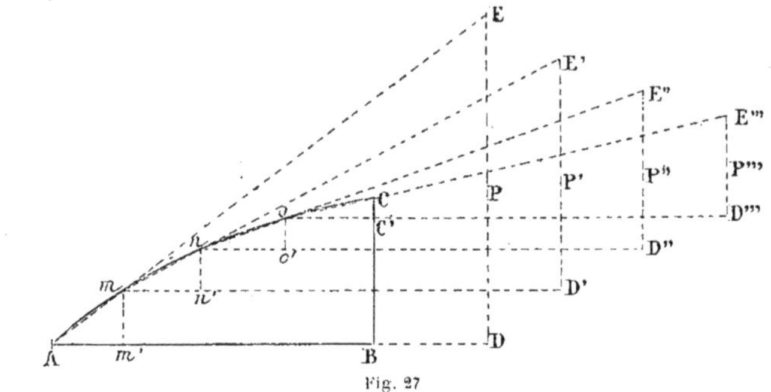

Fig. 27

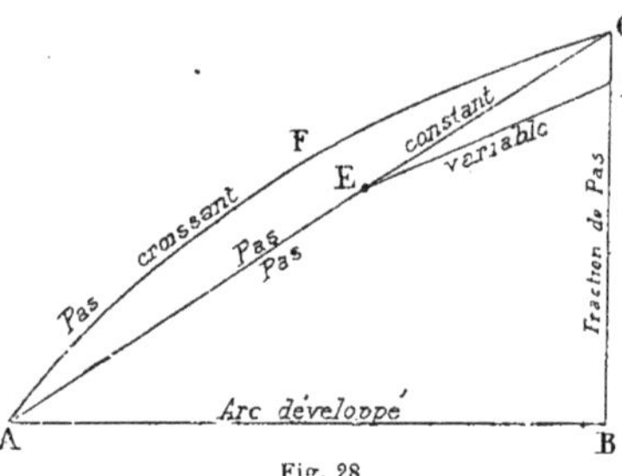

Fig. 28

En résumant ce qui vient d'être dit, on voit (fig. 28) que dans le triangle ABC, AB est le développement de l'arc correspondant à l'extrémité d'une aile de l'hélice, et BC la fraction de pas de cette aile.

La ligne droite AC est le développement de la fraction de spire directrice de l'aile, dans l'hélice à *pas constant* ; la ligne brisée AED ce même développement, dans l'hélice à *pas variable* ; et la ligne courbe AFC ce développement également, dans l'hélice à *pas croissant*.

8. — Tracé de l'hélice à pas variable.

La représentation géométrique de l'hélice à pas variable se fait de la même façon que pour l'hélice ordinaire à pas constant, dont nous avons donné le tracé planche IV.

Soit proposé, par exemple, de tracer une hélice à 4 ailes, à pas variable à droite, à génératrice droite perpendiculaire à l'axe, et ayant les dimensions suivantes :

Diamètre D = 3m00
Pas d'entrée P' = 4,00
Pas de sortie P'' = 4,50
Pas moyen P = 4,25

Cette hélice (planche V), a une fraction de pas qui varie depuis le moyeu jusqu'à l'extrémité de l'aile. Cette extrémité est arrondie et la fraction de pas est nulle à ce point ; mais en prolongeant la courbe qui limite les arêtes d'entrée et de sortie, on a une fraction de pas fictive à l'extrémité, dont la valeur est donnée pour permettre de tracer l'aile.

La fraction de pas total est : au moyeu, c'est-à-dire à la naissance des ailes, 0,48 ; au milieu de la longueur de l'aile, dans le sens du diamètre de l'hélice, et à partir du moyeu, 0,352 ; à l'extrémité 0,072.

Cette fraction de pas totale, aux 4 ailes, donne pour chacune d'elles :

$$\frac{0,48}{4} = 0,120\,;\ \frac{0.352}{4} = 0,088\,;\ \frac{0,072}{4} = 0,018$$

Dans notre exemple, cette fraction de pas est prise en fonction du pas moyen et est portée, pour première approximation, par moitié, à droite et à gauche de la génératrice.

La valeur de la fraction de pas en mesures métriques est égale à :

4m,25 (pas moyen) × 0,120 = 0m,510 au moyeu ;
4m,25 × 0,088 = 0m,375 au milieu de l'aile ;
4m,25 × 0,018 = 0m,0765 à l'extrémité.

Après avoir tracé le moyeu ABCD, planche V, en plan longitudinal (vue 1), et en plan transversal (vue 2), ainsi que la génératrice PP' de la surface héliçoïdale, droite perpendiculaire à l'axe MN du moyeu d'après les données, on porte le rayon R, de 1m,50, qui détermine l'extrémité de l'aile. La longueur de l'aile, dans le sens du diamètre de l'hélice, est de 1m,25. A l'extrémité, on porte (vue 1) la distance *aa'* égale à 0m,0765, fraction de pas, et par moitié, à droite et à gauche de la génératrice PP', comme il est convenu ; à 0m,625 de cette extrémité, c'est-à-dire, au milieu de l'aile, on porte de la même façon la quantité 0m,375 égale à la fraction de pas donnée à ce point; au moyeu, la quantité 0m,510 de la fraction de pas correspondante.

Par les trois points ainsi marqués de la fraction de pas, on fait passer les courbes $a\,a_1\,a_2$ et $a'\,a'_1\,a'_2$, qui déterminent les arêtes d'entrée et de sortie de l'aile, et qui sont le point de départ du tracé.

Après cette opération, on passe à la vue 2, où, après avoir tracé le moyeu vu de l'arrière du navire, c'est-à-dire, de la face AC, on mène du centre O des rayons vecteurs équidistants, de 5 degrés par exemple, et on prend, sur l'axe O O', des divisions de sections O'', O''', O^{IV}, O^{V}, équidistantes dans notre cas, par lesquelles on fait passer des arcs de cercle décrits du point O comme centre.

Pour tracer les fractions de spires qui doivent déterminer les arêtes d'entrée et de sortie de l'aile dans la vue 2, nous procèderons comme pour l'hélice à pas constant, page 60 ; nous porterons sur l'axe MN du moyeu, à partir du point P de la génératrice de la surface héliçoïdale (vue 1), qui est aussi la ligne de démarcation des pas, les distances y et y' qui ont pour valeurs : l'une, y, du côté de l'entrée : $\frac{4\text{ m.} \times 5^\circ}{360^\circ} = 0^{\text{m}},0556$; l'autre, y', du côté de la sortie : $\frac{4^{\text{m}},50 \times 5^\circ}{360^\circ} = 0^{\text{m}},0625$. Ces quantités sont les fractions de pas pour un arc parcouru de 5 degrés, comme nous l'avons vu.

Par les points de division de y et de y' on élève des perpendiculaires à MN, parallèles par suite à la génératrice PP', sur lesquelles on projette les points d'intersection correspondants des rayons vecteurs et des arcs de cercle de la vue 2, du côté de l'entrée et du côté de la sortie. Les points ainsi portés, indiqués sur les deux vues de la planche V par les numéros correspondants 1, 2, 3, 4, 5, déterminent à chaque section, par leur réunion, les courbes fractions de spires correspondantes, dont les intersections a, b, c, d, e avec l'arête d'entrée et a', b', c', d', e' avec l'arête de sortie de la vue 1, projetées sur la vue 2, donnent les points K, K_1, K_2, K_3, K_4 et K', K'_1, K'_2, K'_3, K'_4, par lesquels on fait passer deux courbes qui sont les arêtes d'entrée et de sortie de l'aile, dans la vue 2.

Traçons maintenant, sur la vue 3, la surface développée de l'aile et les coupes aux sections. En nous reportant à ce que nous avons fait pour l'hélice à pas constant, page 63 et planche IV, nous prendrons sur l'axe xx'' du moyeu, à partir du point x (vue 3, planche V), la valeur de $\frac{P}{2\pi}$ pour chaque pas, et nous aurons :

pour le pas d'entrée :

$$\frac{P'}{2\pi} = \frac{4^{\text{m}}00}{6,28} = 0^{\text{m}}637 = xx'$$

pour le pas de sortie :

$$\frac{P''}{2\pi} = \frac{4^{\text{m}}50}{6,28} = 0^{\text{m}}7166 = xx''$$

Par les points x' et x'', nous mènerons des droites aux points des sections P', P'', P''', P^{IV}, P^{V}, (vue 3). A partir de ces derniers points, nous porterons sur les horizontales, vers l'entrée et vers la sortie, des distances P'a, P''b, P'''c, P$^{\text{IV}}d$, P^{V} e et P'a', P''b', P'''c', P$^{\text{IV}}d'$, P^{V} e', respectivement égales à $p'a$, $p''b$, $p'''c$, $p^{\text{IV}}d$, p^{V} e et $p'a'$, $p''b'$, $p'''c'$, $p^{\text{IV}}d'$, p^{V} e', des fractions de pas à l'entrée et à la sortie, correspondant aux sections, et indiquées sur la vue 1. Par la différence de valeurs de y et y', fractions de pas pour 5 degrés d'arc, les quantités ci-dessus, qui représentent les vraies fractions de pas de l'aile, ne sont plus égales par rapport à la génératrice PP'.

Des points a, b, c, d, e et a', b', c', d', e' (vue 3), on élève des perpendiculaires aux horizontales des sections, et les points de rencontre de ces perpendiculaires avec les droites menées de x' et x'' sur les sections P', P''..... déterminent les arêtes d'entrée et de sortie de l'aile, pour chacune des coupes développées.

Les directrices de ces dernières sont donc les lignes brisées $K_4 P^v K'_4$, $K_3 P^{iv} K'_3$... etc. Les distances aK, bK_1, cK_2, dK_3, eK_4, du côté de l'entrée, et $a'K'$, $b'K'_1$, $c'K'_2$, $d'K'_3$, $e'K'_4$, du côté de la sortie, sont, par suite, respectivement égales à celles correspondantes $O'K$, $O''K_1$, $O'''K_2$, $O^{iv}K_3$, $O^v K_4$, et $O'K'$, $O''K'_1$, $O'''K'_2$, $O^{iv}K'_3$, $O^v K'_4$ de la vue 2, prises en développement sur les arcs de cercle.

En rabattant sur les horizontales des sections (vue 3), les points K des extrémités des coupes de l'aile, et en faisant passer les courbes hh_4 et $h'h'_4$ par les points de rabattement h, h_1, h_2, h_3, h_4 et $h', h'_1, h'_2, h'_3, h'_4$, on obtient la surface développée de l'aile $h h' h'_4 h_4$, après avoir eu soin d'arrondir l'extrémité, puisque la fraction de pas est nulle à ce point.

Les valeurs numériques des largeurs développées de l'aile aux sections se calculent de la manière suivante :

On relève, à l'échelle du dessin, et à toutes les sections, les fractions de pas sur la vue 1, du côté de l'entrée et du côté de la sortie. On a ainsi :

A la 1re section :	du côté de l'entrée,	$p^i\, a = 0^m03825$;	du côté de la sortie,	$p^i\, a' = 0^m03825$
2 —	—	$p^{ii}\, b = 0\ 120$;	—	$p^{ii} b' = 0\ 127$
3 —	—	$p^{iii}\, c = 0\ 185$;	—	$p^{iii} c' = 0\ 200$
4 —	—	$p^{iv}\, d = 0\ 232$;	—	$p^{iv}\, d' = 0\ 245$
5 —	—	$p^v\, e = 0\ 250$;	—	$p^v\, e' = 0\ 255$

Ces quantités, prises en fonction des pas d'entrée et de sortie, donnent :

1re section :	fraction de pas d'entrée	$= 0^m03825 : 4^m00 = 0{,}00956$
2 —	—	$= 0\ 120 : 4\ 00 = 0.03$
3 —	—	$= 0\ 185 : 4\ 00 = 0{,}0462$
4 —	—	$= 0\ 232 : 4\ 00 = 0{,}058$
5 —	—	$= 0\ 250 : 4\ 00 = 0{,}0625$

1re section :	fraction de pas de sortie	$= 0^m03825 : 4^m50 = 0{,}0085$
2 —	—	$= 0\ 127 : 4\ 50 = 0{,}0282$
3 —	—	$= 0\ 200 : 4\ 50 = 0{,}0444$
4 —	—	$= 0\ 245 : 4\ 50 = 0{,}0544$
5 —	—	$= 0\ 355 : 4\ 50 = 0{,}0567$

Les longueurs développées des arcs de cercle correspondant aux fractions de pas, dans la vue 2, sont, à toutes les sections :

1re section : du côté de l'entrée : $O^{i}\,K = 2\pi R \times 0.00956 = 0^{m}090$
2 — — $O^{ii}\,K_1 = 2\pi R^{i} \times 0,03 = 0\ 226$
3 — — $O^{iii}\,K_2 = 2\pi R^{ii} \times 0,0462 = 0\ 261$
4 — — $O^{iv}\,K_3 = 2\pi R^{iii} \times 0,058 = 0\ 219$
5 — — $O^{v}\,K_4 = 2\pi R^{iv} \times 0,0625 = 0\ 118$

1re section : du côté de la sortie : $O^{i}\,K' = 2\pi R \times 0,0085 = 0^{m}080$
2 — — $O^{ii}\,K'_1 = 2\pi R^{i} \times 0,0282 = 0\ 213$
3 — — $O^{iii}\,K'_2 = 2\pi R^{ii} \times 0,0444 = 0\ 249$
4 — — $O^{iv}\,K'_3 = 2\pi R^{iii} \times 0,0544 = 0\ 205$
5 — — $O^{v}\,K'_4 = 2\pi R^{iv} \times 0,0567 = 0\ 107$

Les fractions de pas et les longueurs développées des arcs, nous donnent les côtés des triangles rectangles dont l'hypothénuse est la largeur développée des ailes aux coupes de sections. Nous aurons donc, dans la vue 3, planche V :

Du côté du pas d'entrée :

1re section : triangle $P^{i}\,aK$ — $P^{i}\,K = \sqrt{\overline{P^{i}a}^2 + \overline{aK}^2} = \sqrt{\overline{0^{m}03825}^2 + \overline{0^{m}09}^2} = 0^{m}098$
2 — triangle $P^{ii}\,bK_1$ — $P^{ii}\,K_1 = \sqrt{\overline{P^{ii}b}^2 + \overline{bK_1}^2} = \sqrt{\overline{0^{m}120}^2 + \overline{0^{m}226}^2} = 0\ 256$
3 — triangle $P^{iii}\,cK_2$ — $P^{iii}\,K_2 = \sqrt{\overline{P^{iii}c}^2 + \overline{cK_2}^2} = \sqrt{\overline{0^{m}185}^2 + \overline{0^{m}261}^2} = 0\ 320$
4 — triangle $P^{iv}\,dK_3$ — $P^{iv}\,K_3 = \sqrt{\overline{P^{iv}d}^2 + \overline{dK_3}^2} = \sqrt{\overline{0^{m}232}^2 + \overline{0^{m}219}^2} = 0\ 319$
5 — triangle $P^{v}\,eK_4$ — $P^{v}\,K_4 = \sqrt{\overline{P^{v}e}^2 + \overline{eK_4}^2} = \sqrt{\overline{0^{m}250}^2 + \overline{0^{m}118}^2} = 0\ 278$

Du côté du pas de sortie :

1re section : triangle $P^{i}a'K'$ — $P^{i}\,K' = \sqrt{\overline{P^{i}a'}^2 + \overline{a'K'}^2} = \sqrt{\overline{0^{m}03825}^2 + \overline{0^{m}08}^2} = 0^{m}089$
2 — triangle $P^{ii}b'K'_1$ — $P^{ii}K'_1 = \sqrt{\overline{P^{ii}b'}^2 + \overline{b'K'_1}^2} = \sqrt{\overline{0^{m}127}^2 + \overline{0^{m}213}^2} = 0\ 248$
3 — triangle $P^{iii}c'K'_2$ — $P^{iii}K'_2 = \sqrt{\overline{P^{iii}c'}^2 + \overline{c'K'_2}^2} = \sqrt{\overline{0^{m}200}^2 + \overline{0^{m}249}^2} = 0\ 319$
4 — triangle $P^{iv}d'K'_3$ — $P^{iv}K'_3 = \sqrt{\overline{P^{iv}d'}^2 + \overline{d'K'_3}^2} = \sqrt{\overline{0^{m}245}^2 + \overline{0^{m}205}^2} = 0\ 320$
5 — triangle $P^{v}e'K'_4$ — $P^{v}\,K'_4 = \sqrt{\overline{P^{v}e'}^2 + \overline{e'K'_4}^2} = \sqrt{\overline{0^{m}255}^2 + \overline{0^{m}107}^2} = 0\ 276$

Toutes ces dimensions que nous venons d'obtenir complètent le tracé de l'hélice et en donnent les éléments de construction. Ce que nous venons de faire pour l'hélice à pas variable est semblable à ce que nous avons fait pour l'hélice à pas constant, et dont le tableau de la page 65 donne le résumé.

Les épaisseurs de matière des coupes de l'aile, déterminées par des considérations dont il sera parlé plus loin, se portent d'abord sur la vue 2. Pour notre exemple, le tracé en pointillé indique suffisamment la disposition de la section de l'aile au milieu de sa largeur, dans le sens de la rotation.

Ce tracé donne à chaque division de la longueur de l'aile, l'épaisseur maxima de la coupe à ce point, portée en t pour la section Ire par exemple. La forme du dos de l'aile est obtenue à chaque coupe, par un arc de cercle dont le rayon r, r', r'', r'''... est perpendiculaire à la face d'attaque du pas de sortie, de manière que l'arête d'entrée soit plus mince que l'arête de sortie. La projection s (vue 3) de l'épaisseur à la coupe P″, se porte sur la vue 2, de O″ à s_1.

La projection de l'aile sur le moyeu (vue 1), s'obtient en menant de P des parallèles aux lignes menées de x' et x'' (vue 3) par les points de section, et en projetant sur ces lignes les points correspondants des arêtes d'entrée et de sortie, à toutes les sections de la vue 1. Les intersections de ces diverses projections, reliées ensemble par une courbe, donnent le profil de l'aile cherché, indiqué suffisamment d'ailleurs par la figure.

La représentation géométrique de l'hélice à pas variable est donc complète par le tracé des trois vues de la planche V.

La vue 1 est la projection de l'aile sur un plan parallèle à l'axe longitudinal du navire ; la vue 2 est la projection de l'aile sur un plan perpendiculaire à ce même axe, elle est par conséquent vue en plan transversal par rapport au navire ; la vue 3 est une vue auxiliaire.

---

9. — Historique de l'hélice propulsive [1].

L'hélice propulsive paraît être une invention très ancienne. Certains auteurs prétendent qu'elle est connue en Chine depuis des siècles; mais en Europe, elle semble avoir été imitée du moulin à vent, ou de la vis d'Archimède, dont l'ancienneté est reconnue, et qui est très usitée dans certains pays pour élever l'eau.

Robert Hooke, né en 1635, mort en 1702, eut l'idée d'employer des ailes de moulin à vent dans l'eau.

En 1752, Daniel Bernouilli, dans un mémoire couronné par l'Académie des Sciences, proposa un système de propulseur des navires, qui consistait à faire tourner rapidement dans l'eau quelque chose d'analogue aux ailes des moulins à vent, appliquées sur les côtés du navire. Ses roues avaient six pieds de diamètre et elles étaient complètement immergées.

En 1768, un ingénieur français, nommé Paucton, proposa à Paris la vis d'Archimède pour pousser les navires.

En 1776, l'américain David Bushnell avait adapté une hélice au bateau plongeur qu'il avait inventé pour faire sauter des navires ennemis.

Le 29 mars 1803, Charles Dallery, mécanicien français, obtint un brevet pour des hélices formant deux spires de révolution, placées à l'avant et à l'arrière d'un navire. Les deux hélices étaient immergées au-dessous de la flottaison et mises en mouvement, à l'aide de cordes sans fin, par une machine à vapeur à deux cylindres.

Dallery exécutait son bateau à hélice, à l'époque et au moment même où Fulton s'occupait, de son côté, à construire sur la Seine son bateau à roues. Le bateau de Dallery, exécuté à Bercy, ne put être terminé faute de fonds. L'inventeur, dans sa détresse, s'était adressé au ministre, mais toutes ses démarches avaient été inutiles, et, livré à ses propres forces, il fut obligé de s'arrêter.

Quelques jours après, le bateau de Fulton, armé de ses roues, passait triomphant devant son malheureux rival, et faisait son premier essai sur la Seine, de Bercy à Charenton, c'est-à-dire, sur la partie de ce fleuve où flottait, inachevé, le bateau de Dallery.

Lorsque Fulton, dédaigné de tous, eut transporté en Amérique l'invention que la vieille Europe avait repoussée, Charles Dallery poursuivit encore de ses inutiles sollicitations le gouver-

1. Extrait du *Traité de l'hélice propulsive* de l'amiral Pâris, et des *Merveilles de la science* de M. L. Figuier.

nement et ses ministres. N'ayant rien obtenu, il se rendit un matin aux bords de la Seine, et donnant l'ordre et l'exemple à ses ouvriers, il prit un marteau et mit son bateau en pièces.

En 1804, John Stevens, américain, essaya une sorte d'aile de moulin à vent submergée, mue par une machine de Watt. Il fit de nombreux essais en même temps que Fulton ; il fut surtout arrêté par le manque de vapeur d'une chaudière tubulaire. La vitesse obtenue fut de 7 à 8 nœuds pendant quelques instants.

En juin 1823, le capitaine Delisle présenta au ministre de la Marine un mémoire sur une manière de faire marcher les navires au moyen d'une hélice submergée, formée de deux cercles en fer reliés par des rayons formant segments d'héliçoïde (fig. 29). La longueur totale était le cinquième du pas. Ce mémoire n'eut pas de résultat et fut complètement oublié, jusqu'à ce que la réussite de l'hélice portât à faire des recherches sur son origine.

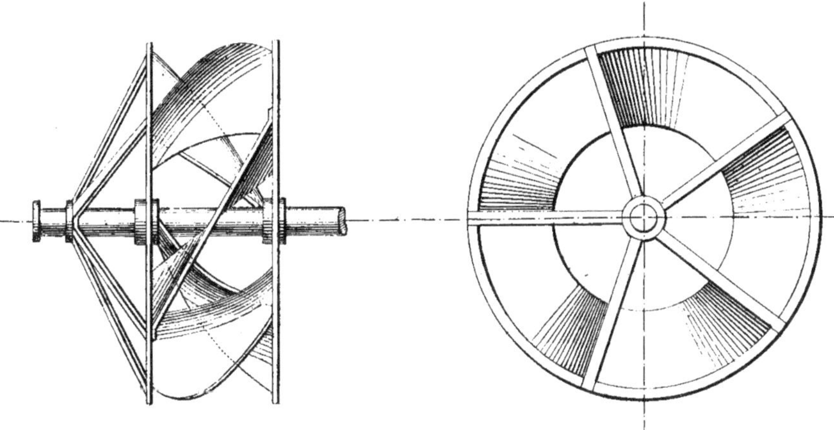

Fig. 29. — Propulseur du capitaine Delisle.

En 1824, un mémoire de M. Marestier, Ingénieur de la marine, sur les navires à vapeur d'Amérique, fut publié par ordre du gouvernement français et des dispositions pour la propulsion des navires par des hélices de plusieurs filets y furent données.

En 1824, un brevet d'invention fut pris en France par M. Bourdon, Ingénieur civil, pour pousser les navires au moyen d'une hélice ayant un pas croissant. Une compagnie essaya cette invention sur un bateau du Rhône ; et ce projet fut ensuite abandonné.

En 1826, un autrichien, Joseph Ressel, fit construire à Trieste une petite hélice propre à mettre en mouvement un bateau à vapeur et prit un brevet pour l'application de cette hélice à la navigation; mais la police autrichienne l'empêcha de répandre ses prospectus.

Quelque temps après, pourtant, il obtint la permission de construire un bateau à vapeur à hélice dans les chantiers de Trieste. Dans l'été de 1829, ce navire, nommé la *Civetta*, dont la machine n'avait qu'une force de 6 chevaux, fut en mesure d'entreprendre un voyage d'essai; mais au bout de cinq minutes de marche, un tuyau de la machine à vapeur s'étant brisé, le bateau s'arrêta net, et la police intervint et défendit à Ressel toute expérience ultérieure.

En 1829, Charles Cummerow proposa une hélice placée dans un espace découpé dans le massif arrière, et un arbre passant dans un presse-étoupe; il mit le gouvernail en arrière sur l'étambot. C'est ce qui constitua l'idée nouvelle de cette patente. Son hélice n'avait qu'un filet d'un pas complet.

En 1832, Bennett Woodcroft prit un brevet pour de longues hélices à plusieurs pas croissants, placées tribord et bâbord, sous l'eau, dans les façons du navire, et dont le filet entourait l'arbre lui-même (fig. 30).

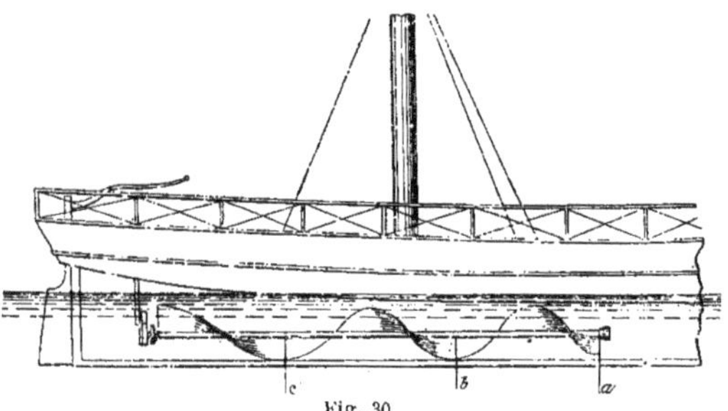

Fig. 30

La longueur du cylindre nécessaire pour contenir une spire complète n'est pas la même partout; le pas est donc variable. La première spire a un pas égal à la longueur *ab*; la seconde a un pas plus grand et égal *bc*.

En 1832, Frédéric Sauvage, constructeur à Boulogne, prit un brevet pour la propulsion des navires, dans lequel il préconisait l'emploi d'une ou plusieurs hélices d'Archimède.

Les longs et persévérants travaux qu'il exécuta mirent hors de doute les avantages de l'hélice comme propulseur sous-marin.

C'est surtout à Sauvage qu'est due la démonstration de ce fait important, que, pour produire son maximum d'effet, la vis doit être réduite à la longueur d'une seule révolution.

Cependant, malgré vingt années d'efforts, Frédéric Sauvage ne put parvenir à exécuter des essais sur une échelle suffisante pour établir d'une manière irréfutable la vérité de ses assertions.

Le 31 mai 1836, William Pettit Smith fut patenté pour une hélice formant deux pas, placée dans l'arrière du navire et recevant le mouvement d'une roue d'angle descendant du pont.

Dans un autre projet, il rassembla deux moitiés d'hélice sur le même arbre, pour occuper moin de longueur (fig. 31).

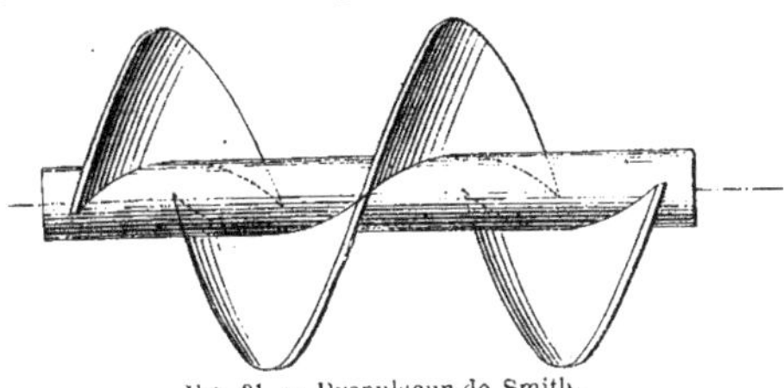
Fig. 31. — Propulseur de Smith.

Lorsque Smith eut pris son brevet en mai 1836, un bateau modèle fut construit et pourvu d'une hélice en bois. Ses essais eurent lieu sur un étang, à Hendon, et en présence des résultats satisfaisants qu'il obtint, Smith construisit un bateau de 6 tonneaux, auquel il mit une hélice en bois de deux tours. Le 1er novembre 1836, ce bateau marcha sur le canal Paddington et continua à naviguer sur la Tamise jusqu'au mois de septembre 1837. Le propulseur, ayant éprouvé un choc, fut brisé jusqu'à la moitié de sa longueur, et donna aussitôt de meilleurs résultats : ce qui fit exécuter une nouvelle hélice d'un seul pas.

En septembre 1837, Smith voulut essayer son bateau en mer. Il alla de Blackwall à Gravesend et ensuite à Douvres et Folkestone. Le 25 du même mois il revint à Londres par un temps assez mauvais. Cet heureux résultat fit sensation, et en mars 1838, les Lords de l'Amirauté firent essayer le bateau sous leurs yeux; les épreuves furent heureuses, et dès lors l'adoption de ce propulseur fut considérée comme utile au service naval.

Smith fit alors construire, par M. Pascoe, un navire de 237 tonneaux, qui fut lancé le 18 octobre 1838. Le premier essai de ce navire, qui fut appelé l'*Archimède*, eut lieu en 1839. Il fut pourvu d'une hélice d'un pas complet, établie dans le massif arrière, et mue par deux machines ayant ensemble 90 chevaux nominaux de force. La vitesse que l'on attendait de ce navire était de 4 à 5 nœuds à l'heure : on obtint près du double de cette vitesse.

Après plusieurs essais sur la Tamise, l'*Archimède* prit la mer le 15 mai 1839, et se rendit de Gravesend à Portsmouth en 20 heures, contre des circonstances de vent et de marée défavorables. Envoyé ensuite au Texel, à la demande du gouvernement hollandais, il brisa, en route, la manivelle de l'une des machines.

On profita de la réparation nécessitée par cette avarie, pour lui remplacer son hélice par une nouvelle de deux demi-tours, qui, placés aux côtés opposés de l'axe, figuraient une hélice à deux filets d'un demi-pas chacun. En avril et mai 1840, l'Amirauté anglaise fit faire des expériences à Douvres, et les résultats furent des plus favorables.

Après ces expériences, l'*Archimède* fut mis à la disposition du capitaine Chappel, qui, accompagné de Smith, fit le tour de la Grande Bretagne, en visitant tous les ports importants, pour montrer le nouveau navire aux constructeurs et aux armateurs.

L'*Archimède* fut partout un objet d'étonnement et d'admiration. Il alla ensuite à Oporto en

68 heures 1/2, et ce voyage fut le plus prompt de l'époque. Il visita Anvers, Amsterdam et d'autres lieux, laissant partout la conviction de la possibilité de faire marcher les navires avec l'hélice.

En 1840, quelques navires de commerce furent pourvus de l'hélice.

En 1841, la marine anglaise fit construire le *Rattler*, de 890 tonneaux, et lui appliqua une hélice semblable à celle de l'*Archimède*. Plus tard cette hélice fut raccourcie, et on trouva qu'un sixième de pas était la meilleure longueur. En 1843, 44, 45, le *Rattler* fit des expériences avec diverses hélices, et des circonstances différentes de vent et de mer. Ses qualités furent assez satisfaisantes pour décider la construction de 20 navires à hélice sous la direction de Smith.

En même temps que Smith poursuivait ses remarquables travaux sur le propulseur héliçoïdal, le capitaine Ericsson, suédois d'origine, mais établi en Angleterre, expérimentait également sur un bateau modèle, une hélice de son invention qui comprenait 6 fragments d'héliçoïde ordinaire (fig. 32), portés par un tambour central, dans le genre de l'hélice de Delisle, et dont la petite machine était mue par la vapeur. Les résultats furent satisfaisants, et en 1837, un navire de 13^{m},72 de long, 2^{m},44 de large et 0^{m},91 de tirant d'eau fut construit sur la Tamise. On l'appela le *Francis B. Ogden*. Ses essais qui eurent lieu le 30 août 1837, furent très remarquables ; la vitesse obtenue fut de 10 milles à l'heure.

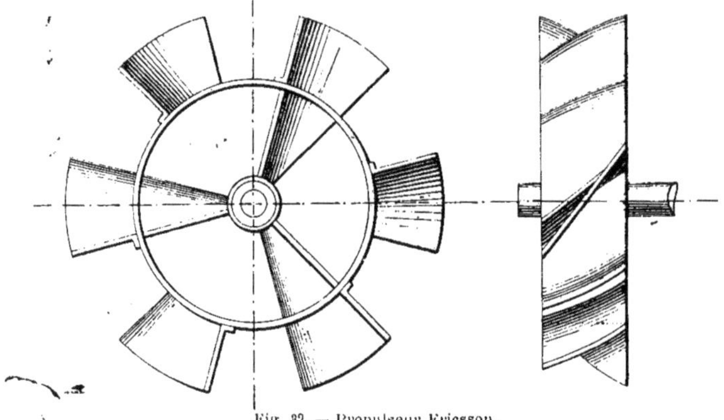

Fig. 32. — Propulseur Ericsson.

Malgré cette expérience favorable, le capitaine Ericsson, pour des raisons inexplicables, ne reçut aucun encouragement de l'Amirauté anglaise.

Dans l'hiver de 1837, un bateau de canal, le *Novelty*, reçut un propulseur d'Ericsson de 0^{m},80 de diamètre, et navigua entre Manchester et Londres à raison de 8 à 9 milles à l'heure.

Ce fut alors qu'Ericsson s'entendit avec un officier de la marine des États-Unis, le capitaine

Robert Stockton, homme de talent, d'énergie et de moyens, qui fut tellement satisfait des résultats d'Ericsson, qu'il fit exécuter un bateau de 21m,35 de long, 3m,05 de large et 70 chevaux de force, muni du nouveau propulseur actionné directement par la machine.

Ce navire, nommé le *Robert-F.-Stockton*, fut lancé à Liverpool en juillet 1838, et son premier essai eut lieu en septembre. Les résultats furent des plus satisfaisants.

En avril 1839, le *Stockton* quitta l'Angleterre et fit route à la voile pour l'Amérique. Vers la fin de la même année, le capitaine Ericsson s'y rendit aussi et y résida toujours.

Peu après son arrivée, Ericsson fit adopter son invention par la marine des États-Unis. Le *Princeton* fut le premier navire qui reçut le nouveau propulseur, et la navigation commerciale l'adopta presque aussitôt.

Quand Ericsson quitta l'Angleterre, il laissa ses intérêts entre les mains du comte de Rosen. En 1843, ce dernier fut chargé par le gouvernement français de disposer un propulseur Ericsson à bord de la frégate la *Pomone*, avec une machine de 220 chevaux de force placée sous la flottaison, comme à bord du *Princeton*. L'hélice proposée par le comte de Rosen était formée de fortes feuilles de cuivre réunies par des rivets et des boulons, et elle avait 3 rayons courbes et 6 ailettes; mais pour arriver à conserver au navire les qualités de navire à voile, on adopta un puits qui entraîna l'adoption d'une hélice à deux ailes à la place de celle d'Ericsson. M. Mazeline, Ingénieur-Constructeur au Havre, confectionna l'appareil de 220 chevaux de ce navire.

Les changements opérés à l'arrière de la *Pomone* retardèrent beaucoup les questions relatives à l'hélice.

En 1844, le gouvernement anglais fit installer par le comte de Rosen sur la frégate l'*Amphion*, une hélice Ericsson mue par une machine de 300 chevaux, placée également au-dessous de la flottaison pour la mettre hors de l'atteinte des boulets. La vitesse obtenue par ce navire fut de 7 nœuds environ.

En comparant les mérites respectifs de Smith et d'Ericsson pour l'introduction pratique de l'hélice à la propulsion des navires, il parait que ce dernier a l'avantage de la capacité et Smith celui de la persévérance. Ericsson était un ingénieur accompli et Smith un amateur. Pour obtenir la vitesse nécessaire à l'hélice, Smith fut contraint de se servir d'engrenages, tandis qu'Ericsson articula directement sa machine au propulseur. La patente de Smith fut prise le 31 mai 1836; celle d'Ericsson le 13 juillet 1836. Le premier essai du bateau d'expérience de Smith fut fait le 31 mai 1836 et celui du bateau à hélice d'Ericsson le 30 avril 1837.

Quand ces deux inventeurs prirent leurs patentes, en 1836, il n'existait aucun navire mû par le propulseur hélicoïdal. Le navire d'Ericsson eut une plus grande utilisation que celui de Smith; la puissance de sa machine était plus forte et les détails mécaniques plus parfaits. Mais le navire de Smith réussit aussi complètement et fut le premier dans l'ordre des temps. Quant au propulseur lui-même, Smith et Ericsson n'en furent point les inventeurs. L'hélice primitive de Smith dérivait de celles de Charles Dallery et Frédéric Sauvage; le propulseur d'Ericsson dérivait de celui du capitaine Delisle. Mais cela n'amoindrit pas la gloire de ces deux pères de la navigation à hélice.

En 1843, le comte de Dundonald proposa un propulseur immergé, comme l'hélice ordinaire, mais formé de deux ailes dirigées vers l'arrière, au lieu d'être perpendiculaire à l'arbre (fig. 33). Un des objets importants de cette modification est de corriger l'action centrifuge de l'hélice. On trouva, en pratique, que les hélices construites sur ce principe donnaient de meilleurs résultats que les autres.

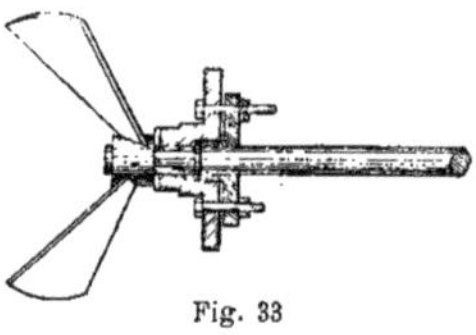

Fig. 33

En 1844, Henry Davies prit un brevet pour une hélice placée dans un faux fond en forme de canal attaché au navire, de manière à refouler l'eau vers l'arrière.

En 1845, Charles Forret prit en Angleterre un brevet pour une hélice formée d'une spirale très allongée et pointue, comme une révolution de l'intérieur d'une coquille de limaçon.

En France, les premiers essais de l'hélice propulsive eurent lieu au commencement de 1843, peu après ceux de l'*Archimède*, et un an avant ceux du *Rattler* en Angleterre. Le premier navire à hélice français fut le *Napoléon* (aujourd'hui le *Corse*), de l'administration des postes, pour les traversées postales entre Marseille et la Corse. Ce navire, de 120 chevaux et 500 tonnes de déplacement, construit au Havre par M. Normand, avait 46 mètres de long, $8^m,52$ de large et $4^m,25$ de creux; son tirant d'eau arrière était de $3^m,59$, et sa surface immergée au maître-couple $13^{m^2},70$. La machine à basse pression fut construite par l'ingénieur anglais Barns, de Londres.

Le *Napoléon* fut lancé le 6 décembre 1842, et fit en janvier 1843 des expériences sur huit hélices différentes. Les vitesses obtenues varièrent de 7 nœuds 25 à 11 nœuds 72. Les hélices avaient $2^m,30$ de diamètre: sept avaient trois ailes, une seule quatre ailes. Le pas moyen était de $3^m,50$ sur trois hélices; deux avaient $3^m,05$, et les autres $3^m,57$, $2^m,37$ et $2^m,92$ de pas.

Les qualités nautiques du *Napoléon* étaient très remarquables, et elles prouvèrent, dès cette époque, combien les avants effilés jusque dans les hauts diminuent les mouvements de tangage et favorisent la marche contre une grosse mer. Le succès de ce navire fut complet.

La figure 34 représente l'hélice que M. Normand adopta définitivement après les essais (1). Elle avait quatre ailes, $2^m,29$ de diamètre et $3^m,025$ de pas moyen; la fraction de pas était de 0,544, et le rapport du pas au diamètre 1,30.

A propos de ces essais, il y eut, entre Sauvage et Normand, une vive discussion sur la priorité de l'invention du propulseur héliçoïdal. La priorité du brevet appartient incontestablement à Sauvage, mais la première application est due à Smith. Lors de la construction du *Napoléon*, Normand modifia profondément le tracé de Sauvage. Ce dernier préconisait l'emploi d'une ou plusieurs spires, et le succès du *Napoléon* fut dû précisément à ce que le propulseur de Normand n'était pas construit totalement dans les idées de Sauvage.

Quoi qu'il en soit, ce n'est que grâce à la collaboration savante de Normand père, que Sauvage

1. Bienaymé. — *Les Machines Marines*.

réussit à tirer de son idée une application vraiment pratique, et c'est à Normand que revient la gloire incontestable d'avoir construit en France le premier navire à hélice mû par la vapeur.

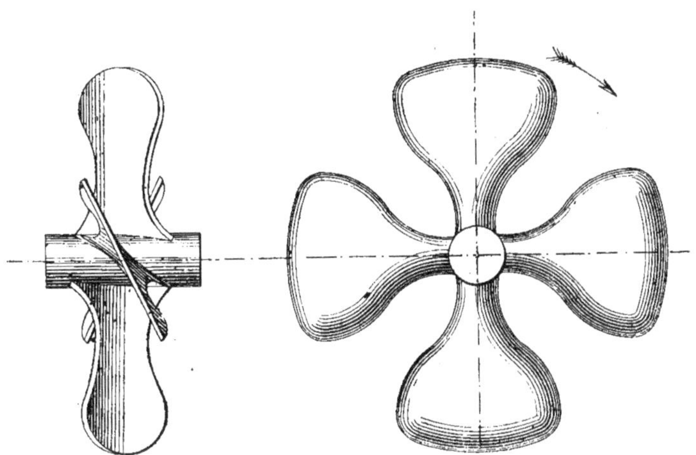

Fig. 34. — Hélice Normand (1841)

En 1845, on construisit le petit navire en fer le *Pingouin*, qui reçut une hélice à six ailettes d'Ericsson, elle avait 2 mètres de diamètre, 1 mètre pour le tambour et 4 mètres de pas. La machine à cylindres oscillants, directement articulés à l'arbre, fut construite par M. Mazeline, du Havre. La vitesse fut de 7 nœuds en moyenne.

La même année, on construisit à Asnières, près de Paris, la corvette à vapeur le *Chaptal*, qui avait 54 mètres de long et $9^m,58$ de large. L'appareil moteur fut construit par Cavé, de Rouen. La première hélice employée était à quatre ailes de 3 mètres de diamètre et 6 mètres de pas : elle était trop petite, et obligeait la machine à tourner trop vite. La seconde hélice avait $2^m,94$ de diamètre, 6 mètres de pas et six ailes faites deux à deux, et réunies à l'arbre dans les positions convenables. Leur surface totale équivalait aux deux tiers de celle d'une révolution complète. On obtint avec elle une vitesse de 10 nœuds 3, avec un recul de 30 %.

En 1846, l'administration des postes fit construire le paquebot le *Faon* dans les chantiers de M. Normand, et d'après les plans de M. Moissard, ingénieur de la marine. La machine fut construite par M. Penn, de Greenwich. La vitesse obtenue varia de 12 à 13 nœuds.

En 1846, également, fut construit, à Indret, le petit navire le *Passe-Partout*, qui avait une hélice a quatre ailes de 1^{m},86 de diamètre, 3^{m},30 de pas et 0^{m},50 de fraction de pas.

En 1848, la marine fit les essais de la *Salamandre* et du *Caton*. Le premier de ces navires reçut un appareil à cylindres oscillants, à engrenages, de l'usine de MM. Bennet et Cie, de La Ciotat, et il fila 9 nœuds 6 dans les épreuves. Le *Caton* reçut une machine à cylindres oscillants de l'usine du Creuzot. Sa vitesse aux essais fut de 9 nœuds 3 à 10 nœuds.

En 1849, on modifia l'arrière du vaisseau le *Charlemagne*, pour lui donner les formes nécessaires au fonctionnement de l'hélice et l'espace pour la placer. Les expériences de ce navire donnèrent des résultats remarquables. Le diamètre de l'hélice à deux ailes était de 5 mètres, son pas de 7 mètres, et la fraction de pas de chaque aile de $\frac{1}{7}$. Le navire avait 60 mètres de longueur et 16^{m},24 de large; le tirant d'eau arrière était de 7^{m},75, et la surface immergée au maître-couple 92 mètres carrés. A toute vitesse, avec 0,6 d'introduction, la machine faisait en moyenne 53 tours, et le navire filait 9 nœuds 5. La force développée était de 600 chevaux.

En 1850, fut lancé, à Toulon, le vaisseau le *Napoléon*, de 90 canons, construit sur les plans de M. Dupuy de Lôme, ingénieur de la marine. Terminé en 1852, ce navire fit ses premiers essais ayant à bord le Président de la République et M. Ducos, ministre de la marine, pour une traversée de Toulon à Marseille, pendant laquelle il eut une vitesse moyenne de 13 nœuds 5. L'appareil moteur fut exécuté par l'usine d'Indret, sous la direction de Moll. L'hélice avait 5^{m},80 de diamètre, 7^{m},30 de pas d'entrée, 8^{m}50 de pas moyen, et 9^{m},30 de pas de sortie. Le recul moyen fut de 0,17. Ce navire avait comme dimensions : longueur, 71^{m},76; largeur extrême, 17^{m},15; creux, 13,^{m}04; tirant d'eau moyen, 7^{m},80; surface immergée au maître-couple, 107$^{m^2}$,52; déplacement, 4.995 tonneaux.

Lors de la guerre de Crimée, le *Napoléon* était le seul navire à hélice des flottes alliées française et anglaise. L'escadre anglaise fut arrêtée à l'entrée du détroit des Dardanelles par des vents et un courant contraires, et ne put atteindre Constantinople avant la flotte française, comme elle en avait l'intention. Pendant que les navires anglais étaient ainsi condamnés à l'immobilité, le *Napoléon*, remorquant le vaisseau à trois ponts la *Ville-de-Paris*, franchit le détroit avec la plus grande facilité, à la grande admiration des Anglais. L'effet moral fut énorme, et le nom de Dupuy de Lôme fut célèbre dans le monde entier.

Le succès du *Napoléon* fut donc un triomphe pour la marine de guerre à vapeur, et en particulier pour l'*hélice*.

A partir de cette époque, l'emploi de l'hélice, comme moyen de propulsion maritime, est devenu à peu près général sur les navires à vapeur destinés au service de la mer.

10. — Principaux types d'hélices modernes.

Les principaux types d'hélices, en usage aujourd'hui dans la navigation à vapeur, peuvent se classer sous les dénominations suivantes, d'après la forme et la disposition de leur génératrice :

1° Le type à génératrice droite perpendiculaire à l'axe du moyeu ;

2° Le type à génératrice droite perpendiculaire à l'axe, mais avec l'extrémité supérieure de cette génératrice recourbée vers l'avant du navire ;

3° Le type à génératrice droite inclinée sur l'axe, vers l'arrière ;

4° Le type à génératrice courbe dont la concavité est tournée vers l'arrière du navire.

5° Le type à génératrice courbe dont la concavité est tournée vers l'avant du navire.

Ces types d'hélices peuvent être à pas constant, à pas variable et à pas croissant.

La planche VI représente le développement de la surface héliçoïdale de ces types d'hélices, avec indication de la forme et de la disposition de la génératrice.

La figure 1 de cette planche représente l'héliçoïde à génératrice droite perpendiculaire à l'axe (type 1). La disposition de la génératrice occasionne une perte de force propulsive par l'action centrifuge de l'hélice. Dans la rotation, l'eau pressée par les ailes participe au mouvement rotatoire du propulseur, et prend, en vertu de la force centrifuge, une vitesse perpendiculaire à l'axe dont la quantité de mouvement est perdue pour la propulsion du navire.

L'action centrifuge de l'hélice produit ainsi deux inconvénients : le premier, par la dispersion de l'eau dans la direction du rayon entraînant une perte de force propulsive ; le deuxième, par la réduction du diamètre utile de l'hélice en faisant le vide au centre.

On a cherché à atténuer l'action centrifuge en courbant la génératrice, ou en l'inclinant sur l'axe.

La figure 2 de la planche VI représente le type 2 : l'héliçoïde à génératrice droite perpendiculaire à l'axe, mais avec le bout recourbé. Ce système a été employé en Angleterre par M. Griffith, et a obtenu un certain succès. Le bout recourbé atténue sensiblement l'action de la force centrifuge.

La figure 3, de cette même planche, représente le type 3 : héliçoïde à génératrice droite inclinée sur l'axe, vers l'arrière du navire. Cette forme d'hélice est très usitée aujourd'hui en France. L'inclinaison de la génératrice a pour effet de donner aux molécules d'eau une impulsion qui les fait converger vers le centre, et, par suite, constituent une colonne cylindrique de même diamètre que l'hélice, moins la section du moyeu, qui, projetée en arrière dans le sens de la direction du mouvement, atténue un peu les effets du recul.

La figure 4 représente l'héliçoïde à génératrice courbe dont la concavité est tournée vers l'arrière du navire (type 4). La génératrice est généralement un arc de spirale d'Archimède, et quelquefois un arc de cercle, du centre du moyeu à l'extrémité de l'aile, dont la corde qui le sous-tend est perpendiculaire à l'axe du moyeu.

Le courbure spéciale de la génératrice, dans le sens indiqué ci-dessus, a pour effet de corriger l'action centrifuge de l'hélice, afin d'amener la veine liquide, mise en mouvement, à être plus concourante et plus parallèle à l'axe du navire, de manière à rendre plus efficace l'action du gouvernail et diminuer les vibrations à l'arrière.

La figure 5 (planche VI) représente l'héliçoïde à génératrice courbe dont la courbure est tournée vers l'avant du navire (type 5). La forme de cette hélice a été adoptée par M. Thornycroft pour les premiers bateaux torpilleurs, et ensuite par M. Normand du Havre. La génératrice est quelquefois une branche de parabole dont le sommet est tangent au moyeu. La courbure de la génératrice et son renvoi en arrière ont pour effet d'atténuer considérablement le recul et l'action centrifuge, et par suite de mieux utiliser la force propulsive.

Divers constructeurs ont apporté des modifications à ces types d'hélices, et ont fourni ainsi d'autres tracés dont il sera parlé plus loin.

———

11. — Principales expériences faites sur les hélices.

EXPÉRIENCES DU RATTLER. — Les premières expériences faites sur l'hélice propulsive, pour en déterminer les qualités, datent de 1843, et furent exécutées en Angleterre sur le navire le *Rattler*, de 900 tonneaux de jauge. Les dimensions principales de ce navire étaient : longueur, 53m,83; largeur, 9m,963; tirant d'eau moyen, 3m,735; surface de la section immergée au maître-couple, 34m²,72; puissance nominale de la machine, 200 chevaux (1).

Les expériences du *Rattler* commencèrent en 1843, sous la direction de Smith, et leur but principal était de reconnaître la meilleure longueur à donner à l'hélice pour obtenir un maximum de vitesse. La première hélice du *Rattler* avait 2m,75 de diamètre, 1m,68 de long et 3m,35 de pas. Elle formait un demi-tour d'un double filet. Sa longueur fut successivement réduite à 1m,295, 0m,915, 0m,457 et 0m,380. On trouva de l'avantage à cette réduction de longueur (fraction de pas).

On essaya différentes hélices, et en même temps des propulseurs consistant en lames plates placées obliquement sur l'axe. Mais on trouva que l'hélice ordinaire à deux ailes, et avec un pas uniforme, valait autant que les autres. Les résultats des principaux essais sont consignés dans le tableau ci-après :

Résumé des expériences exécutées avec différentes hélices propulsives à bord du « Rattler » en 1843, 1844 et 1845.

NATURE DES HÉLICES ESSAYÉES	DIAMÈTRE des hélices	LONGUEUR des hélices	PAS des hélices	NOMBRE de tours de la machine par minute	NOMBRE de tours des hélices par minute	VITESSE du navire par heure en nœuds	RECUL p. % par heure
Smith à deux ailes.	3m,050	0m,915	3m,355	24t,8	98t,0	9nds,23	13,5
— —	3 ,050	0 ,610	3 ,355	25 ,4	100 ,6	9 ,45	13,2
— —	3 ,050	0 ,457	3 ,355	25 ,7	102 ,1	9 ,72	12,3
— —	3 ,050	0 ,380	3 ,355	20 ,0	103 ,4	10 ,01	10,8
Smith à trois ailes.	2 ,745	0 ,665	3 ,355	24 ,2	94 ,3	8 ,24	19,5
— —	2 ,745	0 ,483	3 ,355	24 ,8	98 ,3	8 ,56	20,0
— —	2 ,745	0 ,356	3 ,355	27 ,3	108 ,4	9 ,88	16,0
Woodcroft à quatre ailes.	2 ,745	0 ,483	3 ,450	26 ,2	104 ,3	8 ,18	29,8
Steinman à deux ailes	3 ,750	»	3 ,704	26 ,0	104 ,2	9 ,54	23,6
Sunderland à deux ailes.	2 ,491	2 ,440	7 ,930	17 ,4	69 ,9	8 ,34	53,5

1. Amiral Pâris. — *Traité de l'Hélice propulsive.* — 1855.

L'angle du propulseur Sunderland était de 45 degrés.

Les formes de ces différentes hélices sont représentées par les figures ci-après :

La figure 35 représente l'hélice de Smith à deux filets ou ailes, telle qu'on l'a définitivement

Hélices essayées à bord du Rattler
(Figures extraites du *Traité de l'hélice propulsive* de l'amiral Pâris)

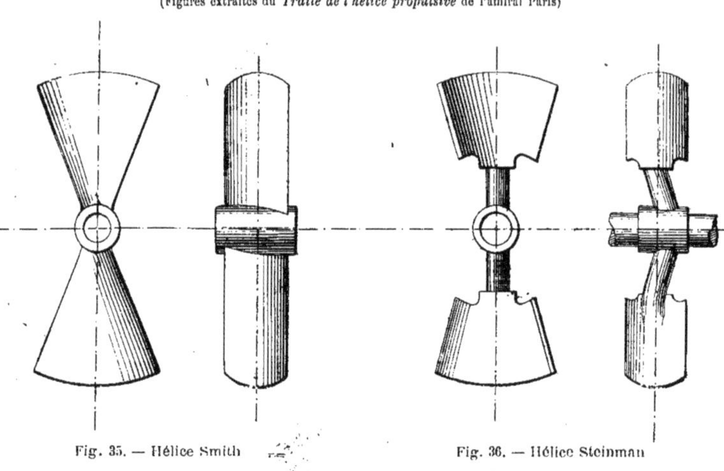

Fig. 35. — Hélice Smith

Fig. 36. — Hélice Steinman

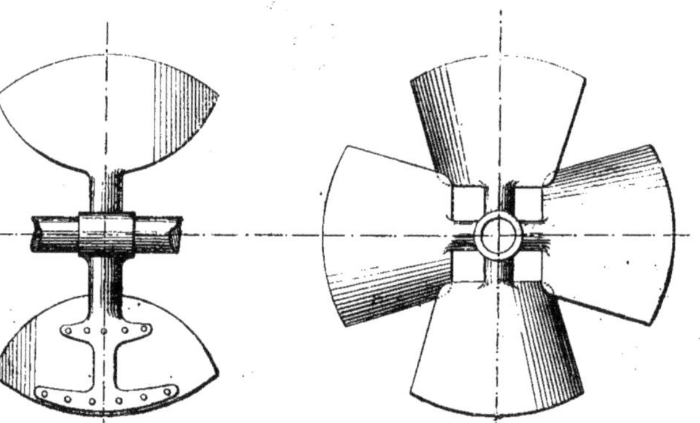

Fig. 37. — Hélice Sunderland

Fig. 38. — Hélice Woodcroft

établie à bord du *Rattler*. L'hélice à trois filets de Smith diffère de cette dernière en ce qu'elle a trois ailes au lieu de deux.

La figure 36 représente l'hélice Steinmann, dont les deux ailes sont formées de segments inclinés placés au bout de deux bras, et courbés de manière à former en réalité une hélice ayant la portion centrale coupée.

La figure 37 représente le propulseur Sunderland, consistant en deux ailes plates elliptiques et obliques, établies sur des bras fixés à l'arbre.

La figure 38 représente le propulseur de Woodcroft, tel qu'il a été appliqué au *Rattler*. Il a quatre ailes, et le pas de l'hélice du côté qui coupe l'eau est moindre qu'à l'opposé.

En outre de ces hélices, il a été essayé sur le *Rattler* une hélice de Hodgson, constituée de lames placées obliquement à l'arbre, au lieu d'être d'équerre; mais cette hélice n'a pas donné de résultats satisfaisants.

(L'hélice de Hodgson fut modifiée par la suite, et on obtint avec elle d'excellents résultats).

A la suite des expériences du *Rattler*, Smith trouva que pour les vaisseaux et frégates mixtes, munis d'hélices à deux ailes, il convenait de faire le rapport du pas au diamètre, ou $\frac{P}{D}$, égal à 1,25, et la fraction de pas 0,33.

Expériences du Dwarf. — En 1845, eurent lieu en Angleterre les expériences du *Dwarf*, dans le but de déterminer le pas convenable de l'hélice relativement à son diamètre.

Le *Dwarf* était un navire de 166 tonneaux, ayant comme dimensions principales : longueur, $39^m,75$; largeur, $4^m,88$; creux, $2^m,745$; tirant d'eau arrière, $2^m,135$; puissance nominale de la machine, 150 chevaux. L'hélice, à deux ailes et pas uniforme, avait $1^m,728$ de diamètre, et son pas de $2^m,440$ fut augmenté jusqu'à $3^m,97$. On fit quatre expériences avec un pas de $2^m,44$; la longueur de l'hélice étant progressivement réduite de $0^m,762$ à $0^m,610$, à $0^m,457$ et à $0^m,305$. Le nombre moyen de révolutions par minute, pour ces différentes longueurs, fut de 28,3, 29,6, 30,2 et 32,2, et la puissance développée par la machine 130, 151, 137 et 169 chevaux pour chaque essai. La vitesse du navire augmenta à peu près dans le rapport de la diminution de la longueur de l'hélice. Avec l'hélice de $0^m,762$ de long, la vitesse était de 8 nœuds 65; mais, avec les autres, elle augmenta, et devint de 8,95, 8,95 et 9,11. Le résultat avec l'hélice la plus courte fut le plus mauvais, relativement à la force dépensée. Huit expériences furent faites avec différentes longueurs d'hélices de $3^m,147$ de pas, et 12 autres avec différentes longueurs d'hélices de $4^m,035$ de pas. Avec une hélice de $0^m,864$ de long et $3^m,147$ de pas, la surface des ailes est la même que dans le cas d'une hélice de $0^m,762$ de long et de $2^m,440$ de pas, c'est-à-dire environ 2 mètres carrés.

Avec 31 révolutions de la machine par minute, et avec la force d'environ 144 chevaux de force, cette hélice poussait le navire avec une vitesse de 8 nœuds 89. Son utilisation est toutefois à peu près égale à celle d'une hélice de la même surface d'ailes et de $2^m,44$ de pas.

En outre, une hélice de $0^m,958$ de long, $3^m,972$ de pas, avait la même surface d'ailes qu'une de $0^m,864$ de long et $3^m,162$ de pas, et avec 34 révolutions de la machine par minute, et une force développée de 149 chevaux, elle produisait une vitesse de 8 nœuds 5 par minute. Pendant toute la série de ces expériences avec 3^{m},972 de pas, et l'hélice variant en longueur depuis 0^{m},305 jusqu'à un peu plus de 0^{m},915, le résultat fnt inférieur à ceux obtenus avec les hélices de 2^{m},44 et 3^{m},05 de pas. Les plus grandes vitesses, relativement aux puissances dépensées, c'est-à-dire le meilleur résultat de ces séries, sont celles obtenues avec l'hélice de 0^{m},457 de long et 2^{m},440 de pas (1).

Expériences de la Minx. — Les expériences de la *Minx*, navire anglais de 100 chevaux de puissance nominale de la machine, furent exécutés en 1847 et 1848. Lenr but était de déterminer si l'on devait préférer l'hélice de Smith, avec un pas uniforme, à celle de Woodcroft avec un pas croissant. On en essaya aussi une proposée par Atherthon, ingénieur en chef à Woolwich, formée avec moins de pas au centre qu'à la circonférence, afin que sa partie centrale put avancer dans l'eau comme si elle tournait dans un écrou solide, tandis que celle voisine de la circonférence agit seule réellement. Le but de cette disposition était d'empêcher le mouvement centrifuge imprimé à l'eau par la partie centrale; la différence entre le pas près du noyau et celui près de la circonférence était d'environ 10 pour cent.

On essaya aussi, à bord de la *Minx*, une forme d'hélice dans laquelle le pas augmentait non-seulement du centre à la circonférence, mais en outre dans le sens de la longueur, et cette sorte d'hélice a donné de très bons résultats. En résumé, l'avantage que l'on trouve en s'éloignant de la forme première à pas uniforme est très faible, surtout lorsque l'hélice est proportionnée de manière à avoir très peu de recul.

D'après les expériences faites à bord de la *Minx* avec des hélices de pas uniforme, de pas croissant dans la direction de l'axe, avec celles ayant un pas croissant du noyau à la circonférence, et un pas croissant en même temps dans la direction de l'axe et dans celle du noyau à la circonférence, le meilleur résultat a été obtenu le 9 juillet 1847, lorsque l'hélice employée avait un pas uniforme.

La plus grande vitesse fut obtenue le 1er juillet 1848, avec une hélice de pas croissant dans la direction de l'axe, et le 12 juillet, avec une hélice à pas uniforme; mais ces deux résultats ont été l'un et l'autre un peu inférieurs au premier, relativement à la puissance employée (1). Les caractéristiques de ces trois essais sont consignées dans le tableau suivant :

1. Amiral Pâris. — *Traité de l'Hélice propulsive.*

DATE des expériences	NATURE des hélices essayées	DIMENSIONS DES HÉLICES					Nombre de tours des hélices par minute	Vitesse du navire en nœuds par heure	Recul des hélices p. % par heure
		Diamètre	PAS	Longueur	Surface	Angle			
9 juillet 1847	Hélice à pas uniforme. .	$1^m,372$	1^m779	$0^m,203$	$0^{m2}456$	22° 24	217	$8^n,11$	35,0
1er juillet 1848	Hélice Woodcroft, le pas s'allongeant de l'avant à l'arrière	1 ,379	Avant 1 ,474 Arre. 1 ,576	0 , 305	0 , 668	Av. 18° 54 Arr. 20°04	254	9 ,14	Av. 24,5 Arr. 29,4
12 juillet 1848	Hélice à pas uniforme. .	1 ,372	1 ,525	0 , 305	0 , 668	19° 29	250	8 ,53	30,8

Le tirant d'eau moyen du navire, dans ces essais, était de $1^m,60$ et la surface immergée au maitre-couple de $7^{m2},62$.

Expériences du Pélican (1). — Les expériences du navire à vapeur français le *Pélican* furent faites en 1847 et 1848, et leur principal objet était de déterminer les relations qu'il est convenable d'établir entre le diamètre, le pas, le nombre d'ailes et la longueur d'une hélice propulsive. Une nouvelle série d'expériences sur des hélices d'un plus grand diamètre fut faite à bord du même navire en 1849, et les résultats confirmèrent ceux des premières.

Ces diverses opérations furent dirigées par M. Bourgois, lieutenant de vaisseau, aujourd'hui vice-amiral, conseiller d'Etat, et M. Moll, Ingénieur de la marine, aujourd'hui directeur des constructions navales en retraite.

Le *Pélican* est un navire de 40 mètres de long, $6^m,80$ de large et 260 tonnes de déplacement. Sa maîtresse section immergée est de $10^{m2},20$, et la force nominale de sa machine, de 120 chevaux. L'arrière de ce navire fut disposé de manière à y mettre une hélice aussi grande que possible; celle de $2^m,50$ de diamètre fut la plus grande qu'on put introduire.

Les machines consistaient en deux cylindres oscillants verticaux, dont le diamètre était de $1^m,10$ et la course $0^m,948$. Les cames de détentes étaient disposées de manière à pouvoir interrompre l'introduction de la vapeur à 0, 08, 0,15, 0,30, 0,50, 0,70, 0,80 de la course du piston. Le maximum de pression, pendant les expériences, n'a pas dépassé $1^k,053$ par centimètre carré au-dessus de l'atmosphère. Les diamètres des hélices essayées étaient de $2^m,50$, $2^m,050$ et $1^m,678$; elles forment ainsi une progression géométrique dont la raison est 1,22.

1. Amiral Pâris. — *Traité de l'Hélice propulsive.* — 1855.

Dans les expériences faites avec l'hélice de 1m,678 de diamètre, on essaya des pas de 1m,931, 2m,360, 2m,878, 3m,258 et 4,m04, et avec chacun de ces pas on se servit d'hélices d'une longueur répondant aux fractions suivantes du pas : 0,300, 0,375, 0,450, 0,600 et 0,750; ce qui formait en tout trente séries d'expériences pour ce seul diamètre. Afin de rendre les résultats obtenus plus facilement intelligibles, ils furent portés sur une courbe, dont les pas formèrent les abscisses, et les coefficients de recul les ordonnées. Deux séries de courbes obtenues montrèrent très clairement que le coefficient de recul diminuait avec le pas, et qu'il décroissait aussi, quand la fraction du pas augmentait. Le recul paraît augmenter d'autant plus que la surface de la maîtresse section du navire est plus grande que celle du disque de l'hélice. Par conséquent, avec une maîtresse section donnée, il est convenable d'accroître, autant que possible, le diamètre de l'hélice. Le recul augmente aussi avec la vitesse de rotation et avec celle qu'il faut imprimer au navire. Les hélices à deux branches ont plus de recul que celles à quatre ailes de la même longueur dans la direction de l'axe, et ayant le même pas; celles à six ailes ont à peu près le même recul que celles n'en ayant que quatre.

En employant des hélices de diamètres de plus en plus grands, relativement au maître-couple immergé, on en a tiré les conséquences suivantes :

1° L'utilisation de la puissance motrice de la machine pour pousser le navire est augmentée; 2° Le rapport du pas au diamètre, qui produit un maximum d'effet, va en croissant; 3° Il est convenable d'employer des fractions de plus en plus petites de l'hélice ou du pas total. Ainsi à bord du *Pélican*, avec des hélices à quatre branches et de 2m,50 ou de 1m,260 de diamètre, les résultats ont été dans le rapport de 1 à 0,823. Le rapport le plus avantageux du pas au diamètre trouvé a été de 2,2 dans le cas de la plus grande hélice, et 1,384 dans le cas de la plus petite. Enfin, la fraction de pas la plus avantageuse a été de 0,281 dans le cas de la plus grande hélice, et de 0,450 dans celui de la plus petite. Ces résultats montrent qu'il n'y a pas pour l'hélice de dimensions absolues applicables à tous les navires semblables; mais sa proportion et sa configuration changent avec la forme du navire, le tirant d'eau et le degré de force de la machine. Pour que des hélices à deux branches donnent les mêmes résultats que celles à quatre, elles doivent avoir un pas plus aigu ; les hélices à six branches paraissent agir avec beaucoup d'efficacité dans le cas d'un grand diamètre.

D'après ces conditions, un navire étant donné et l'aire de sa maîtresse section connue, la limite de diamètre de son hélice peut être déterminée, dans le cas où il est le plus grand possible, par le rapport de l'aire de la maîtresse section au carré du diamètre de l'hélice. Multipliant ce rapport par le coefficient K de la résistance du navire, que MM. Bourgois et Moll admettent en moyenne de 6 kilogrammes par mètre carré de la maîtresse section, ils obtiennent un produit qu'ils nomment *résistance relative*. Alors, plaçant les résultats de cette quantité pour les abscisses dans le cas du *Pélican*, et prenant successivement pour les ordonnées les fractions des pas d'hélice et les valeurs du rapport du pas au diamètre correspondant au maximum d'effet utile, ils ont construit des courbes, dont ils ont déduit, pour les valeurs également éloignées de la quantité qu'ils ont nommée résistance relative, la fraction du pas qui doit être employée, et en même temps la proportion convenable du pas au diamètre, dans le cas d'hélices de deux, de quatre et de six branches. Il se sont ensuite occupés de classer les différents navires de la marine française, selon le rapport de l'aire de la maîtresse section immergée au carré du diamètre de l'hélice ; ils en ont déduit la valeur de la résistance relative pour ces navires, et ils ont montré comment il faut déterminer d'une manière convenable le pas et la fraction de pas à employer dans chaque cas particulier.

Un des objets principaux des expériences du *Pélican* était de déterminer l'utilisation relative de toutes sortes d'hélices propulsives, sur les navires de toutes dimensions, et de fixer la valeur du couple de rotation nécessaire à appliquer sur l'arbre de l'hélice, pour faire faire à cet organe un nombre déterminé de révolutions ; en supposant naturellement que le navire fût bien connu, ainsi que les dimensions et la forme du propulseur. Ou bien encore, ayant d'abord déterminé la loi du couple de rotation en fonction du nombre de révolutions, d'assigner la valeur du couple élémentaire, c'est-à-dire de la puissance employée pendant une seule révolution par unité de temps : et la solution de ce double problème renferme évidemment l'explication de la question dans toute sa généralité.

Par l'expression *utilisation*, on entend le rapport de l'effet utile à la puissance transmise par l'arbre à l'hélice. La valeur de ce rapport dépend, non seulement des proportions de l'hélice, mais de la dimension ainsi que de la forme du navire, et aussi de l'action du vent et de la mer.

Les proportions de l'hélice consistent dans le diamètre, la forme de la génératrice, le pas variable et constant, la fraction du pas ou longueur dans le sens de l'axe, et le nombre de bras ou d'ailes dont l'hélice est composée.

Les résultats obtenus par les expériences faites sur le *Pélican*, s'appliquent à tout navire de formes semblables, mais de plus grandes ou de plus petites dimensions ; si l'on prend la précaution de faire en sorte, que les vitesses adoptées et comparées les unes aux autres varient comme les racines carrées des dimensions linéaires des navires.

L'utilisation étant le rapport de l'effet utile à la quantité de puissance mécanique transmise à l'hélice, et l'effet utile n'étant autre chose que la résistance du navire multipliée par l'espace qu'il parcourt, ou, en d'autres termes, la force d'impulsion mesurée par le dynamomètre, il est facile, quand les puissances de la machine et du dynamomètre sont connues, de dire quelle est l'utilisation, quelle que soit la vitesse du navire. La résistance du navire est donnée, avons-nous vu au début de cet ouvrage, par la formule $KB^2 V^2$, dans laquelle B^2 est la maîtresse section immergée du navire, V sa vitesse, et K la résistance par mètre carré de section immergée à la vitesse V. L'effet utile est par suite $KB^2 V^3$. Si on admet que P exprime le pas de l'hélice, R le coefficient de recul et N, le nombre de révolutions de l'hélice dans une unité de temps, l'expression $KB^2 V^3$ peut évidemment être mise sous la forme $KB^2 (1-R)^3 P^3 N^3$, ou sous celle $KB^2 A^3 N^3$, A étant la distance dont le navire avance dans l'eau pour un tour d'hélice.

Si on désigne par D le diamètre de l'hélice, $K \frac{B^2}{D^2}$ représentera la *résistance relative de l'hélice*, dont il a été question plus haut.

Les principales conclusions que MM. Bourgois et Moll tirèrent de leurs célèbres expériences, les plus importantes de toutes celles qui ont été faites sur l'hélice, peuvent se résumer comme il suit :

1° *Utilisation*. — L'utilisation augmente quand la résistance relative diminue. Le rapport du pas au diamètre, et les fractions correspondantes du pas varient avec la résistance relative : le premier diminue quand celle-ci augmente, et la fraction du pas suit une marche inverse. Il y aurait donc, pour chaque résistance relative, une valeur déterminée et favorable de la fraction de pas et du rapport $\frac{P}{D}$ du pas au diamètre. Avec une résistance relative considérable, il serait avantageux d'employer un pas plus petit et une plus grande fraction de pas ; avec une résistance relative faible, ce serait le contraire.

L'utilisation décroît à mesure que la vitesse augmente, et cela paraît dû surtout à ce que K croît avec la vitesse. Dans le cas du *Pélican*, la valeur de K a été évaluée à 6 kilogrammes pour une vitesse de 9 nœuds 5. Cette résistance élémentaire K, répétons-nous, est celle éprouvée par 1 mètre carré de la maîtresse section de la carène à la vitesse de 1 nœud rapporté à 9 nœuds 5.

La table suivante montre les proportions des hélices qui doivent donner le maximum d'utilisation, pour des navires de différentes sortes, avec des hélices de deux, quatre ou six ailes.

CLASSE DES NAVIRES à hélices	CATÉGORIES par résistances relatives $\left(K \frac{B^2}{D^2}\right)$	HÉLICES A 2 AILES		HÉLICES A 3 AILES		HÉLICES A 6 AILES	
		Rapport du pas au Diamètre	Fraction du pas	Rapport du pas au diamètre	Fraction du pas	Rapport du pas au diamètre	Fraction du pas
	K × 5,5	1,006	0,454	1,342	0,455	1,676	0,794
	K × 5,0	1,069	0,428	1,425	0,428	1,771	0,749
	K × 4,5	1,135	0,402	1,513	0,402	1,891	0,703
Vaisseaux mixtes.	K × 4,0	1,205	0,378	1,607	0,378	2,009	0,661
Frégates mixtes.	K × 3,5	1,279	0,355	1,705	0,355	2,131	0,621
Vaisseaux à grande vitesse. . .	K × 3,0	1,357	0,334	1,810	0,334	2,262	0.585
Frégates à grande vitesse. . .	K × 2,5	1,450	0,313	1,933	0,313	2,416	0,548
Corvettes à grande vitesse. . .	K × 2,0	1,560	0,294	2,080	0,294	2,600	0,515
Avisos à grande vitesse. . . .	K × 1,5	1,682	0,275	2,243	0,275	2,804	0,481

D'après ce tableau, on voit que la fraction du pas varie en raison inverse du rapport du pas au diamètre ; d'où il suit que la longueur de l'hélice, dans la direction de l'axe, varie en proportion de son diamètre, et, qu'avec le même diamètre, mais une résistance relative variable, la longueur de l'hélice, dans la direction de l'axe, restera toujours à environ 0,15 du diamètre. Il paraît que les hélices à quatre ailes doivent avoir des pas d'un quart plus grands que celles à deux ailes, et les hélices à six ailes des pas d'environ un quart plus grands que celles à quatre ; mais celles à six ailes ont un surcroît de trois quarts dans la fraction du pas. Si elles ont un grand diamètre et un long pas, elles paraissent avoir une plus grande utilisation que celles à quatre ailes ; mais ce résultat est renversé si le pas est réduit, ou le diamètre diminué. La résistance directe, occasionnée par les arêtes coupantes, est plus grande dans le cas des ailes nombreuses, et cette influence est plus sensible quand le recul est petit.

2° *Couple élémentaire de rotation.* — Le couple élémentaire de rotation, ou, en d'autres termes, la puissance nécessaire pour produire une révolution par seconde, dépend du nombre d'ailes, et, qu'à égal nombre d'ailes, il doit croître avec la résistance, ainsi qu'avec le diamètre, la fraction de pas et le pas. Ce couple ne varie que peu avec les changements de résistance, et, d'après les expériences du *Pélican,* il n'augmente pas beaucoup plus que 12,5 0/0, avec une différence de 50 0/0 dans la résistance du navire.

Dans le cas d'un navire semblable au *Pélican,* tant pour le corps du bâtiment que pour l'hélice, mais d'une dimension plus grande ou plus petite, et où les vitesses prises pour comparaisons sont comme les racines carrées des dimensions linéaires des bâtiments respectifs, la valeur du couple élémentaire de rotation variera comme la puissance cinquième des dimensions linéaires de la carène ou de l'hélice.

3° *Recul.* — Le recul augmente avec la vitesse absolue du navire. (Par l'expression *vitesse absolue du navire,* on entend celle par rapport à la terre, déterminée en divisant la longueur de chaque parcours par le temps qu'il a duré). Le recul augmente aussi avec le pas, les autres éléments restant constants ; il augmente avec la résistance relative. Pour un même diamètre et un même pas, il varie en sens inverse de la fraction de pas : cette variation n'est plus appréciable quand on arrive à la fraction de 0,75.

Les expériences ont montré qu'entre les fractions de 0,30 et 0,75 du pas, ou trois dixièmes et trois quarts du pas complet de l'hélice, il y a une différence de recul de 0,5 ou 0,6 dans le cas d'hélices d'un pas de 4^m,285; cette différence diminue aussi bien avec des hélices d'un pas plus petit, qu'avec celles qui en ont un plus grand. En diminuant progressivement la fraction du pas au-dessous de 0,30, le recul sera augmenté de plus en plus.

Quand le reste demeure constant, le nombre d'ailes semble avoir une influence sur le recul, et, dans les limites des essais, quatre ailes paraissent supérieures à deux, la différence s'atténuant à mesure que le pas est plus petit.

4° *Directrice courbe* ou *pas croissant.* — Dans leurs expériences du *Pélican,* MM. Bourgois et Moll déterminèrent l'influence de la directrice courbe ou pas croissant. Ils trouvèrent que cette direction courbe, avec une courbure établie sur le premier quart de l'aile, de manière à attaquer l'eau sans choc, était constamment avantageuse, et conduisait à une supériorité d'utilisation d'environ 5 pour 100.

Expériences de l'Elorn (¹). — En 1858, 1859, 1860, MM. Guède et Jay, ingénieurs de la marine, essayèrent sur l'*Elorn,* petit remorqueur aux formes extrêmement remarquables, de nombreuses hélices ayant toutes 1^m,80 de diamètre, et ne variant que par les autres éléments. Dans ces essais, il fut fait usage de dynamomètres Taurines, dont les indications conduisirent les expérimentateurs à

1. Bienaymé. — *Les Machines Marines.*

admettre, pour la résistance de l'*Elorn*, la loi $R = KB^2V^{2,66}$. (Des dynamomètres Taurines, appliqués au *Primauguet*, en 1856, donnèrent $R = KB^2V^{2,60}$).

1° *Utilisation*. — Établie non pas avec KB^2V^2, mais avec le rapport du travail de la poussée au travail sur l'arbre, elle croît avec la vitesse; elle décroît quand le pas augmente. A égalité de vitesse et de pas, elle varie avec le nombre d'ailes en donnant son maximum pour l'hélice à trois ailes, de pas = 1m,80, et de diamètre = 1m,80. L'hélice à deux ailes et celle à quatre ailes seraient sensiblement équivalentes pour les grandes vitesses de l'*Elorn* (10 nœuds), autrement la seconde serait généralement supérieure. Les plus grandes utilisations trouvées ont été d'environ 0,85. Le tableau suivant donne les utilisations trouvées sur l'*Elorn*.

Tableau des utilisations obtenues sur « l'Elorn » avec des hélices ayant toutes 1m,80 de diamètre.

NOMBRE d'ailes des hélices et vitesses		$\frac{P}{D} = 2{,}00$	$\frac{P}{D} = 1{,}75$	$\frac{P}{D} = 1{,}50$	$\frac{P}{D} = 1{,}25$	$\frac{P}{D} = 1{,}00$
6 ailes. . .	V = 5 mèt.	0,6291	0,6559	0,6870	0,7228	0,7641
	4	0,6063	0,6362	0,6603	0,6939	0,7399
	3	0,5534	0,5753	0,6004	0,6295	0,6633
5 ailes. . .	V = 5 mèt.	0,6943	0,7184	0,7482	0,7782	0,8148
	4	0,6677	0,6879	0,7156	0,7427	0,7763
	3	0,6052	0,6227	0,6459	0,6691	0,6975
4 ailes. . .	V = 5 mèt.	0,7346	0,7565	0,7819	0,8111	0,8444
	4	0,7011	0,7211	0,7439	0,7703	0,8003
	3	0,6316	0,6490	0,6680	0,6900	0,7151
3 ailes. . .	V = 5 mèt.	0,7489	0,7658	0,7942	0,8216	0,8535
	4	0,7135	0,7277	0,7536	0,7782	0,8063
	3	0,6437	0,6552	0.6772	0,6975	0,7207
2 ailes. . .	V = 5 mèt.	0,7401	0,7606	0,7875	0,8116	0,8429
	4	0,7020	0,7205	0,7417	0,7660	0,7941
	3	0,6304	0,6455	0,6626	0,6827	0.7051
2 ailes doubles. .	V = 5 mèt.	0,6710	0,692	0,716	0,7420	0,773
	4	0,6390	0.658	0,679	0,704	0,731
	3	0,5740	0,590	0,608	0,628	0,651
2 ailes triples. . .	V = 5 mèt.	0,6278	0,6485	0,6722	0,5991	0,7293
	4	0,5977	0,6165	0,6379	0,6620	0,6900
	3	0,5264	0,5525	0,5702	0,5903	0,6214

Dans ce tableau, P est le pas et D le diamètre des hélices ; V est la vitesse en mètres par seconde.

2° *Recul.* — Le recul augmente avec le pas sans avoir de maximum; il augmente avec la vitesse; il varie avec le nombre d'ailes, et a, sous ce rapport, un minimum variable comme il suit, avec le pas et la vitesse :

VITESSE	PAS	POSITION DU MINIMUM
5^m	$3^m,6$	entre 4 et 5 ailes
5	1 ,8	entre 5 et 6 ailes
4	3 ,6	entre 4 et 5 ailes
4	1 ,8	au-delà de 6 ailes

Le recul est moindre, à égale vitesse, pour l'hélice à deux ailes simples; il est pour les ailes triples plus grand que pour toutes les autres dispositions d'hélice.

3° *Avance par tour.* — L'avance croît avec le pas sans lui être proportionnelle ; elle diminue quand la vitesse augmente; elle croît avec le nombre d'ailes jusqu'à un maximum variable avec le nombre d'ailes, et qui est dans les environs de cinq ailes.

4° *Nombre d'ailes.* — Quatre ailes ont une supériorité particulière comme fournissant un effort de poussée et un couple de rotation beaucoup plus constant, et comme fatiguant, en conséquence, beaucoup moins l'arrière du navire.

Expériences du Borysthène. — De 1858 à 1862, la Compagnie des Messageries maritimes a fait sur un de ses paquebots, le *Borysthène*, des essais d'hélices dont nous allons résumer les principaux résultats obtenus.

Le *Borysthène* était un navire de 69 mètres de long, $10^m,24$ de large et $6^m,83$ de creux. Son déplacement en charge était de 2.850 tonneaux, et la surface immergée au maître-couple 34 mètres carrés. En service courant, ce navire développait 600 chevaux de 75 kilogrammètres, pour 32 tours de machine, et 68 tours d'hélice. La vitesse moyenne était de 10 nœuds 5.

Les expériences furent dirigées par le commandant du *Borysthène*, M. le lieutenant de vaisseau Flambeau, ancien aide-de-camp de l'amiral Pâris.

Un type d'hélice était essayé à chaque voyage.

La première hélice employée fut une hélice à trois ailes échancrées (fig. 39), d'un diamètre de $4^m,500$ et de $4^m,600$ de pas. Cette hélice se montra peu sensible, dans son action, aux accroissements de résistance, et permit à la machine de donner à très peu près le même nombre de tours par minute, c'est-à-dire, qu'avec vent et mer debout, ou vent et mer favorables, la machine a conservé, avec une très faible différence, sa vitesse normale. Par contre, elle a l'inconvénient de donner de fortes trépidations à l'arrière. De plus, lorsque la machine est stoppée, le navire gouverne mal, probablement à cause du nombre impair de ses ailes.

La deuxième hélice essayée était à trois ailes ordinaires (fig. 40), d'un diamètre de $3^m,700$, et $5^m,55$ de pas. Elle a été très sensible aux accroissements de résistance; avec une bonne brise debout, la machine tombe de 39 à 32 tours par minute, et ses irrégularités dans la rotation sont très grandes.

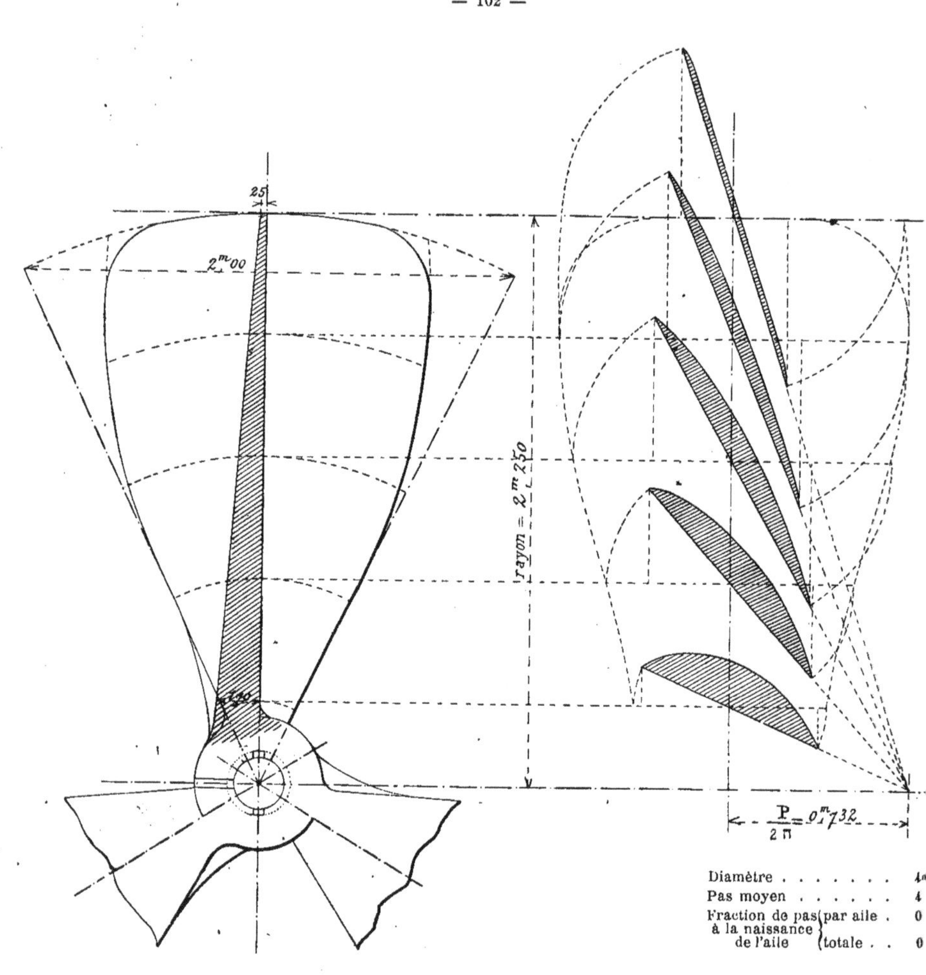

Fig. 39. — Hélice en fonte à ailes échancrées. Echelle 0,05

A l'inverse de la première hélice, on a été obligé de ralentir la machine à cause de sa fatigue. Les trépidations sont très fortes et sont accompagnées d'ébranlements dans la mâture et dans le navire.

Avec calme, le recul a été de 0,13. Il est de 0,26 à 0,30 avec bonne brise, monte à 0,40 avec vent frais et à 0,50 avec vent bon frais à rafales. Avec grosse mer le recul est monté jusqu'à 0,84.

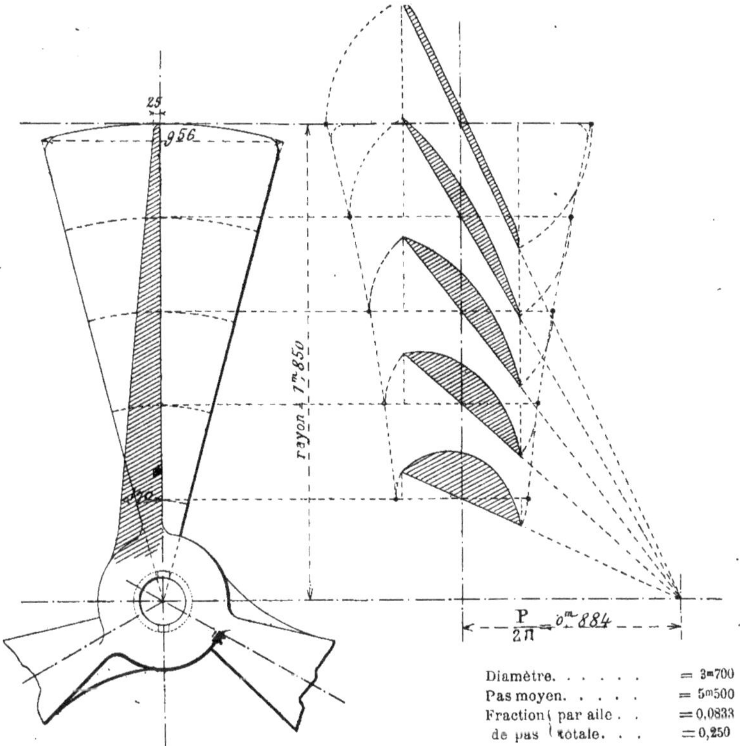

Fig. 40. — Hélice en fonte à 3 ailes ordinaires. Echelle 0,05

On peut établir le parallèle suivant entre les vitesses obtenues avec les hélices 1 et 2, avec différents vents contraires de plus en plus frais, et en admettant que la machine développe son maximum de force :

Hélice n° 1. . . .	9 nœuds	7 nœuds 5	6 nœuds 5
Hélice n° 2. . . .	8 —	6 —	4 —

Comme l'hélice 1, la deuxième hélice a l'inconvénient de contrarier l'action du gouvernail lorsque là machine est stoppée; mais sa surface étant plus petite, son action se fait moins sentir.

La troisième hélice essayée était à 6 ailes, en bronze, forme ailes de moulin à vent; le diamètre

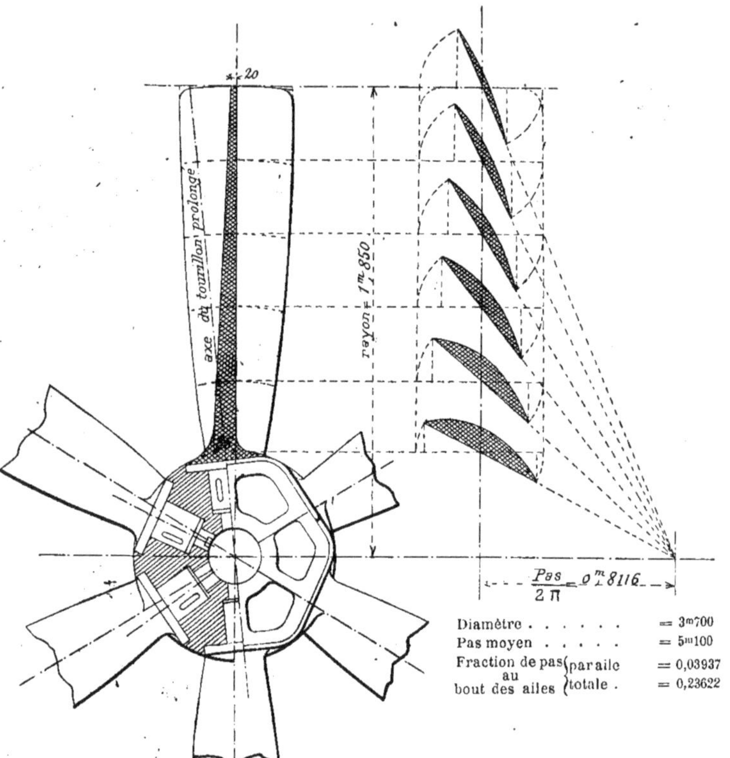

Fig. 41. — Hélice en bronze à 6 ailes (Forme ailes de moulin à vent). Echelle 0,05

était de 3m,700 et le pas moyen 5m,100 (fig. 41). Cette hélice quoique sensible aux accroissements de résistance, ne fatigue pas plus la machine que la première ; elle donne moins de vitesse que cette dernière avec grosse mer debout, mais avec calme et vent arrière elle gagne énormément en vitesse. Elle ne gène en rien l'action du gouvernail quand la machine est stoppée.

Les trépidations à l'arrière sont très faibles, sans ébranlements sensibles ni dans la mâture, ni dans le navire. Avec vent et mer debout, à deux ris environ, la vitesse du navire a été de 4 nœuds 8 : l'hélice 1 aurait donné 6 nœuds 5 dans les mêmes conditions de temps, et en développant une force en chevaux beaucoup moindre.

Les utilisations $\frac{B^2 V^3}{F}$ seraient dans le rapport de 1 à 3 et les reculs dans celui de 0,515 à 0,26.

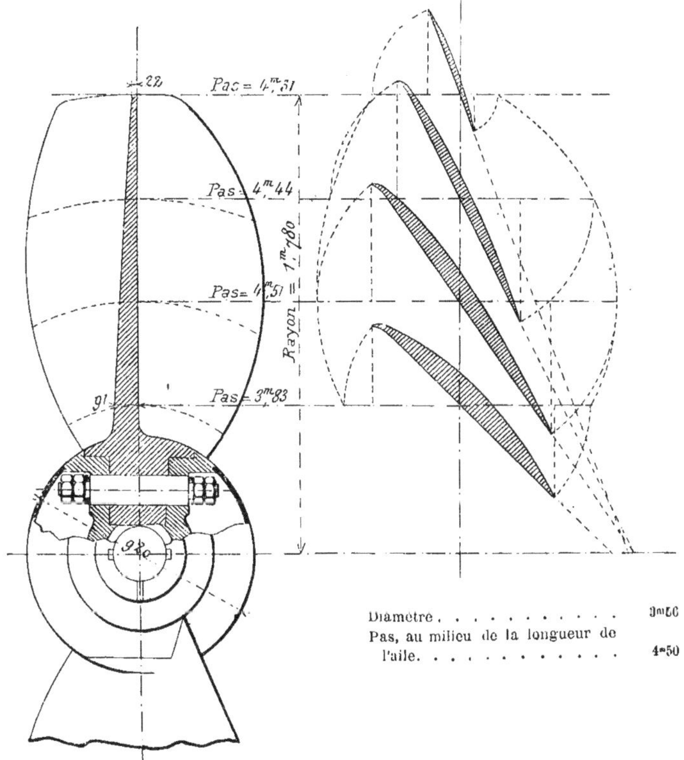

Fig. 42. — Hélice en fonte à 2 ailes (système Griffith). Échelle 0,05

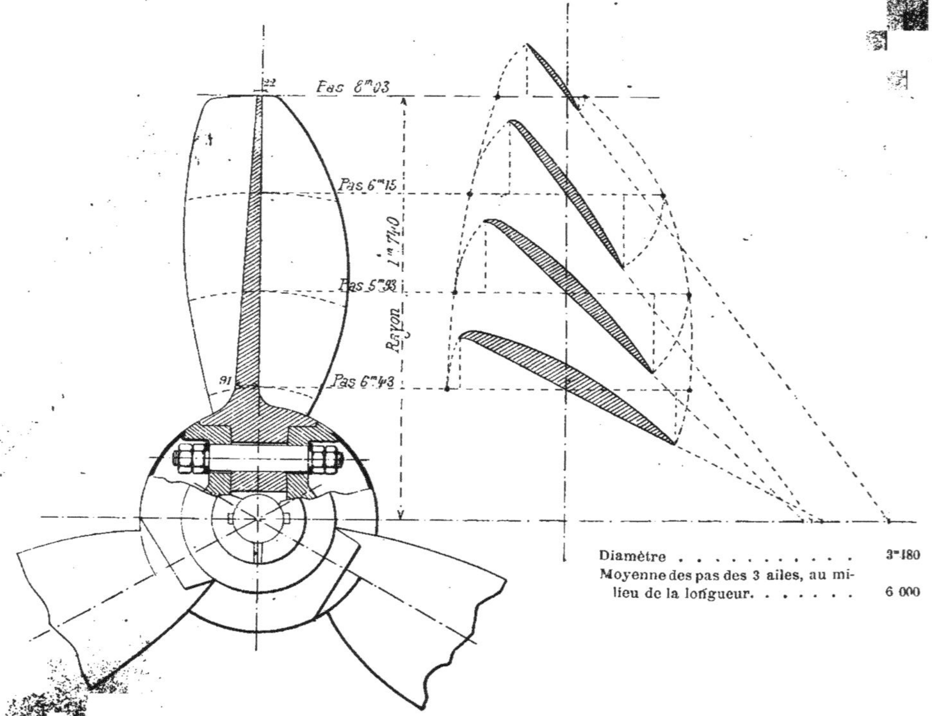

Diamètre	3m180
Moyenne des pas des 3 ailes, au milieu de la longueur.	6 000

Fig. 43. — Hélice en fonte à 3 ailes (système Griffith). Échelle 0,05

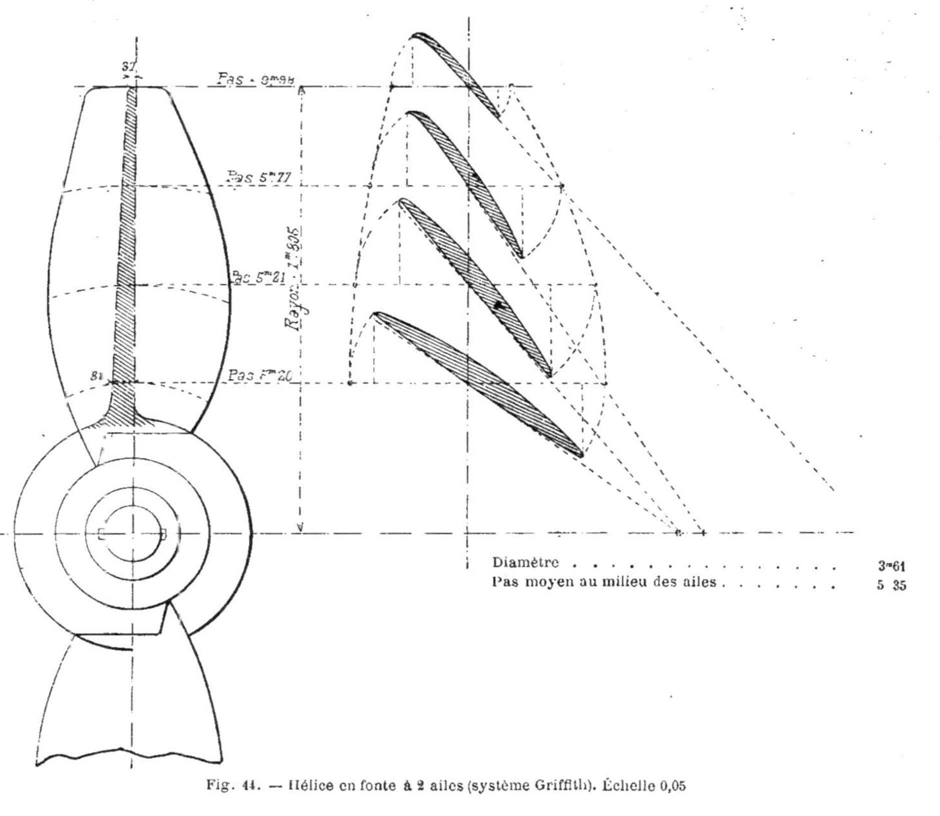

Diamètre 3m61
Pas moyen au milieu des ailes 5 35

Fig. 44. — Hélice en fonte à 2 ailes (système Griffith). Échelle 0,05

La quatrième hélice mise en place, était une hélice à deux ailes, du système Griffith, à pas variable sur la longueur de l'aile dans le sens du rayon, avec bout légèrement recourbé du côté de l'arête de sortie (fig. 42).

Cette hélice a permis à la machine de donner en calme 41 tours par minute, au lieu des 30 ou 31 d'ordinaire. Les trépidations à l'arrière étaient tout à fait particulières et n'avaient rien de commun avec les mouvements des autres hélices : c'est un effet de godille très prononcé, et, dans le tangage, les arbres sont secoués dans toute leur longueur et dans un sens presque horizontal. Ces secousses paraissant dangereuses, on a pensé y remédier en portant le pas de $4^m,50$ à $5^m,10$, au moyen d'un tournement des ailes avec un nouveau clavetage.

Cette nouvelle disposition a eu pour l'effet d'augmenter d'environ un demi-nœud la vitesse du navire ; mais le recul a également augmenté considérablement et les trépidations n'ont pas sensiblement diminué. Ces résultats n'ayant pas paru satisfaisants, on a encore augmenté le pas et porté à $5^m,80$.

Par suite de cette modification, la vitesse de la machine est tombée à 32 tours par minute et le recul a encore augmenté beaucoup, avec une vitesse moindre que celle de l'hélice précédente. La consommation de charbon est trop forte relativement aux résultats obtenus avec les premières hélices essayées. Les trépidations persistent et conservent toujours l'effet de godille très prononcé.

Avec bonne brise et une houle un peu vive presque debout, on a été obligé de ralentir la machine jusqu'à 26 tours.

La cinquième hélice essayée était du même système que la précédente, mais à trois ailes (fig. 43). Son diamètre est de $3^m,48$ et son pas moyen 6 mètres.

Les trépidations sont demeurées les mêmes, mais le mouvement de godille n'existe plus que faiblement, et n'a rien d'inquiétant pour la machine.

Avec un petit vent debout, le navire perd énormément de sa vitesse, et la marche de la machine devient très irrégulière pour le moindre tangage.

A cause du nombre impair de ses ailes, cette hélice fait mal gouverner le navire, la machine étant stoppée.

La sixième hélice est de toutes les hélices Griffith essayées, celle qui paraît la meilleure. Elle est à deux ailes, avec $3^m,61$ de diamètre et $5^m,35$ de pas moyen (fig. 44).

Elle a produit de faibles trépidations et n'a donné aucun ébranlement au navire, ni à la mâture. Quoique à deux branches, elle ne fait plus ressentir l'effet de godille remarqué sur la première hélice de ce système.

Cette particularité est d'autant plus inexplicable, que cette hélice ne diffère des premières Griffith que par un diamètre un peu plus grand, et ses ailes un peu plus recourbées à l'arête de sortie, de manière à former une sorte de poche.

Le navire gouverne bien lorsque la machine est stoppée. Dans la marche en arrière, cette hélice conserve presque sa vitesse normale de rotation ; mais elle est assez sensible aux accroissements de résistance, et avec du tangage il n'y a plus de régularité dans sa marche.

Quoique supérieure sous tous les rapports aux autres hélices du même système essayées, cette dernière hélice perd énormément de sa vitesse lorsque la brise vient debout, surtout si elle est un peu fraîche; pour un ralentissement de deux tours de machine, le navire perd 2 nœuds de sa vitesse.

La septième hélice essayée était semblable à la deuxième, même diamètre, même pas et même fraction de pas totale; mais elle avait quatre ailes au lieu de trois. Elle s'est montrée peu sensible aux changements de résistance, et a donné par calme 10 nœuds 5 de vitesse au minimum. Les trépidations sont faibles, sans ébranlement dans la mâture ni dans le navire. Ce dernier gouverne parfaitement lorsque la machine est stoppée.

Cette hélice, supérieure aux Griffith essayées à bord du *Borysthène*, est préférable au numéro 2 qui lui est identique comme forme. Celle-ci n'avait pas permis au navire de venir directement d'Alger à Marseille, comme on l'a fait avec l'hélice numéro 7, qui a tenu parfaitement la cape, quoique avec un recul énorme de 0,88. On peut donc conclure que 4 ailes valent mieux que 3.

Dans la comparaison de différentes hélices pour la marche en arrière, les vitesses du navire sont en raison inverse des épaisseurs des ailes; c'est-à-dire, que plus les ailes sont fortes et arrondies, plus la vitesse du bâtiment diminue, même avec une force développée plus grande.

Cette hélice, comme toutes celles à petit diamètre et à petite surface, perd beaucoup de son action sur la vitesse du bâtiment, lorsque la carène est sale.

La huitième hélice était du même type que la troisième, forme ailes de moulin à vent, même diamètre et même pas ; mais 8 ailes au lieu de 6. Ces deux hélices ont donné, en calme, à peu près les mêmes résultats. Elles impriment toutes les deux des vitesses égales au navire et à la machine ; mais il y a dans les forces développées, un désavantage de 7 à 8 chevaux de l'hélice à 8 ailes sur celle à 6 ailes. Les trépidations sont presque nulles.

Cette hélice s'est bien comportée avec une grosse mer; la machine a conservé une vitesse de 27 tours, en donnant 0,40 de recul au bâtiment, avec un vent grand frais, qui lui a permis de filer 5 nœuds 8. L'hélice numéro 2, étant dans les mêmes conditions de temps que cette dernière, approcherait de la cape, et les Griffith auraient sans doute forcé de virer de bord.

Ce type est, en résumé, intermédiaire entre le numéro 1 et le numéro 3, et, d'après les résultats obtenus, paraît être supérieur, avec belle ou grosse mer, à toutes les autres hélices essayées à bord du *Borysthène*.

Après les essais précédents, on a réduit l'hélice à 4 ailes, au lieu de 8, et l'on a constaté alors, qu'avec cette disposition les trépidations étaient plus fortes et ressemblaient aux ébranlements d'un wagon; la machine conserve toujours une marche régulière, mais la vitesse qui monte à 36 coups de piston par minute avec calme ou brise favorable, est trop forte, et porte la dépense en chevaux de 580 à 680, pour une vitesse du navire très peu supérieure à celle due à l'hélice à 8 ailes.

Le recul est presque triple de celui de la huitième hélice, par calme, quoique son utilisation lui soit un peu supérieure; elle donne 6 % de bénéfice en marchant à 10 nœuds au lieu de 11. Elle est très sensible à l'augmentation de résistance, et son recul augmente d'un $\frac{1}{6}$ en moyenne, en marchant alternativement avec vent arrière et vent debout, sans mer et jolie brise.

On a pu conclure, des essais faits sur le *Borysthène* avec des hélices de divers systèmes, que c'est l'hélice à huit ailes, forme ailes de moulin à vent, qui a donné les meilleurs résultats; mais il est fort probable qu'en adoptant une hélice semblable, mais à quatre ailes seulement, ayant même surface d'ailes et même fraction de pas totale, on serait arrivé à un même résultat, tout en diminuant les chances d'avaries qui se produisent fréquemment avec un trop grand nombre d'ailes.

EFFETS COMPARATIFS DE L'HÉLICE ET DE L'AUBE EMPLOYÉES COMME PROPULSEURS (1)

L'efficacité comparative de l'hélice et de l'aube, employées comme propulseurs, a été recherchée dans une série d'expériences exécutées en Angleterre, en 1840, sur les navires *Archimède* et *Widgeon*; en 1845, sur le *Rattler* et l'*Alecto*; et en 1849, sur le *Niger* et le *Basilisk*. L'*Archimède*, le *Rattler* et le *Niger* étaient à hélice; le *Widgeon*, l'*Alecto* et le *Basilisk* étaient à roues.

La différence des dimensions des deux premiers navires n'a pas permis de tirer, des expériences faites, des résultats précis.

Les autres navires furent construits dans le but spécial d'éclaircir cette question, et les résultats obtenus furent les suivants:

EXPÉRIENCES DU « RATTLER » ET DE « L'ALECTO »

Ces deux navires, de 50 mètres environ de longueur, avaient tous les deux une surface immergée au maître-couple de $26^{m^2},17$, et une force de machine de 200 chevaux. Le *Rattler* avait un tonnage de 900 tonnes et l'*Alecto* de 810. Leurs formes étaient sensiblement pareilles. Le tirant d'eau, au moment de l'expérience, était de $3^m,76$ sur le *Rattler*, et de $3^m,75$ sur l'*Alecto*. L'hélice du *Rattler* avait $3^m,05$ de diamètre, $3^m,36$ de pas, et $0^m,381$ de long; elle était à deux ailes.

Il a été exécuté douze expériences, dans les eaux de Yarmouth.

La première expérience fut faite avec la vapeur seule, par mer calme.

La vitesse moyenne obtenue par le *Rattler* fut de 9 nœuds 2, celle de l'*Alecto*, de 8,8. Le recul de l'hélice fut de 10 0/0; la puissance réelle, d'après l'indicateur, était de 335 chevaux pour le *Rattler* et 281 pour l'*Alecto*. La poussée de l'arbre de l'hélice était de 3.955 kilogrammes. La puissance en chevaux de l'arbre, obtenue en multipliant sa poussée en kilogrammes par l'espace parcouru par le navire en mètres par seconde, et divisée par 75, était de 248 chevaux. Cela donne, pour le rapport de la force développée de l'arbre à celle de la machine, 1 à 1,3.

La 2e expérience fut exécutée avec l'action simultanée des voiles et de la vapeur, avec une belle mer. Le *Rattler* obtint 11 nœuds 9 et l'*Alecto* 11 nœuds 2.

La 3e expérience fut faite avec la vapeur seule, contre une forte brise debout et grosse mer. La vitesse obtenue par le *Rattler* fût de 7 nœuds 5 et celle de l'*Alecto* 7 nœuds.

1. Amiral Paris. — *Traité de l'hélice propulsive.* — 1855.

Les 4e, 5e et 6e essais furent exécutés à la voile.

La 7e expérience fut faite à la vapeur seule, mais avec le *Rattler* remorquant l'*Alecto,* dont les pales étaient démontées. La mer était belle. La vitesse imprimée à l'*Alecto*, mesurée au loch, était d'environ 7 nœuds. La puissance réelle développée par le *Rattler* était de 352 chevaux, la poussée moyenne de l'arbre était de 4.659 kilogrammes ; la puissance de l'arbre, 223 chevaux, et son rapport à celle de la machine, 1 à 1,5 : le recul de l'hélice, 33,6 0/0.

Dans la 8e expérience, l'*Alecto*, avec sa vapeur seule, fut mis à remorquer le *Rattler*, dont l'hélice à deux branches avait été mise verticale dans le plan des étambots. La vitesse imprimée au *Rattler* fut d'un peu moins de 6 nœuds, au loch. Ainsi, en remorquant, le *Rattler* avait un avantage d'un nœud, mais sa machine développait beaucoup plus de force que celle de l'*Alecto*.

Dans la 9e expérience les deux navires furent amarrés par l'arrière l'un à l'autre, et les deux machines furent mises en mouvement. Il fut permis à l'*Alecto* de mettre en marche le premier et de remorquer le *Rattler* par l'arrière jusqu'à ce que la vitesse fût de 2 nœuds ; à ce moment, ce dernier mit en marche, et cinq minutes après, il arrêta son mouvement en arrière, s'avança graduellement et remorqua l'*Alecto* contre toute la force de sa machine, avec une vitesse de 2 nœuds 8 par heure. La puissance développée par le *Rattler* dans ces expériences était de 300 chevaux et celle de l'*Alecto* de 141 chevaux, c'est-à-dire moins de la moitié de la précédente ; la poussée moyenne était de 4.766 kilogrammes, la force de l'arbre 90 chevaux, le rapport à celle de la machine, 1 à 3,3, et le recul, 66 0/0.

Ces expériences de remorquage montrent un des principaux défauts de l'hélice, c'est sa tendance à conserver une vitesse uniforme avec des résistances très différentes ; et, comme le navire ne marche pas avec la même vitesse, quand l'obstacle qui lui est opposé est augmenté, il y a beaucoup de recul, puisque alors le propulseur conserve à peu près la même vitesse, et, de la sorte, la force et le charbon sont inutilement consommés.

Lorsque avec l'hélice le navire éprouve une résistance quelconque, la perte par le recul est beaucoup plus grande qu'avec les roues, et, dans cette expérience particulière, l'hélice perd plus de force par le recul que la roue n'en emploie en tout ; car si, de la puissance réelle 300 chevaux, de l'indicateur, on retranche la puissance de l'arbre, 90 chevaux, on a 210 chevaux pour la puissance consommée par le recul seul et le frottement à bord du *Rattler*, tandis que la force totale développée par l'*Alecto* n'est que de 141 chevaux.

Les 10e, 11e et 12e expériences exécutées avec la vapeur, dans diverses conditions de vent et de mer, donnèrent l'avantage de la vitesse au *Rattler*.

Comme conclusion, on a remarqué que dans toutes ces expériences le *Rattler* développait beaucoup plus de force que l'*Alecto*, et la différence devenait plus grande quand ils étaient employés à remorquer, et lorsqu'ils luttaient contre des vents contraires. Avec la vapeur seule et sans vent, ou avec les deux modes réunis (voile et vapeur), les deux propulseurs semblent aussi efficaces pour la même dépense de force ; mais, dans les cas des remorques ou des vents debout, ces expériences montrent que les aubes utilisent beaucoup mieux la force développée.

Cependant il y a un objet important non décidé par ces expériences, c'est la bonté relative de la roue et de l'hélice avec des immersions profondes, légères et moyennes.

Cette question a été déterminée d'une manière favorable par les expériences du *Niger* et du *Basilisk*.

EXPÉRIENCES DU « NIGER » ET DU « BASILISK »

Le *Niger* était un navire à hélice de 1.089 tonneaux. La longueur entre perpendiculaires était de 59^{m},17, la largeur 10^{m},57, le tirant d'eau moyen 4^{m},73, la surface immergée du maître-couple 39^{m2},58. Le diamètre de l'hélice était de 3^{m},812, le pas 5^{m},288, la longueur (fraction de pas) 0^{m},762. La puissance nominale de la machine 400 chevaux.

Le *Basilisk* était un navire à roues, construit sur les mêmes lignes que le *Niger*, ayant la même force nominale, mais environ 1^{m2},39 de moins de surface immergée au maître-couple qu'à bord du *Niger*. Le diamètre des roues à aubes du *Basilisk* était de 6^{m},735, la longueur des aubes 2^{m},897, leur largeur 0^{m},665, et l'immersion de la roue est de 1^{m},423, quand le navire tire 4^{m},727.

Pendant les essais du *Niger*, les aubes ont été rentrées jusqu'à ce que le diamètre effectif de la roue fût réduit à 6^{m},405.

Ces deux navires ont fait de nombreuses expériences, en 1849, pour déterminer les qualités relatives de l'hélice et de la roue à aubes employées comme propulseurs. La puissance exercée par les machines a été soigneusement déterminée par l'indicateur.

On essaya de trois manières : la première avec la vapeur seule, la deuxième avec la voile et la vapeur, et la troisième avec la voile seule. Chacune fut divisée en trois classes secondaires : la première avec une profonde immersion, la deuxième avec un tirant d'eau moyen, et la troisième étant très lège.

Les conclusions de ces expériences, qui s'élevèrent au nombre de trente trois, furent les suivantes :

Quand les navires ont été essayés avec la vapeur seule, avec une profonde immersion et leur plus grande vitesse, le *Basilisk* avait dans tous les cas, sauf un seul, un avantage de vitesse de 1,6 à 12,4 0/0 ; mais en même temps il développait la plus grande puissance, et si la vitesse était réduite à ce qu'elle eût été avec la même quantité de force à bord des deux navires, on trouverait que le *Niger* aurait un avantage de 0,5 à 3,1 0/0 de la vitesse totale.

Quand ces navires, toujours sous vapeur seule, furent essayés avec une immersion moyenne et à leur plus grande vitesse, le *Basilisk* eut un avantage en vitesse de 3,3 à 3,4 0/0. Mais pendant ce temps il développait plus de force que l'autre, et si la vitesse fût réduite à ce qu'elle eût été s'il n'avait produit que la même force, il aurait encore un avantage de 1,4 à 2,1 0/0 sur le *Niger*.

Quand les deux navires, avec la vapeur seule, furent essayés avec peu d'immersion et à leur plus grande vitesse, le *Basilisk* avait un avantage de vitesse de 7,5 0/0, mais en même temps, il faisait plus de force que le *Niger*; et si sa vitesse avait été réduite à celle qui eût répondu à la même puissance développée dans les deux navires, le *Basilisk* aurait conservé encore un avantage de 4,7 0/0 de la vitesse totale.

Il paraît, d'après cela, que sur des navires semblables, employant la même quantité de force, et marchant à toute vitesse, l'hélice est le propulseur le plus avantageux, dans le cas d'une profonde immersion (excepté quand les roues sont à pales articulées), et les aubes dans ceux d'une immersion moyenne et d'un faible tirant d'eau.

La vitesse de chaque navire était d'environ 10 nœuds. Le recul moyen de l'hélice du *Niger* était d'un peu plus de 24 0/0.

Lorsque les deux navires furent amarrés l'un à l'autre par l'arrière, et que les machines furent mises en action, le *Niger* remorqua le *Basilisk* par l'arrière contre toute la force de sa machine avec une vitesse de 1 nœud 446 par heure. Mais, pendant ce temps, la vitesse de la machine du *Basilisk* était réduite ainsi que sa puissance, et l'hélice exerçait 188 chevaux de force de plus.

Dans un autre essai, où le *Niger* traîna le *Basilisk* avec une vitesse de 1 mille 1 par heure, sa machine faisait une force réelle de 530 chevaux, et celle du *Basilisk*, par suite de la réduction de vitesse, ne faisait que 342 chevaux. La machine du *Niger* faisait 52 tours 6 par minute, tandis que celle du *Basilisk* n'en faisait que 7,5 dans le même espace de temps, ce qui était à peu près la moitié de sa vitesse habituelle.

Dans un essai, le *Niger* remorqua le *Basilisk* avec une vitesse de 5 nœuds 63 avec une force effective de 594 chevaux, la machine faisant 60 tours 5 par minute, tandis que le *Basilisk* remorquait le *Niger* avec 6 nœuds par heure, en faisant 572 chevaux de force effective, et ne donnant que 13 coups 8 de piston par minute. Il en résulte que la machine de l'hélice exerçait environ 22 chevaux de force de plus que la machine à roues, et cependant son navire n'obtenait que la plus petite marche.

Pendant ces expériences, il fut trouvé que le *Niger* consommait en moyenne un tiers de plus de charbon que le *Basilisk* pour produire la même puissance de machine; mais cela n'était qu'accidentel, et provenait des imperfections des chaudières ou des machines du navire à hélice, et nullement de la nature du propulseur.

Dans les secondes séries où les navires furent poussés par l'action combinée du vent et de la machine, le *Basilisk* paraît avoir conservé des qualités à peu près égales à celles du *Niger*, mais les vents étaient trop faibles pour regarder ces résultats comme concluants.

---

12. — Détermination des éléments constitutifs de l'hélice propulsive.

Comme nous l'avons vu dans les préliminaires, il n'existe pas encore de formules mathématiques exactes permettant de déterminer théoriquement les éléments de construction d'une hélice propulsive. On est obligé d'opérer sur des formules empiriques et des considérations pratiques fournies par l'expérience, ou, par comparaison avec des hélices construites pour des navires connus, ayant donné des résultats précis.

Lorsque l'on a déterminé la force F de la machine nécessaire pour imprimer à un navire dont on connaît les dimensions et les formes, une vitesse donnée V, avec un nombre de tours calculé N, et une utilisation prévue M, suivant les indications générales développées au début de cet ouvrage, le problème, pour le propulseur héliçoïdal, consiste alors à déterminer le diamètre D, le pas P, la fraction de pas *f*, le nombre et la surface des ailes, qui permettront à cette hélice de développer la force F pour le nombre de tours N, en obtenant la meilleure utilisation possible.

C'est de la détermination pratique de ces éléments de construction de l'hélice que nous allons nous occuper.

1° *Diamètre.* — On fait le diamètre de l'hélice aussi grand que le permettent le tirant d'eau arrière du navire, la hauteur de la cage d'étambot et les formes de la carène.

On le prend généralement égal au $\frac{6}{7}$ du tirant d'eau arrière, en ayant soin de laisser, dans le cas d'une hélice dans une cage, une distance de 10 centimètres au moins, pour les grandes hélices, entre le dessus de quille, ou partie inférieure de la cage d'étambot, et la circonférence décrite par l'extrémité des ailes dans la rotation, afin d'atténuer les chocs produits par l'eau projetée en ce point par le passage des ailes.

Sur les bateaux torpilleurs, où la vitesse doit être très grande, la machine est très puissante relativement aux dimensions du navire, et le propulseur a, par suite, un diamètre considérable par rapport à la profondeur de carène. Le tirant d'eau arrière étant alors trop faible pour permettre de tenir compte des considérations ci-dessus, on renvoie la cage d'étambot vers le bas, et on la raccorde avec la quille par une courbe allongée.

Lorsque l'on peut, on doit immerger l'hélice le plus possible, afin de la faire travailler dans une eau plus résistante et de la mieux protéger. Dans la position verticale de l'aile, l'extrémité supérieure ne doit jamais être immergée à moins de $\frac{1}{6}$ à $\frac{1}{7}$ du diamètre de l'hélice.

Toutes ces considérations sont un peu subordonnées pourtant aux autres éléments de l'hélice. Si l'on est amené, par exemple, avec ces données, à une fraction de pas trop faible ou trop forte, et à un pas donnant un recul trop considérable, on peut être obligé de modifier le diamètre dans un sens peu conforme aux indications ci-dessus. Ces dernières visent la majeure partie des cas.

2° *Pas.* — Le pas a comme valeur moyenne, *grosso modo*, 1,2 à 1,5 du diamètre de l'hélice.

Le pas est fonction des dimensions ou de la puissance de la machine et de la vitesse du navire. Il doit se déterminer d'après le nombre de tours possible du moteur et le recul présumé du propulseur, basés sur les résultats d'un navire analogue connu, pris comme terme de comparaison, ou d'après un coefficient d'utilisation déterminé par l'expérience.

Il s'ensuit que tous ces éléments sont dépendants les uns des autres, et que ce n'est que par tâtonnements que l'on arrive à déterminer assez exactement cette dimension du propulseur.

3° *Fraction de pas.* — En pratique, la fraction de pas totale vaut en moyenne 0,25 à 0,30 du pas.

Dans la marine militaire française, la fraction de pas totale, au demi-rayon, varie de 30 à 44 %; celle à la circonférence, de 8 à 14 %, non compris l'arrondissement de l'aile opéré à l'extrémité, et qui a pour effet quelquefois d'y annuler la largeur de l'aile; au moyeu, on prend de 50 à 70 %.

4° *Nombre d'ailes.* — Les hélices se font généralement à 4 ailes, nombre consacré par la pratique. Les torpilleurs font exception à cette règle, car l'on a obtenu souvent d'excellents résultats avec les hélices à 3 ailes.

On emploie quelquefois des hélices à deux ailes doubles sur les navires qui emploient la voilure comme auxiliaire de la machine.

Les hélices à deux ailes donnent beaucoup de trépidations à l'arrière.

5° *Surface projetée des ailes.* — La surface des ailes, projetée sur un plan transversal perpendiculaire à l'axe longitudinal du navire, se proportionne à la surface du cercle circonscrit de l'hélice au diamètre D.

Cette surface comprend toutes les ailes. Elle varie, dans les grandes hélices, de 0,145 à 0,250 du cercle circonscrit. Dans les hélices de petit diamètre, elle va de 0,30 à 0,40.

RÉSUMÉ

Comme nous l'avons dit plus haut, les éléments constitutifs de l'hélice propulsive dépendent les uns des autres, et sont fonctions des dimensions de la machine. Nous allons résumer, de la manière suivante, les diverses théories et formules admises en pratique pour la détermination des dimensions de l'hélice, d'après les données de la machine :

Nombre de tours d'hélice par minute. — Le nombre de tours N de l'hélice par minute dépend à la fois de la puissance de la machine et de la résistance de l'hélice. Cette dernière résistance dépend, de son côté, des dimensions du propulseur. Si la résistance est trop grande, le nombre de tours est trop faible, et il peut arriver que la machine ne développe pas toute sa puissance et ne dépense pas toute la vapeur que lui fournissent les chaudières : par suite, le navire n'atteint pas la vitesse prévue. On amoindrit la résistance de l'hélice en diminuant son diamètre, son pas, sa fraction de pas ou sa surface d'ailes.

Si la résistance est trop faible, le nombre de tours devient trop grand, et, comme la machine ne peut pas développer plus que toute la puissance calculée, eu égard à la vapeur fournie par les chaudières dans un temps déterminé, l'hélice ne peut pas donner tout le nombre de tours possible; par suite, le recul devient trop considérable, et le navire n'atteint pas la vitesse demandée.

Le nombre de tours que doit donner la machine, d'après la vitesse que l'on veut assurer au navire, peut se déterminer comme il suit, d'après ce qui a été dit dans les préliminaires de cet ouvrage.

En effet, on a :

$$\text{Avance} = \frac{\text{vitesse en nœuds} \times 0^m5144 \times 60}{\text{nombre de tours par minute}} = \frac{V \times 0^m5144 \times 60}{N}$$

et, $N \times \text{avance} = V \times 0^m,5144 \times 60$ (1).

D'un autre côté, on a :

$$\text{Recul} = 1 - \frac{\text{Avance}}{\text{Pas}}$$

Ou : avance = pas (1 — recul).

En désignant par P le pas, on a, en substituant dans (1) cette dernière valeur de l'avance :

$$N \times P\,(1 - \text{recul}) = 0^m5144 \times 60 \times V$$

d'où :

$$N = \frac{0^m5144 \times V \times 60}{P\,(1 - \text{recul})}$$

Le recul positif d'une hélice est lié au pas. On doit le prendre égal à 0,1, si l'on n'a pas de terme de comparaison avec un navire semblable à celui que l'on étudie et dont les résultats d'essais soient connus, et pour première approximation.

Le travail résistant Tr, dû à l'action de l'hélice, est donné par la formule :

$$Tr = f' \times P \times D^4 \times n^2$$

dans laquelle f' est le coefficient de rendement du propulseur, P le pas, D le diamètre, et n le nombre de tours par seconde.

Le travail moteur Tm de la machine, ou le nombre de kilogrammètres transmis à l'arbre, est donné par la formule :

$$Tm = f \times F \times 75$$

dans laquelle f est le coefficient de rendement de la machine, et F la force en chevaux de 75 kilogrammètres.

En supposant l'égalité du travail moteur et du travail résistant, on a :

$$f \times F \times 75 = f' \times P \times D^4 \times n^3$$

ou, si l'on fait N, nombre de tours d'hélice par minute, au lieu de n, nombre de tours par seconde :

$$f \times F \times 75 = f' \times P \times D^4 \left(\frac{N}{60}\right)^3$$

d'où :

$$F = \frac{f' \times P \times D^4 \times N^3}{f \times 75 \times 60^3}$$

Dans son *Mémoire sur les Propulseurs héliçoïdaux*, M. l'ingénieur Antoine a résolu la formule ci-dessus de la manière suivante :

On peut pour abréger poser :

$$\frac{f'}{f \times 75 \times 60^3} = \frac{1}{\alpha^3}$$

α étant un coefficient à déterminer par l'expérience, on a :

$$F = \frac{1}{\alpha^3} \times P \times D^4 \times N^3$$

La quantité $P \times D^4$ est nettement définie d'après les dimensions de l'hélice. On peut, pour plus de simplicité, la représenter par une quantité telle que $\theta^3 = P \times D^4$, ou :

$$\theta = D \sqrt[3]{P \times D}$$

On arrive ainsi à représenter le nombre de tours d'hélice par minute par la formule générale :

$$N = \frac{\alpha}{\theta} \sqrt[3]{F}$$

Pour déterminer la valeur de α, M. Antoine a pris des séries d'hélices de même fraction de pas, du même nombre d'ailes, et qui ne différaient que par le rapport des pas au diamètre.

On calcule les valeurs de α, déterminées par l'expérience, d'après la relation :

$$\alpha = \frac{N \theta}{\sqrt[3]{F}}$$

Des courbes ont été tracées avec les rapports des pas au diamètre pour abscisses, et les valeurs de α pour ordonnées : ces courbes étaient simplement des lignes droites.

Des opérations analogues ont mis en évidence l'influence du nombre d'ailes E, celle de la fraction de pas h, et M. Antoine est enfin arrivé à représenter la valeur de α par la formule :

$$\alpha = 119 - 1{,}5\,E - 15\,h - 20\,\frac{P}{D}$$

pour une vitesse de 10 nœuds, et lorsqu'il s'agit de bâtiments ordinaires naviguant dans une eau relativement profonde.

La vitesse des navires exerce une grande influence sur le nombre de tours qui est obtenu aux essais. On sait, par exemple, qu'un bâtiment ne donne pas, avec la même pression dans les cylindres, le même nombre de tours, alors qu'il tourne sur place que lorsqu'il est en route libre. Sur les bâtiments à hélice, le nombre de tours ne diminue pas, il est vrai, aussi rapidement que sur les bâtiments à roues lorsque la résistance vient à augmenter, mais il est hors de doute qu'il y a cependant dans ces deux allures une différence bien sensible dans le régime de la machine. Pour mettre en évidence cette différence, et en apprécier la valeur numérique, M. Antoine a pris des séries d'essais faits avec la même hélice, mais à des vitesses différentes, et il est arrivé à représenter d'une manière générale les valeurs de α par la formule :

$$\alpha = 114 - 1{,}5\,E - 15\,h - 20\,\frac{P}{D} + \frac{\omega}{2}$$

ω étant la vitesse d'essai exprimée en nœuds à l'heure.

Avance par tour d'hélice [1]. — A chaque tour d'hélice, le bâtiment s'avance d'une quantité qui peut se déterminer d'après ce fait qu'une surface B^2, qui se meut dans l'eau avec une vitesse v, produit une quantité de travail proportionnelle à B^2v^3.

Une hélice complète aurait $\frac{\pi D^2}{4}$ pour projection sur un plan perpendiculaire à son axe. Lorsque cette surface s'avancera, dans un tour d'hélice, d'une quantité proportionnelle à son pas P, elle donnera par suite une quantité de travail qui peut se mettre sous la forme :

$$Tm = a\left(\frac{\pi D^2}{4}\right) \times n^3\,P^3$$

a étant un coefficient à déterminer par l'expérience, et n le nombre de tours d'hélice par seconde.

La quantité de travail due à la résistance d'un bâtiment, dont la surface immergée du maître-couple est B^2, et la vitesse en mètres par seconde est v, se trouve représentée par l'expression connue :

$$Tr = K\,B^2\,v^3 \qquad \text{ou } Tr = K\,B^2\,A^3\,n^3$$

en désignant par A l'avance du bâtiment par tour d'hélice.

1. Ch. Antoine. — *Calculs des propulseurs héliçoïdaux.* — Berger-Levrault et Cie, éditeurs à Paris.

En égalant le travail moteur et le travail résistant, on a :

$$a\,D^2\,P^3\,n^3 = K\,B^2\,A^3\,n^3$$

ou :

$$a\left(\frac{D^2}{KB^2}\right) \times P^3 = A^3$$

$$A = \sqrt[3]{a} \times P \times \sqrt[3]{\frac{D^2}{KB^2}} = \beta \times P \times \sqrt[3]{\frac{D^2}{KB^2}}$$

en posant $\sqrt[3]{a} = \beta$.

Des expériences faites sur des hélices, soit de même pas, soit de même fraction de pas ou du même nombre d'ailes, ont conduit à représenter les valeurs de β par les relations suivantes :

Hélice à 6 ailes ordinaires :			$\beta = 2{,}65 + 0{,}33\,h - 0{,}4\,\frac{P}{D}$
—	5	—	$\beta = 2{,}62 + 0{,}33\,h - 0{,}4\,\frac{P}{D}$
—	4	—	$\beta = 2{,}58 + 0{,}33\,h - 0{,}4\,\frac{P}{D}$
—	3	—	$\beta = 2{,}51 + 0{,}33\,h - 0{,}4\,\frac{P}{D}$
—	2	—	$\beta = 2{,}44 + 0{,}33\,h - 0{,}4\,\frac{P}{D}$
—	2 ailes doubles (Mangin) :		$\beta = 2{,}48 + 0{,}33\,h - 0{,}4\,\frac{P}{D}$

h est la fraction totale de pas.

Rendement de l'hélice. — En pratique, on évalue le rendement de l'hélice, ou coefficient de rendement f', de 0,70 à 0,75 du travail que lui transmet l'arbre de la machine. D'autre part, le rendement du moteur, ou coefficient de rendement f, vaut 0,75 à 0,80 de la puissance développée sur les pistons. Le travail utilisé par le propulseur n'est donc que $0{,}75 \times 0{,}80 = 0{,}60$ au maximum du travail moteur.

Ces valeurs approximatives de f et f' permettront, de prime abord, de déterminer la force de la machine par la formule donnée plus haut :

$$F = \frac{f' \times P \times D^4 \times N^3}{f \times 75 \times 60^3}$$

lorsqu'on pourra être à peu près fixé sur le nombre de tours et les dimensions du propulseur.

Une formule empirique, pour déterminer la force F de la machine, est la suivante :

$$F = \varepsilon \times N^3 \times P^2 \times h^{\frac{1}{2}} \times D^3$$

dans laquelle N est le nombre de tours par minute, P le pas, h la fraction de pas, et D le diamètre de l'hélice. ε est un coefficient qui dépend de *la résistance relative de l'hélice,* c'est-à-dire du rapport de la surface du maître-couple au carré du diamètre du propulseur (voir page 97), ou :

$$\varepsilon = K \frac{B^2}{D^2}$$

K est le coefficient de résistance de la carène.

M. Moll a établi les formules suivantes pour la détermination de la force F de la machine et de la fraction de pas h :

$$F = A \times (B^2)^{\frac{1}{3}} \times D^{\frac{7}{3}} \times P^2 \times h^{\frac{1}{3}} \times E^{\frac{1}{6}} \times N^3 \qquad (1)$$

dans laquelle :

F est la force développée par la machine en chevaux de 75 kilogrammètres;
B^2 est la surface immergée au maître-couple;
D est le diamètre, P le pas, h la fraction de pas, E le nombre d'ailes de l'hélice;
N est le nombre de tours de la machine par minute. (Notations connues).
A est un coefficient généralement égal à 0,000002.

De la formule (1), on tire:

$$h^{\frac{1}{3}} = \frac{F}{A\,(B^2)^{\frac{1}{3}}\,D^{\frac{7}{3}}\,P^2\,E^{\frac{1}{6}}\,N^3}$$

puis :

$$\sqrt[3]{h} = \frac{F}{A\,\sqrt[3]{(B^2)}\,\sqrt[3]{D^7}\,P^2\,\sqrt[6]{E}\,N^3}$$

et enfin :

$$h = \frac{F^3}{A^3\,(B^2)\,D^7\,P^6\,\sqrt{E}\,N^9}$$

De cette dernière formule, on tire la valeur de A en posant :

$$A = \frac{F}{\sqrt[3]{h} \times (B^2) \times D^7 \times P^6 \times \sqrt{E} \times N^9}$$

Dans les navires à deux hélices, on ne doit considérer que la moitié de (B^2) et la force d'une seule machine.

La formule (1) peut s'appeler *formule de rotation des hélices.* On peut partir de cette formule pour la détermination des éléments constitutifs de l'hélice, après avoir au préalable déterminé la valeur F de la puissance de la machine, d'après les formules données plus haut, et ensuite le nombre de tours N de la machine par minute.

Vitesse et utilisation. — La vitesse du bâtiment, exprimée en nœuds à l'heure, est donnée avons-nous vu, page 68, par la formule de l'avance A :

$$A = \frac{V \times 0^{m}5144 \times 60}{N}$$

d'où :

$$V = \frac{A \times N}{0^{m}5144 \times 60} \text{ ; ou } \quad V = \frac{A \times N \times 60}{1852^{m}}$$

Le coefficient d'utilisation M, ou coefficient de vitesse du navire, tel qu'il été défini pages 6 et 7, est donné par la formule :

$$M = \frac{V}{\sqrt[3]{\frac{F}{B^2}}}$$

D'où l'on tire :

$$V = M \sqrt[3]{\frac{F}{B^2}}$$

et aussi :

$$F = \frac{V^3 (B^2)}{M^3}$$

Le tableau de la page 7 donne les valeurs pratiques du coefficient d'utilisation M pour certaines catégories de navires.

Dans son ouvrage, *Elementi di Teoria della Nave,* M. l'ingénieur Settimio Manasse, professeur de constructions navales à l'Institut naval de Livourne (Italie), donne les formules suivantes pour la détermination des éléments constitutifs de l'hélice propulsive :

Le pas P et le diamètre D, exprimés en mètres, peuvent être déterminés en fonction l'un de l'autre au moyen des formules suivantes, dues à Seaton, lorsque l'on connait la force F de la machine en chevaux indiqués, et le nombre N de tours par minute :

$$D = 1025 \sqrt{\frac{F}{P^3 N^3}} \qquad P = \frac{102}{N} \sqrt[3]{\frac{F}{D}}$$

pour des navires marchands ordinaires;

$$D = 1282 \sqrt{\frac{F}{P^3 N^3}} \qquad P = \frac{118}{N} \sqrt[3]{\frac{F}{D^2}}$$

pour des petits navires légers ;

$$D = 871 \sqrt{\frac{F}{P^3 N^3}} \qquad P = \frac{91}{N} \sqrt[3]{\frac{F}{D^4}}$$

pour des cargo-boats ou navires à marchandises.

Selon d'autres auteurs, le diamètre D doit être tel que la surface du cercle, décrit par l'extrémité des ailes, soit égale au quart ou à la moitié de la surface immergée du maître-couple, et la surface projetée des ailes sur le plan transversal du navire soit 0,3 environ de ce cercle, pour les hélices à quatre ailes, et un peu moins pour celles à deux ailes.

Suivant Seaton, la surface des ailes, exprimée en mètres carrés, peut s'obtenir par la formule :

$$S = K\sqrt{\frac{F}{N}}$$

dans laquelle K est un coefficient égal à 1,39 pour les hélices à quatre ailes, à 1,21 pour les hélices à trois ailes, et à 0,93 pour les hélices à deux ailes.

Le diamètre du moyeu sphérique, pour les hélices à ailes rapportées, se fait d'ordinaire égal aux 20 ou 25 centièmes du diamètre de l'hélice.

RÉSUMÉ DE DIVERSES THÉORIES ÉMISES SUR L'ACTION DE L'HÉLICE PROPULSIVE

Pour compléter ce que nous venons d'exposer relativement à la détermination des dimensions de l'hélice propulsive, nous donnerons un résumé de diverses théories émises en Angleterre sur l'action de l'hélice, résumé extrait du mémoire de M. James Howden, *On various theories of the Screw propeller*, lu à la trente-et-unième session de l'*Institution of naval Architects*, le 28 mars 1890, et dont nous avons déjà parlé, page 69; et de l'ouvrage de M. Barnaby, *Marine propellers*.

Dans son mémoire, M. James Howden note les faits suivants :

1° Dans un propulseur héliçoïdal, toute circonférence à travers une aile, à un diamètre quelconque, est dans un seul plan.

2° Quand il n'y a pas de recul, ces lignes, qui forment les faces propulsives des ailes, passent à travers l'eau sans lui imprimer une vitesse quelconque.

3° Qu'il y ait recul ou non, la distance parcourue par chaque point d'une aile, par tour, à un diamètre quelconque, est représentée par l'hypothénuse d'un triangle rectangle dont la base est la longueur de la circonférence à ce diamètre, et la perpendiculaire l'avance du navire.

4° Quand il y a du recul, chaque point de la même circonférence, à un diamètre quelconque, parcourt la même distance par tour, mais chaque point qui suit se meut suivant une ligne un peu en arrière de celle du point qui précède, et parallèle à elle : la distance entre ces lignes parallèles augmente à mesure que le recul augmente.

5° Quand il y a du recul, l'eau est mue normalement à la face de l'aile, à un diamètre quelconque et à une vitesse uniforme, jusqu'à concurrence de la distance entre les lignes parallèles décrites par les points respectifs des arêtes d'entrée et de sortie de l'aile, sur la circonférence du diamètre donné.

6° La distance entre ces deux lignes parallèles, ou l'étendue du mouvement imprimé à l'eau par la face propulsive de l'aile, à un diamètre quelconque donné, est obtenue en divisant le recul de l'eau sur la révolution entière par le nombre de fois que la longueur de l'arc de cercle contenu sur l'aile, au diamètre donné, partage la distance parcourue, dans un tour complet, par un point dans ce diamètre : le quotient est donc l'étendue entière de la vitesse imprimée à une particule quelconque d'eau par la face propulsive de l'aile ; et le temps durant lequel ce mouvement est fait, est obtenu en divisant la période de la révolution par le nombre de fois que l'arc de cercle est contenu dans la distance parcourue par un point, dans ce diamètre, à chaque tour d'hélice.

7° En raison de l'action oblique de l'aile par rapport à la ligne d'avance, le recul de l'eau, à un diamètre donné quelconque, est moindre que le recul de l'hélice, dans le rapport de la base à l'hypothénuse du triangle rectangle dans lequel la base est égale à la longueur de la circonférence à ce diamètre, et la perpendiculaire égale au pas du propulseur.

De ces sept propositions, les trois premières ne demandent pas beaucoup de démonstration. La première est une condition de construction de l'hélice à pas uniforme. La deuxième se déduit du fait que la ligne de la face propulsive, à un diamètre quelconque, coïncide avec la ligne du mouvement. La troisième est démontrée par la figure 23 de la page 70.

Nous avons démontré également, figure 24, page 70, la septième de ces propositions. Les quatrième, cinquième et sixième se prouvent plus facilement avec la septième.

La ligne DE (fig. 24) divisée par le nombre de fois que la largeur de l'aile dans le sens de la circonférence décrite, ou la longueur de l'arc de cercle sur l'aile au diamètre donné, partage la ligne AD, donne la vitesse réelle imprimée à l'eau par l'aile, à ce diamètre ; et le temps, pendant lequel cette vitesse est donnée, s'obtient en divisant la période de la révolution par le nombre de fois que l'arc de cercle partage la distance parcourue par un point, dans ce diamètre, durant cette période.

Soit une hélice de $6^m,10$ de diamètre, $8^m,46$ de pas et $1^m,253$ de diamètre de moyeu. La largeur des ailes, mesurée sur l'arc, est respectivement : à $1^m,52$ de diamètre, près du moyeu, de $1^m,092$; à $2^m,073$, de $1^m,293$; à $3^m,840$, de $1^m,321$; à $6^m,10$, extrémité, de $0^m,559$.

Si l'on prend le nombre de tours de cette hélice à 60 par minute, ou à un tour par seconde, et le recul à 10 0/0, soit $0^m,846$, on a :

1° Pour la section à l'extrémité de l'aile :

Largeur de l'aile : $0^m,559$. — Diamètre : $6^m,10$. — Circonférence : $19^m,16$.

La figure 24 donne :

$$AB = 19^m16 ; \; BC = 8^m16 \text{ (pas)} ; \; DC = 0^m846 \text{ (recul de l'hélice)} ;$$

$$BD = 8^m460 - 0^m846 = 7^m614 \text{ (avance)}.$$

$$AD = \sqrt{\overline{19^m16}^2 + \overline{7^m614}^2} = 20^m65. \qquad AC = \sqrt{\overline{AB}^2 + \overline{BC}^2} = \sqrt{\overline{19,16}^2 + \overline{8,46}^2} = 20^m95$$

$$\frac{DE}{DC} = \frac{AB}{AC} ; \; DE = \frac{AB \times DC}{AC} = \frac{19^m16 \times 0^m846}{20^m95} = 0^m77 \text{ (recul de l'eau)}$$

D'où l'on voit que la ligne AD, distance parcourue par un point de l'aile au diamètre donné, dans un tour, est divisée par la largeur de l'aile, à ce même diamètre, suivant l'arc de cercle, en :

$$\frac{20^m65}{0^m559} = 36 \text{ fois } 86$$

La ligne DE, recul de l'eau, divisée par 36 fois 86, donne la vitesse réelle imprimée à l'eau par les points de l'aile au diamètre donné, ou :

$$\frac{0^m77}{36,86} = 0^m0209$$

2° En opérant de la même façon pour la section à $1^m,52$ de diamètre et pour le même recul, on a :

Largeur de l'aile : $1^m,092$ — Diamètre : $1^m,52$ — Circonférence : $4^m,775$.

$AB = 4^m775$; $BC = 8^m46$; $DC = 0^m846$; $BD = 7^m614$

$$AD = \sqrt{4,775^2 + 7,614^2} = 8^m99 \text{ ; } AC = \sqrt{4,775^2 + 8,46^2} = 9^m715$$

$$DE = \frac{4^m775 \times 0^m846}{9^m715} = 0^m418 \text{ (recul de l'eau)}$$

La ligne AD ($8^m,99$) est divisée par la largeur de l'aile ($1^m,092$) en :

$$\frac{8,99}{1,092} = 8 \text{ fois } 23$$

DE, recul de l'eau, divisé par 8,23 donne :

$$\frac{0^m,418}{8,23} = 0^m050$$

En continuant ainsi pour les autres sections de l'aile, nous aurons le tableau suivant qui donne les vitesses imprimées à l'eau par l'aile et le nombre de fois que l'aile, aux quatre diamètres donnés, parcourt entièrement de nouvelles surfaces d'eau, par seconde ou par tour :

DIAMÈTRES	LONGUEUR de l'arc sur la largeur projetée de l'aile	VITESSE imprimée à l'eau avec 10 0/0 de recul	NOMBRE de fois que l'aile parcourt de nouvelles surfaces d'eau avec 10 0/0 de recul
$1^m,520$	$1^m,092$	0^m 050	8 fois 23
2 ,073	1 ,295	0 ,066	7 68
3 ,840	1 ,321	0 ,064	10 75
6 ,100	0 ,559	0 ,021	36 86

Ce tableau montre qu'avec un recul de 10 0/0, l'étendue entière de la vitesse imprimée par une aile de cette hélice à une particule quelconque d'eau, depuis son premier contact à l'arête d'entrée jusqu'à sa dernière pression à l'arête de sortie, est de 0^m,05 à 1^m,52 de diamètre, 0^m,066 à 2^m,073, 0^m,064 à 3^m,84 et 0^m,021 à 6^m,10, partie la plus efficace de l'aile: tout cela par tour ou par seconde de temps.

A 5 0/0 de recul, les vitesses imprimées à l'eau seraient un peu au-dessous de la moitié des quantités ci-dessus: la distance AD parcourue par tour étant plus grande, tandis que la largeur de l'aile, ou le diviseur, resterait le même. Pour les mêmes raisons, le mouvement de recul donné à l'eau augmente dans une plus grande proportion arithmétique quand le recul de l'hélice augmente. Comme l'étendue du mouvement de recul donné à l'eau est directement proportionnelle à la largeur de l'aile, si cette dernière, dans un cas donné, était diminuée de moitié, la vitesse imprimée à l'eau ne serait que la moitié de l'étendue au même percentage de recul, mais s'effectuerait dans la moitié de temps, ou, en d'autres termes, le même mouvement s'effectuerait avec un recul double. Alors, dès l'instant que le mouvement est imprimé à l'eau avec une vitesse uniforme, il est évident que l'efficacité de l'aile décroît vers l'arête de sortie. Les premiers 10 centimètres par exemple, vers l'arête d'entrée, qui commencent le mouvement à partir de l'état de repos, sont plus effectifs que les derniers 10 centimètres de l'arête de sortie, qui continuent simplement le mouvement avec la même vitesse. Tous ces faits sont d'une réelle importance en pratique.

Théorie du professeur Rankine.

Cette théorie établit que la réaction du courant d'eau, sur lequel agit un propulseur, est le produit de trois facteurs: la masse d'eau, le nombre de mètres cubes sur lequel agit le propulseur en une seconde, et la vitesse imprimée à cette eau par le propulseur.

Le nombre de mètres cubes par seconde, sur lequel agit le propulseur, s'obtient en multipliant la surface transversale du courant par sa vitesse relativement au navire. Cette surface transversale est la surface du disque de l'hélice, ou du cercle décrit par l'extrémité des ailes dans la rotation, diminuée de la surface du moyeu. La vitesse du courant, relativement au navire, est la somme de deux quantités: la vitesse du navire et la vitesse, par rapport à l'eau tranquille, du courant refoulé en arrière par le propulseur, ou, en d'autres termes, le recul apparent de ce courant.

Pour une hélice, à cause de l'obliquité de son action sur l'eau, le recul du courant refoulé en arrière est moindre que le recul de l'hélice, dans le rapport du carré du cosinus de l'angle fait par l'obliquité des ailes avec le plan transversal du navire.

Le facteur restant de la réaction de l'eau — la vitesse imprimée à cette dernière par le propulseur quand celui-ci agit sur une eau qui était antérieurement tranquille — est simplement le recul du courant déjà mentionné.

La théorie du professeur Rankine repose sur l'existence supposée d'une colonne cylindrique d'eau, de surface et de longueur définies, par conséquent d'un certain poids, que le propulseur rejette en arrière à une distance déterminée avec une vitesse définie, dépendant du recul, et à chaque tour d'hélice. La surface et la longueur de cette colonne liquide, ainsi que sa vitesse, peuvent se déterminer, suivant cette théorie, d'après des conditions données de diamètre, de pas, de recul et de nombre de tours. La réaction de poussée peut donc se calculer par la formule $\frac{Wv}{g}$, dans laquelle W est le poids de la colonne d'eau, v le recul par seconde et g l'accélération due à la gravité pendant une seconde de temps.

La surface de cette colonne de réaction est celle du cercle décrit par l'extrémité des ailes de l'hélice dans leur révolution, diminuée de la surface du moyeu ; la longueur de la colonne est égale à l'avance du navire par seconde, plus le recul du courant pendant le même temps ; et la vitesse à laquelle cette colonne est refoulée est égale au recul du courant par seconde.

Ainsi, si nous prenons, par exemple, l'hélice donnée plus haut de 6m,10 de diamètre, de 8m,46 de pas et de 1m,52 de diamètre de moyeu, faisant 60 tours par minute, avec un recul de 10 0/0, nous aurons :

Longueur de la colonne d'eau, égale à l'avance du navire, valeur de BD (fig. 24) : 7m,614, plus le recul du courant par tour, valeur de DE (même figure) 0m,770.

En raison de l'action oblique des ailes, ce recul varie de 0m,77 à l'extrémité, à 0m,418 près du moyeu, comme nous l'avons vu page 123.

En calculant ce recul pour les autres diamètres on arrive à une moyenne de 0m,685. Par conséquent, on peut prendre pour la longueur totale de la colonne : 7m,614 + 0m,685 = 8m,30.

La vitesse de cette colonne est de 0m,685 par seconde, à 10 0/0 de recul d'hélice.

Ceci établi, on posera :

P, pas du propulseur.	8m,460
v, recul moyen du courant par seconde.	0 ,685
V, vitesse du navire par seconde	7 ,614
L, longueur de la colonne d'eau sur laquelle agit l'hélice	8 ,300
A, Surface du disque de l'hélice — surface du moyeu	27mq,41
W, poids de la colonne d'eau = A × L × 1,026 (densité de l'eau de mer).	233k,415
g, accélération due à la pesanteur, pendant une seconde	9m,81

La poussée totale T de l'hélice, par seconde, sera :

$$T = \frac{Wv}{g} = \frac{233^k415 \times 0^m685}{9^m81} = 16^k28$$

La puissance F' en chevaux de 75 kilogrammètres, employée à la poussée, par seconde de temps, correspondant, dans l'exemple, à un tour d'hélice, est :

$$F' = \frac{T \times V}{75} = \frac{16^k28 \times 7^m614}{75} = 1^{ch}653$$

pour une vitesse du navire de 14 nœuds 8.

La puissance en chevaux de 75 kilogrammètres obtenue ci-dessus n'est pas la puissance développée sur les pistons de la machine, mais la puissance de poussée, en chevaux, exclusivement employée à vaincre la résistance nette du navire + la résistance supplémentaire provenant de l'action de l'hélice. D'après M. Froude, ces résistances sont respectivement de 40 et 18 0/0 environ, soit 58 0/0 de la puissance développée sur les pistons. Dans ce cas, la force développée F de la machine correspondant aux résultats obtenus ci-dessus est :

$$F = \frac{1^{ch}653 \times 100}{58} = 2^{ch}850.$$

Théorie du professeur Greenhill.

La théorie du professeur Greenhill diffère principalement de celle du professeur Rankine dans la notion de la poussée, qui est obtenue, non du recul en arrière ou de la vitesse imprimée à l'eau par l'hélice, comme le conçoit M. Rankine, mais d'un recul rotatif ou transversal, qui paraît au professeur Greenhill remplacer le recul en arrière, et être suffisant dans son action pour donner la réaction ou l'effet propulsif à l'hélice.

Si le propulseur avançait dans l'eau de la même façon que s'il travaillait dans un écrou solide, aucune vitesse ne serait imprimée à l'eau (le déplacement des ailes étant négligé), et le recul serait alors égal à zéro. Mais si le chemin parcouru par le propulseur est moindre que l'avance suivant la vitesse angulaire, l'hélice agira de la même façon qu'un foret traçant sa voie dans une substance lamelleuse formée de plans minces perpendiculaires à l'axe. Aucune évacuation d'eau, en arrière, n'étant possible, l'eau, derrière l'hélice, sera laissée dans un mouvement tournant, en plans perpendiculaires à l'axe, et le moment angulaire engendré par seconde dans l'eau, est l'équivalent mécanique du couple nécessaire pour faire tourner l'hélice.

Théorie de M. James Howden sur la base de la réaction de l'hélice.

Le principe sur lequel est basée la réaction d'un propulseur peut être déduit du mouvement de l'aviron, dans une embarcation, lorsque l'on fait mouvoir, de champ et rapidement, la pale de l'extrémité de l'aviron, en ligne droite tandis qu'on la tient à peu près perpendiculaire et immergée à environ 60 centimètres. Si, tandis qu'on fait mouvoir cette pale, ainsi immergée, à une vitesse de $1^m,80$ à 2 mètres par seconde, on donne un mouvement brusque latéral ou une pression, l'eau paraîtra offrir presqu'autant de résistance qu'un corps solide à cette surface plate de 10 à 13 centimètres seulement de largeur. Si l'expérience est faite avec une feuille de fer sur champ, d'environ 45 centimètres de long sur 30 centimètres de large, et immergée de toute sa largeur, la résistance à une secousse brusque latérale, quand elle est mue à une égale vitesse, sera encore plus fortement ressentie. Comme toute circonférence sur la face d'une aile d'hélice, quand cette dernière donne la propulsion au navire, est exactement égale à une ligne droite en mouvement continu, toute la surface de l'aile, laquelle est composée de lignes droites, agit comme une tôle plate qui presse l'eau pendant qu'elle la traverse à une vitesse de 6 mètres à 20 mètres environ par seconde.

Si l'on prend l'hélice à quatre ailes, citée plus haut, dont la surface totale des ailes est de $10^{m^2},40$ et dont l'extrémité des ailes, à 10 0/0 de recul, se meut à la vitesse énorme de 20 mètres par seconde, il est évident qu'une grande poussée de réaction doit être obtenue avec une très légère compression d'eau provenant des quatre grandes surfaces de ces ailes, le long des plans inclinés sur lesquels elles agissent.

L'effet d'une surface plane frappant l'eau avec une grande vitesse est bien connu. Un globe lourd, heurtant la surface de l'eau avec une grande vitesse, rebondit comme s'il avait atteint un corps solide. L'effet, donc, de ces quatre ailes traversant rapidement l'eau à une vitesse d'environ 20 mètres par seconde, et sur 37 nouvelles surfaces d'eau dans ce laps de temps, comme nous l'avons vu plus haut, est à peu près égal à celui des ailes passant sur des plans de métal inclinés en hélice.

L'eau est l'écrou formé par les parties profondes mais courtes des filets de l'hélice, s'y frayant continuellement un chemin, sans lui altérer le moindrement les faces qui travaillent.

Les ailes de l'hélice parcourent ainsi les faces des filets de l'écrou, les comprimant à peine à cause de leur grande vitesse et de leurs grandes surfaces. L'eau, par son incompressibilité et son inertie, n'a pas le temps de céder pendant l'instant de la pression, et les ailes glissent sur elle. La partie de l'eau qui cède, comme il a été montré plus haut, à 10 0/0 de recul et à l'extrémité de l'aile, ne s'exerce que sur 21 millimètres et dans la trente-septième partie d'une seconde.

Théorie de M. Froude.

M. Froude, dans une communication faite, en 1889, à l'*Institution of Naval Architects* [1], admet que le recul ou l'accélération v de l'eau dans le courant est toujours à ajouter au recul de l'hélice. M. Froude montre que si aucun mouvement de rotation n'était imprimée au courant par l'hélice, on obtiendrait une limite d'effet lorsque la moitié de l'accélération totale serait produite en avant du propulseur et la moitié en arrière. L'eau en avant du propulseur était préparée avant d'être réellement en contact avec lui, et se dirigeait vers l'hélice pour la rencontrer avec une vitesse, par rapport à l'eau tranquille, de $\frac{v}{2}$, et l'action du propulseur sur l'eau, pendant son contact, accumulait une pression qui avait pour effet d'augmenter l'accélération du courant après avoir quitté le propulseur.

L'on comprendra plus facilement cela si l'on suppose le propulseur immobile au milieu d'une eau qui se meut avec une vitesse V.

A une certaine distance en avant du propulseur, l'eau avancera pour rencontrer ce dernier avec une vitesse V. En s'approchant, la vitesse de l'eau est accélérée par l'effet de succion du propulseur, et le rencontrera avec une vitesse $V + \frac{v}{2}$. La longueur des ailes peut être supposée si petite qu'aucun

1. Barnaby. — *Marine propellers.*

changement appréciable dans la vitesse n'aura lieu dans le courant, pendant qu'il les traverse réellement; mais après avoir quitté ces ailes, la vitesse du courant est accélérée davantage jusqu'à la vitesse finale $V + v$. La vitesse moyenne du courant, dans lequel agit un tel propulseur, est donc $V + \frac{v}{2}$, et le recul réel du propulseur, qui mesure son efficacité, est $\frac{v}{2}$, la vitesse du courant est $V + v$, et le recul réel de l'eau est v.

Un tel propulseur peut présenter une valeur considérable de recul apparent négatif, s'il est placé à l'arrière d'un navire et dans un courant qui suit celui-ci, condition qui est naturellement essentielle, comme s'il donnait l'impulsion à un navire idéal dont le recul apparent serait le même que le recul réel.

Il est impossible de faire une hélice qui ne donnerait pas de mouvement de rotation à l'eau, à moins de la placer dans un espace fermé comme l'hélice-turbine; mais plus le pas sera bien proportionné au diamètre, moins il y aura d'effet de rotation.

Théorie de M. Thornicroft.

M. Thornicroft a montré que la relation entre les valeurs par lesquelles le courant est accéléré, soit en avant, soit en arrière du propulseur, peut dépendre de la valeur de la rotation produite. Une hélice d'un rapport de pas au diamètre trop grand imprimera au courant un mouvement de rotation considérable, et prendra une grande proportion de l'accélération totale avant que l'eau l'atteigne, ne laissant à l'arrière qu'une faible partie de cette accélération pour être rejetée. Quand la rotation est maximum, toute l'accélération est produite par la succion, et la vitesse du courant, quand il rencontre le propulseur, est $V + v$, cas où le recul réel de l'hélice est égal au recul réel v de l'eau. Tous les propulseurs à mer libre, c'est-à dire, non enfermés dans un espace restreint, occupent une position intermédiaire dans les effets ci-dessus, et agissent dans un courant avec une vitesse variant entre $V + v$ et $V + \frac{v}{2}$, dépendant de la plus grande ou moindre rotation du courant.

D'où l'on déduit que plus le rapport du pas au diamètre sera bien établi, plus favorables seront les conditions pour obtenir un recul négatif apparent.

Le recul négatif apparent se rencontre quelquefois sur des hélices de pas uniforme quand le rapport du pas au diamètre est petit.

Les deux hélices du navire de la marine militaire anglaise, le *Collingwood*, avec un rapport du pas au diamètre de 1,5, ont donné 1,26 0/0 de recul négatif apparent; ce recul est monté à 2,56 0/0 quand le rapport du pas au diamètre a été réduit à 1.

Le percentage du recul apparent est représenté par l'expression

$$\frac{PN - V}{PN} \times 100$$

dans laquelle : P est le pas moyen du propulseur, V la vitesse du navire par minute et N le nombre de tours de l'hélice par minute.

Dans les théories ci-dessus, nous rappellerons que le recul apparent de l'hélice est le rapport qui existe entre l'avance du navire par minute et le produit du pas de l'hélice par le nombre de tours par minute.

Le recul réel, ou l'accélération v de l'eau, est la vitesse en arrière imprimée à l'eau par l'hélice, par rapport à l'eau tranquille.

En prenant le poids W, en kilogrammes, de la masse d'eau sur laquelle agit le propulseur par seconde de temps, et la vitesse v ci-dessus, par seconde également, la réaction qui constitue la force propulsive sera, comme nous l'avons vu :

$$\frac{Wv}{g}$$

g est l'accélération due à la gravité par seconde de temps, et égale à $9^{m},81$.

DÉTERMINATION DES DIMENSIONS D'UNE HÉLICE PAR L'APPLICATION DES RÉSULTATS D'EXPÉRIENCES FAITES AVEC DES MODÈLES

Dans son ouvrage, *Marine Propellers*, 3ᵉ édition, 1891, M. Sydney W. Barnaby donne le résultat d'une série d'expériences exécutées avec des modèles d'hélice par M. John I. Thornycroft, dans les années 1879, 1880, et par M. R.-E. Froude, en 1886, à Torquay, et leur application à la détermination des dimensions les plus convenables à donner à un propulseur pour un navire donné.

Nous allons résumer une partie de ce travail fort intéressant :

« Pour une hélice d'un rapport donné de pas au diamètre, il y a une proportion particulière de recul correspondant à son maximum d'efficacité (rendement). D'une plus grande ou moindre valeur de cette proportion de recul, résultera une plus ou moins grande réalisation de travail utile, proportionnellement à la puissance développée pour actionner l'hélice.

Par proportion de recul, on entend le rapport de PN à V, où P est le pas moyen de l'hélice, N le nombre de tours et V la vitesse fournie, ou vitesse de l'hélice à travers l'eau.

Le meilleur moyen de déterminer la proportion de recul qui convient le mieux à une hélice ayant un rapport donné quelconque de pas au diamètre, est de faire des expériences sur une série de modèles d'hélices, de quelque type choisi, ne différant entre eux que dans le rapport du pas au diamètre. Les conditions suivantes doivent être posées comme essentielles, si l'on veut que les résultats obtenus soient utiles pour l'application générale :

1° Chaque modèle doit être essayé à un certain nombre de rapports de recul différents ;

2° La vitesse fournie doit pouvoir être mesurée exactement.

3° La puissance développée pour actionner l'hélice doit être mesurée sur l'arbre porte-hélice.

Aucune expérience ne serait concluante si l'on examinait l'hélice travaillant dans le sillage du navire, parce qu'il serait alors impossible de mesurer la vitesse fournie, puisque le mouvement du sillage entraîné en avant par le navire est une quantité inconnue, et varie avec la vitesse du navire d'une manière non encore évaluée.

Dans les années 1879, 1880, M. I. John Thornycroft a fait un certain nombre d'expériences avec des modèles d'hélices de petites dimensions, dont M. Barnaby donne la description dans son ouvrage.

Ces hélices avaient $0^{m},229$ de diamètre, et furent construites en métal d'un alliage d'étain et de bismuth (ce dernier en petites quantités). Elles furent placées à l'avant de l'embarcation choisie pour les essais, à une distance suffisante de l'étrave pour que leur action pût s'exercer dans une eau non troublée. Les ailes étaient fixées au moyeu à l'aide de vis permettant de varier le pas à volonté.

L'arbre de l'hélice pouvait se mouvoir librement dans ses paliers, et son extrémité intérieure était fixée à un ressort qui permettait de mesurer exactement la poussée exercée par le propulseur. Une petite machine à vapeur de un à deux chevaux actionnait cet arbre.

Les mesures relevées furent : la poussée exercée par le modèle, le nombre de tours, la vitesse de l'embarcation, l'effort de rotation développé pour actionner l'hélice, les intervalles égaux de temps et les frottements de la machine et de l'arbre. Une série d'appareils spéciaux permirent de relever exactement ces quantités.

Un moyen convenable d'utiliser les résultats obtenus, fut de construire une série de constantes qui exprimèrent la relation entre la surface du disque de l'hélice, ou surface du cercle décrit par l'extrémité des ailes, la puissance et la vitesse, pour différents rapports de recul. Une deuxième série de constantes fut calculée pour exprimer la relation entre le diamètre, la vitesse et le nombre de tours. Ces constantes dépendent des lois suivantes :

1° Pour un rapport de pas au diamètre et un rendement donnés, la surface du disque est proportionnelle à la force en chevaux, et inversement proportionnelle au cube de la vitesse;

2° Pour un rapport de pas au diamètre et un rendement donnés, le nombre de tours par minute est proportionnel à la vitesse, et inversement proportionnel au diamètre.

Ces constantes peuvent prendre les formes suivantes :

$$C_A = \text{surface du disque en mètres carrés} \times \frac{v^3}{PE}$$

$$C_R = \text{nombre de tours par minute} \times \frac{D}{v}$$

dans lesquelles: v = vitesse fournie, PE = puissance effective en chevaux sur l'arbre de l'hélice.

Dans ces formes, on ne pourrait cependant obtenir directement des proportions convenables que pour une hélice devant mouvoir un navire *idéal*, c'est-à-dire, un navire qui exigerait la même poussée, pour le faire avancer à une vitesse quelconque donnée, qu'un navire réel, mais qui ne produirait aucun remous dans l'eau, et qui serait pourvu en outre d'une machine *idéale*, c'est-à-dire sans frottements. Afin de rendre ces formules applicables pour l'usage général, il est nécessaire de substituer V, vitesse du navire, à v, vitesse fournie par le propulseur, et la puissance indiquée PI, en chevaux, de la machine, à la puissance effective PE sur l'arbre de l'hélice.

Pour cela, il est nécessaire d'établir certains rapports entre la vitesse du courant ou du sillage qui suit le navire et la vitesse de ce dernier, et entre la puissance effective et la puissance indiquée: $\frac{PE}{PI}$. Ces rapports variant respectivement avec la forme de la carène du navire et le type de la machine, on rencontre là un élément d'incertitude, dépendant beaucoup du jugement du constructeur qui décidera s'il est nécessaire d'appliquer une correction de sillage ou une correction de coefficient de propulsion, ou si les valeurs admises pour ces facteurs peuvent être supposées suffisamment approchées. On peut prendre en moyenne, pour la vitesse du sillage, 10 0/0 de la vitesse du navire. Sur des navires à formes très pleines, elle peut monter à 30 0/0.

Dans le cas des expériences exécutées sur les modèles, et des déductions qui en ont été tirées, la vitesse V du navire sera réduite, lorsqu'on emploiera les constantes, de 20 0/0 pour un navire à formes pleines, et d'une quantité variant de 20 0/0 à zéro, à mesure que l'on passera des *formes pleines* à celles que l'on peut considérer comme *très fines* pour des navires spéciaux, dont on ne reconnaîtra pas l'utilité d'une réduction. La figure 46, ci-après, donne la valeur de la correction due au sillage, pour quelques navires.

Le rapport admis de $\frac{PE}{PI}$ est de 0,5. Une correction peut être opérée pour tout écartement de cette valeur admise. Si, par exemple, la force effective est estimée à 55 0/0 de la force indiquée, cette dernière doit être multipliée par le rapport $\frac{55}{50}$.

En outre, les constantes ont été établies pour des hélices à quatre ailes; on peut les employer pour des hélices à trois ou à deux ailes, en multipliant la puissance indiquée PI respectivement par $\frac{1}{0,865}$ ou $\frac{1}{0,65}$.

La forme, donc, que les constantes peuvent finalement prendre est :

$$C_A = \text{surface du disque en mètres carrés} \times \frac{V^2}{PI}$$

$$C_R = \text{nombre de tours par minute} \times \frac{D}{V}$$

où V = vitesse du navire en nœuds.

Si l'on construit des courbes de ces constantes, pour différentes valeurs de recul, on obtient une série de nombres tels que ceux indiqués par chacune des lignes horizontales de la table A de la page 140.

Par exemple : Pour trouver les constantes C_A et C_R correspondant à 750 tours par minute, du modèle d'hélice à trois ailes, on a opéré de la manière suivante :

Diamètre du modèle = $0^m,229$

Surface du disque = $0^{m^2},0411$

Travail développé par minute, en kilogrammètres, obtenu à l'essai = 1330

Puissance effective (PE), en chevaux de 75 kilogrammètres, par seconde $= \frac{1330}{75 \times 60} = 0,295$

Puissance indiquée (PI), d° d° $= 0,295 \times 2 = 0,590$

Travail utile obtenu, en kilogrammètres, par minute = 874,8
Poussée obtenue, en kilogrammes par minute = 6,71
Vitesse fournie en mètres par minute (v) $= \frac{874,8}{6,71} = 130^m,37$

Vitesse en nœuds par heure $= \frac{130,37 \times 60}{1852^m} = 4$ nœuds 22

En tenant compte de la correction d'un $\frac{1}{10}$ de la vitesse pour le sillage, $V = 4,22 \times \frac{1}{0,9} = 4$ nœuds 69.

La correction de la puissance indiquée, pour les trois ailes, donne :

$$0,590 \times 0,865 = 0,510 \text{ (PI)}$$

Alors :

$$C_A = \frac{0,0411 \times \overline{4,69}^3}{0,510} = 8,31$$

$$C_R = \frac{750 \times 0,229}{4,69} = 36,60$$

La table A donnée par M. R.-E. Froude, à la suite de ses expériences à Torquay, complétant celles de M. Thornycroft, contient des constantes pour des surfaces du cercle tracé par l'extrémité des ailes, ou du disque, et des nombres de tours, à différentes valeurs du recul, correspondant à un rapport particulier du pas au diamètre. La table comprend l'ensemble des expériences exécutées avec un type spécial d'hélices, et se rapporte à des proportions de pas au diamètre allant de 0,8 à 2,5, et des proportions de recul, du plus bas au plus haut que l'on puisse considérer en pratique.

On se sert de cette table de la manière suivante :

Supposons, par exemple, que le diamètre de l'hélice soit limité par le tirant d'eau du navire. Si l'on multiplie la surface du disque donné par le cube de la vitesse du navire en nœuds, et que l'on divise le produit par la puissance indiquée, en chevaux de 75 kilogrammètres, on obtient la constante C_A.

Supposons qu'elle soit 33. Le nombre le plus rapproché de ce dernier, dans la colonne qui correspond au maximum de rendement, est 32,94, pour un rapport de pas au diamètre de 1,60, et une constante C_R du nombre de tours, de 21,64. Cette dernière multipliée par la vitesse du navire en nœuds, et divisée par le diamètre de l'hélice en mètres, donnera le nombre de tours que devra faire une hélice à quatre ailes pour produire le maximum de rendement.

Il est évidemment désirable de choisir des constantes dans les colonnes correspondant au maximum de rendement; mais, dans des cas spéciaux, lorsque l'on demande que le nombre de tours soit exceptionnellement haut ou bas pour l'application de l'hélice à des machines existantes, la même constante de surface de disque peut être prise dans l'une des autres colonnes où elle se trouvera associée à une plus petite ou plus grande valeur de C_R, suivant que le rapport du recul est plus grand ou plus petit; et il est possible de voir au premier coup d'œil quel est le sacrifice qu'il est nécessaire de faire en rendement pour obtenir le résultat demandé.

Si le produit de la constante C_R multipliée par son propre rapport de pas au diamètre, est plus grand que 30,89, le recul apparent sera positif; s'il est moindre, le recul sera négatif. La valeur du recul dans les deux cas sera donnée par :

$$\text{Recul pour cent} = \frac{p\,C_R - 30{,}89}{p\,C_R} \times 100$$

où p = rapport du pas au diamètre.

La méthode de correction pour deux ou trois ailes, et également pour différentes valeurs du sillage, est due à M. R.-E. Froude, et la figure 46 est donnée par lui dans le but de déterminer la correction convenable à faire pour le sillage.

Les hélices qui ont servi à M. Froude, pour ses expériences, étaient à pas constant, et les ailes étaient de forme elliptique. La largeur développée de l'aile au milieu était égale à $0{,}4\,\frac{D}{2}$.

Il s'ensuit que la surface développée des ailes, en supposant chaque aile une ellipse complète sera :

pour une hélice à	4 ailes	=	surface du disque	× 0,4
—	3	=	—	× 0,3
—	2	=	—	× 0,2

Comme la surface développée des ailes est habituellement prise en dehors du moyeu, les portions des ellipses détachées par ce dernier devront être déduites des quantités ci-dessus.

On remarquera que les constantes de la surface du disque dans les colonnes sous le maximum de rendement donnent une grande latitude dans le choix du diamètre pour une force en chevaux et une vitesse données, de sorte que si cette considération est limitée aux hélices seules, en dehors des navires qu'elles seront appelées à mouvoir, et des services auxquels ces navires seront destinés, le rendement est indépendant de la grandeur obtenue.

Par exemple, si l'on prend le cas d'un navire de forme ordinaire, ayant des machines de 500 chevaux de force indiquée, et auquel on tient à donner une vitesse de 10 nœuds, on voit par la table A qu'un égal rendement peut être obtenu avec une hélice ayant un diamètre de $3^m,05$ et un rapport de 0,8 du pas au diamètre, et avec une autre ayant un diamètre de $4^m,72$ et un rapport de pas au diamètre de 2,5. La première donnera 138 tours par minute, la seconde 33,5. En considérant les avantages relatifs des grandes et des petites hélices, on doit tenir compte des qualités de navigabilité exigées du navire.

En supposant que l'on désire, par exemple, tenir une grande vitesse contre la mer et le vent debout, on admet généralement que dans ce cas une grande hélice ou une grande surface est obligatoire; mais si l'on considère ce qui arrive quand un navire rencontre vent debout, on voit qu'il n'est pas nécessaire d'agir ainsi. Dans de telles circonstances, la vitesse du navire est contenue, le nombre de tours de l'hélice restant pratiquement toujours le même, le rapport de recul est augmenté. Si ce dernier est déjà suffisant pour donner le maximum de rendement à la vitesse dans une eau tranquille, le rendement sera réduit lorsque le recul est augmenté par le vent, et il est probable que l'hélice de $4^m,72$ de diamètre, et d'un rapport de pas de 2,5 dépenserait autant de puissance que l'hélice de 3m,05 de diamètre et 0,8 de rapport de pas, quoique l'une ait deux fois et demie plus de surface que l'autre, parce qu'elles ont toutes les deux la même position à monter par rapport à la courbe de rendement (fig. 45).

Un grand diamètre, associé avec un grand rapport du pas, est sans valeur dans ce cas; ce que l'on demande c'est que le rapport de reçul ne soit pas excessif lorsque la vitesse du navire est diminuée par des résistances extérieures. Le cas est analogue à celui d'un remorqueur, et doit être traité de la même façon. Les meilleures proportions seront obtenues en dessinant le propulseur pour une vitesse moindre que le maximum de vitesse en eau calme, et telle qu'elle puisse être maintenue par le navire en service ordinaire. Le propulseur aurait un rendement quelque peu réduit lorsque le navire développerait toute sa puissance sur une base mesurée, et paraîtrait trop grand, mais travaillerait mieux à la vitesse calculée comme moyenne, et effectuerait en cours de voyage une économie de combustible. Quand le diamètre est limité, la surface des ailes peut être augmentée avec avantage.

Il a été établi par M. Hall-Brown, à la suite de quelques expériences, que, pour des navires à formes très pleines, un grand diamètre et un petit rapport de pas au diamètre sont essentiels pour atteindre un bon résultat, et il attribue cette nécessité à l'influence du remous, qui doit être distingué du sillage, comme nous l'avons vu page 55. Dans un tel cas, les ailes doivent pouvoir s'étendre dans l'eau en dehors de la poupe du navire, afin que la proportion de la surface du remous à la surface totale du courant d'eau, sur lequel agit l'hélice, soit aussi petite que possible.

M. Hall-Brown donne les particularités déterminées pour une bonne hélice d'un cargo-boat de dimensions suivantes :

Longueur entre perpendiculaires	84m,43
Largeur hors membres	11 43
Tirant d'eau	6 07
Déplacement	4670 tonnes
Rapport de finesse ou du volume de la carène à celui du parallélipipède circonscrit à la flottaison	0,792
Puissance indiquée en chevaux de 75 kilogrammètres	800
Vitesse	9 nœuds
Diamètre de l'hélice	4m,88
Pas	4 88
Nombre de tours	64

Les valeurs de C_A et C_R, pour 69 0/0 de rendement, sont, d'après la table A ci-après, pour le rapport 1,00 du pas au diamètre, respectivement 16,84 et 35,05; mais, comme la table est calculée pour une valeur du sillage de 10 0/0, correspondant à des formes fines de carène, il s'ensuit que le coefficient de propulsion est très petit, par rapport à l'action de l'hélice sur le remous, et que les deux corrections pour le sillage et le coefficient de propulsion tendent à s'annuler l'un l'autre. Dans ce cas, on obtiendrait un meilleur résultat si l'on employait deux hélices, parce qu'elles seraient en dehors du remous.

Toutes les fois qu'un navire est de forme exceptionnelle, aucune règle exacte ne peut être donnée pour la détermination des éléments de l'hélice déduite des essais sur des modèles dans une eau tranquille. Lorsqu'une hélice doit être dessinée pour un navire d'un type spécial, il est plus prudent de calculer les valeurs de C_A et de C_R d'après les résultats obtenus dans les essais de quelque navire, de proportions autant que possible semblables à celles du bâtiment étudié, et qui ont été satisfaisants, parce que les valeurs du sillage et du coefficient de propulsion peuvent alors être établies assez exactement.

Au lieu de construire des constantes, on peut employer la méthode directe suivante :

Pour trouver le diamètre d'un propulseur pour une force indiquée en chevaux donnée, et une vitesse donnée, d'après le diamètre d'un autre propulseur pris comme modèle et ayant une vitesse différente et mû par une machine d'une force différente, on opère comme il suit : soient :

d = diamètre du modèle, qui peut être plus grand ou plus petit que D ;
D = diamètre du propulseur demandé ;
p = puissance indiquée en chevaux de 75 kilogrammètres du modèle ;
P = — — — du propulseur ;
v = vitesse du navire avec le propulseur modèle ;
V = — — demandé ;
r = nombre de tours par minute du modèle ;
R = — — du propulseur.

Alors :

$$D = \sqrt{d^2 \times \frac{v^3}{V^3} \times \frac{P}{p}}$$

$$R = r \times \frac{V}{v} \times \frac{d}{D}$$

Le rapport du pas au diamètre doit être le même que celui du propulseur pris comme modèle.

Exemples pour l'emploi de la table A (page 140).

1. — Trouver le diamètre et le nombre de tours d'une hélice devant produire le maximum de rendement, pour un navire de 20 nœuds de vitesse et une machine de 6.000 chevaux de 75 kilogrammètres. Le rapport du pas au diamètre doit être de 1, 2.

La constante C_A de la surface du disque, pour ce rapport de pas, est, d'après la table A, de 26, 35.

La constante C_R du nombre de tours, est, d'après cette même table, de 28, 04.

On a donc :

$$\text{Surface du disque} = C_A \times \frac{PI}{(\text{vitesse en nœuds})^3} = 26.35 \times \frac{6000}{20^3} = 19^{m^2}76$$

Le diamètre de l'hélice est, par suite, de $5^m,025$.

$$\text{Nombre de tours} = C_R \times \frac{\text{vitesse en nœuds}}{\text{diamètre en mètres}} = 28,04 \times \frac{20}{5,025} = 112$$

2 — Trouver le pas et le nombre de tours d'une hélice devant donner le maximum de rendement pour un navire de 20 nœuds de vitesse et 6.000 chevaux de force. Le diamètre de cette hélice ne doit pas excéder $4^m,72$.

La surface du disque à ce diamètre est $17^{m^2},50$.

$$C_A = 17,50 \times \frac{20^3}{6000} = 23,3$$

La constante C_A la plus rapprochée, dans la table A, est celle qui correspond au rapport 1,00 du pas au diamètre, pour le rendement de 70 %, soit 22,97. En adoptant ce chiffre, le pas est alors égal à $4^m,72$.

La valeur correspondante de C_R, est 33,22.

Le nombre de tours par minute est, par suite, égal à :

$$33,22 \times \frac{20}{4.72} = 140 \text{ tours}$$

3. — Trouver le rapport du pas au diamètre et le rendement d'une hélice, pour un navire de 20 nœuds de vitesse et 6.000 chevaux de force. Le diamètre de l'hélice est de $4^m,72$, et le nombre de tours 80 par minute, environ.

La surface du disque pour le diamètre de $4^m,72$ est $17^{m^2},50$;

$$C_A = 17,50 \times \frac{20^3}{6000} = 23,33$$

$$C_R = 80 \times \frac{4,72}{6000} = 18,88$$

Les constantes les plus rapprochées de la table sont au rapport du pas au diamètre de 2, 2, et au rendement de 68 %.

4. — Trouver le diamètre et le pas d'une hélice devant donner le maximum de rendement, pour un navire de 20 nœuds de vitesse et 6.000 chevaux de force. Le nombre de tours par minute est de 85. Une correction de sillage doit être faite pour une forme pleine de carène du type *Dévastation* (fig. 46), correspondant à un percentage de sillage de 15,8.

L'échelle de la figure 46 donne comme multiplicateur, dans ce cas, 0,942.

$$\text{Vitesse} = 20 \times 0,942 = 18 \text{ nœuds } 8$$

Par tâtonnements, on trouvera que les constantes 28,00 et 25,91 pour la surface du disque et du nombre de tours, à un rapport de pas au diamètre de 1,3, donneront respectivement le diamètre et le nombre de tours demandés. Ainsi :

$$28,00 \times \frac{6000}{(18,8)^3} = 25^{m^2}30 \text{ ; d'où } D = 5^m675$$

et

$$25{,}91 \times \frac{18{,}8}{5{,}675} = 85 \text{ tours environ}$$

5. — Trouver le diamètre, le pas et le nombre de tours d'une hélice à 3 ailes devant donner le maximum de rendement, pour un navire de 20 nœuds de vitesse et 6.000 chevaux de force. Le rapport du pas au diamètre est de 1,2.

$$C_A = 26{,}35 \qquad C_R = 28{,}04$$

A cause des 3 ailes, on a :

$$6000 \times \frac{1}{0{,}865} = 6940 \text{ chevaux}$$

$$26{,}35 \times \frac{6940}{20^2} = 22^{m^2}85$$

D'où: D = 5m,395.

$$28{,}04 \times \frac{20}{5{,}395} = 103 \text{ tours environ}$$

Le pas = 5m,395 × 1,2 = 6m,474.

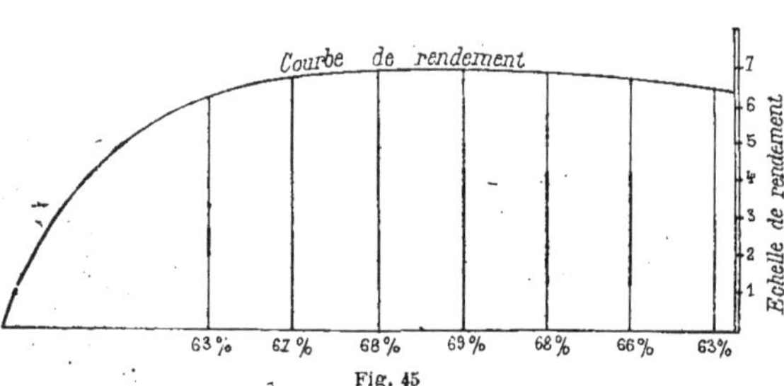

Fig. 45

Fig. 46.

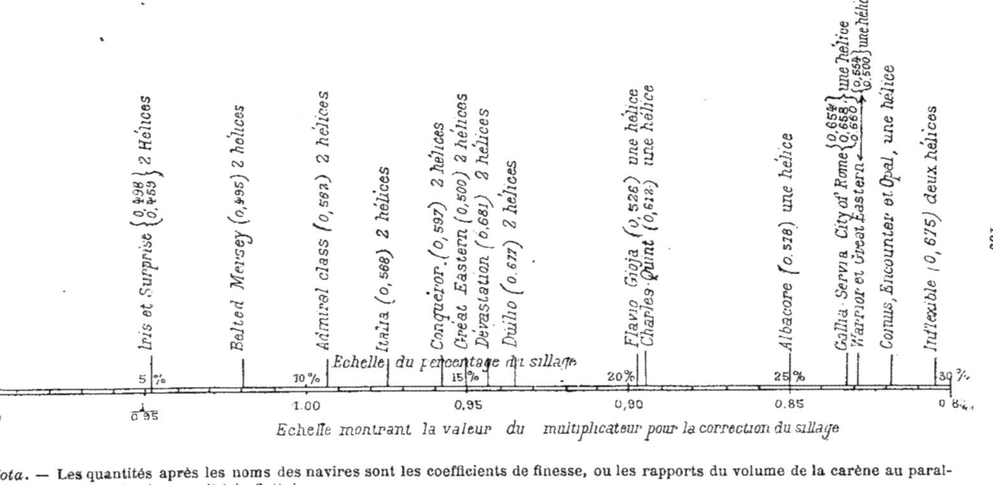

Nota. — Les quantités après les noms des navires sont les coefficients de finesse, ou les rapports du volume de la carène au parallélipipède circonscrit à la flottaison.

TABLE A

RENDEMENT	63 %		67 %		70 %		69 %		68 %		66 %		63 %	
Rapport du pas au diamètre	C_A	C_R	C_A	C_R	C_A	C_R	C_A	C_R	C_A	C_R	C_A	C_R	C_A	C_R
0,80	42,82	37,19	27,82	39,01	19,67	40,84	14,37	43,28	10,52	45,72	7,87	48,77	5,95	52.12
0,90	46,30	33,22	30,10	34,75	21,68	36,58	15,56	38,71	11,44	41,15	8,51	43,89	6,50	45,94
1,00	49.96	30,18	32,48	31,70	22,97	33,22	16,84	35,05	12,35	37,49	9,15	39,93	6,95	42,67
1,10	53,53	27,74	34,77	28,96	24,71	30,48	17,93	32,00	13,18	34,44	9,79	36,58	7,50	39,01
1,20	57,19	25,30	37,06	26,52	26,35	28,04	19,22	29,57	14,69	31,70	10,52	33,88	7,96	36,27
1,30	60,85	23,47	39,44	24,69	28,00	25,91	20.50	27,74	14,91	29,57	11,16	31,39	8,51	33,83
1,40	64,42	21,95	41,72	23,16	29,74	24,38	21,59	25,91	15,83	27,43	11,80	29,57	8.97	31,70
1,50	67,89	20,42	44,10	21,64	31,29	22,86	22,88	24,08	16,74	25,91	12,44	27,74	9,52	29,87
1,60	71,37	19,20	46,39	20,42	32,94	21,64	24,06	22,86	17,66	24,38	13,18	26,52	9,97	28,35
1,70	»	»	48,77	19,20	34,59	20,42	25,25	21,64	18,48	23,16	13,82	24,99	10,52	26,82
1,80	»	»	51,06	18,29	36,23	19,51	26,54	20,73	19,40	22,25	14.55	23,77	10,99	25,60
1,90	»	»	53,44	17,37	37,97	18,59	27,82	19,81	20,31	21,03	15,19	22,86	11,44	24,69
2,00	»	»	55,72	16,76	39,53	17,68	28,82	18,90	21,14	20,42	15,83	21,95	11,99	23,47
2,10	»	»	58,10	15,85	41,18	17,07	30,10	17,98	22,05	19,51	16,47	21,03	12,44	22,86
2,20	»	»	60,39	15,24	42,91	16,46	31,29	17,37	22,88	18,90	17,11	20,42	12.99	21,95
2,30	»	»	62,68	14,63	44,47	15,85	32,48	16,76	23,79	17,98	17,75	19,51	13,54	21,03
2,40	»	»	64,97	14,33	46,21	15,24	33,76	16,15	24,71	17,37	18,48	18,90	14,00	20.42
2,50	»	»	67,34	13,72	47,85	14,63	34,86	15,85	25,62	17,07	19,12	18,29	14,55	19,81
	5		7		9		11		13		15		17	

Echelle de la valeur des abscisses.

Surface de disque $= C_A \times \frac{PI}{V^3}$; Nombre de tours $= C_R \times \frac{\text{Vitesse en nœuds}}{\text{Diamètre en mètres}}$

13. — Hélices jumelles et hélices triples.

L'emploi de l'hélice unique pour la propulsion des navires rencontre quelquefois des inconvénients sur des bâtiments de fort tonnage, ou à grande vitesse, munis de puissantes machines, et dont le tirant d'eau arrière ne permet pas d'appliquer l'hélice du diamètre nécessaire pour utiliser toute la force développée par les machines, pour mouvoir le navire avec une vitesse déterminée. On a recours dans ce cas, à l'emploi de deux hélices, dites *hélices jumelles*.

L'hélice unique se place à l'avant du gouvernail, dans une partie évidée, découpée dans le massif de l'arrière du navire, nommée *cage de l'hélice*. L'arbre moteur est alors situé dans l'axe longitudinal du navire Lorsqu'il y a des *hélices jumelles*, les deux hélices sont placées latéralement au plan longitudinal du navire, à droite et à gauche, le plus souvent symétriquement, sous la voûte arrière, et les arbres moteurs sont parallèles, ou à peu près, à l'axe longitudinal du bâtiment.

Les hélices jumelles sont généralement à pas contraires et tournent en dehors dans la majorité des cas, c'est-à-dire, de bâbord sur tribord pour l'hélice de tribord, et de tribord sur bâbord pour l'hélice de bâbord, dans le demi-cercle supérieur de la rotation.

Les avantages que donne l'application des hélices jumelles aux navires, sont les suivants :

1° Le diamètre des deux propulseurs étant moindre que celui de l'hélice unique qu'ils remplacent, on peut diminuer le tirant d'eau du navire pour une meilleure utilisation; 2° Dans les mêmes conditions de tirant d'eau, les hélices jumelles permettent un accroissement de résistance relative; 3° La surface du propulseur peut être augmentée avec avantage pour le rendement; 4° La position plus basse que l'on peut donner aux ailes relativement au niveau de l'eau, permet aux propulseurs de travailler plus efficacement dans une eau plus résistante.

Par rapport aux appareils moteurs et évaporatoires, les hélices jumelles permettent de diviser en deux les compartiments des machines et chaudières, au moyen d'une cloison étanche longitudinale, isolant ces locaux et présentant, par suite, plus de sécurité lorsque, par accident, l'eau envahit un de ces compartiments. Si une avarie survient à une machine, l'autre peut encore fonctionner et mouvoir le navire.

Enfin, les deux hélices peuvent faire évoluer le navire sur place en tournant l'une en avant, l'autre en arrière; et si une avarie survient au gouvernail, le navire peut encore se gouverner par les deux hélices.

Les hélices jumelles ont donné de bonnes utilisations, quoique l'ensemble des arbres moteurs, des supports et des hélices offre une résistance à la marche plus grande que l'hélice unique.

Les hélices jumelles conviennent très bien aux bâtiments de faible tirant d'eau, et on les emploie aujourd'hui sur presque tous les navires de guerre des marines militaires des puissances.

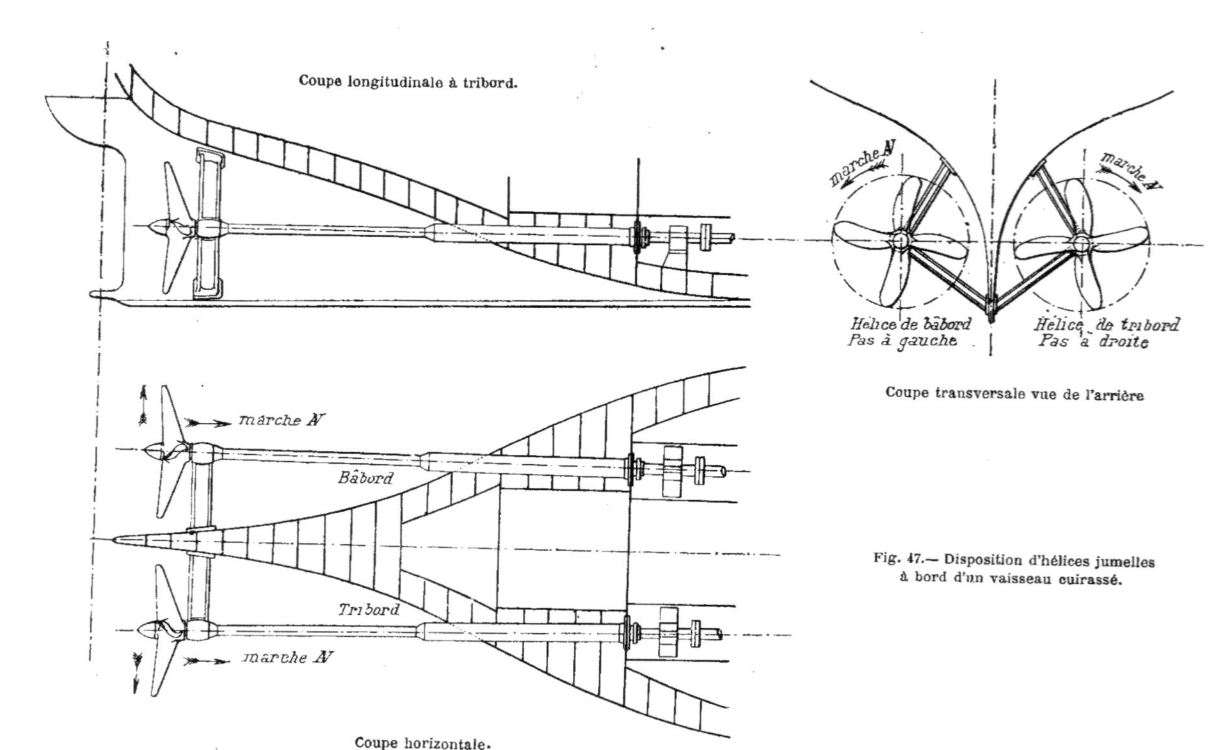

Fig. 47.— Disposition d'hélices jumelles à bord d'un vaisseau cuirassé.

Dans la marine du commerce, un certain nombre de grands paquebots à grande vitesse sont pourvus également d'hélices jumelles.

La figure 47 représente une disposition d'hélices jumelles à bord d'un navire cuirassé.

Dans son ouvrage, *Marine Propellers*, M. Sydney Barnaby dit qu'afin de réduire au minimum l'inconvénient de la résistance des arbres et des supports à la marche, dans la disposition ordinaire des hélices jumelles, la maison Rankin et Blackmore a imaginé, sur le remorqueur *Otter* construit en 1876, de placer les hélices une devant l'autre, leurs disques se recouvrant sensiblement.

Les extrémités des ailes passaient à travers une ouverture pratiquée dans le massif arrière du navire.

La figure 48 montre la disposition des hélices jumelles du *Buzzard*, petit navire côtier appartenant à M. John Burns.

Cette disposition a été adoptée sur les grands paquebots transatlantiques *Teutonic* et *Majestic*, construits par MM. Harland et Wolff. Les hélices du *Teutonic* ont 5^m^,94 de diamètre et la distance d'axe en axe des arbres est de 4^m^,85 ; une hélice est en arrière de l'autre de 1^m^,90. Elles sont à pas à droite et à pas gauche et tournent vers l'extérieur.

M. Normand, du Havre, a construit un bateau torpilleur avec deux hélices dont les disques se recouvrent, mais disposées pour tourner dans le même sens. Les ailes se recouvrant ainsi se croisent l'une l'autre, et l'eau refoulée en haut par l'aile ascendante d'une hélice est rencontrée par l'aile descendante de l'autre, et le recul est réduit. On a reconnu, dans cette disposition, que le propulseur arrière tourne plus lentement que le propulseur avant ; le contraire a lieu quand la rotation s'effectue en sens contraire.

Hélices triples. — L'application de trois hélices à la propulsion des navires n'est pas encore très répandue. Une intéressante série d'essais comparatifs avec deux et trois hélices, a été faite en 1886 par M. Marchal, à Lorient. Ces essais ont démontré que trois hélices sont, au point de vue de la vitesse, équivalentes à deux hélices de même surface de propulsion et immergées à la même profondeur, lorsque la disposition la plus favorable est choisie pour chaque système.

De récents exemples d'application de trois hélices ont été faits en France sur le croiseur cuirassé le *Dupuy-de-Lôme*, sur des croiseurs américains de 21 nœuds de vitesse et 20.000 chevaux de force indiquée, et sur quelques croiseurs-torpilleurs italiens, construits par MM. Hawthorn, Leslie et Cie.

Fig. 48. — Disposition d'hélices jumelles sur le *Buzzard*.

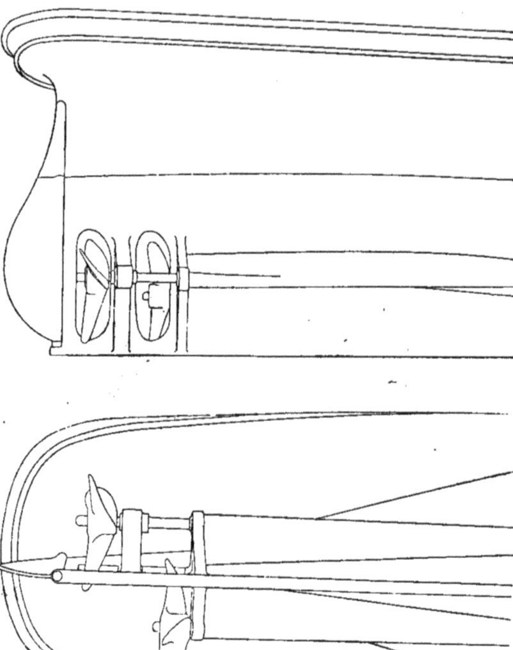

14. — Description des hélices et configurations diverses qu'elles peuvent recevoir en pratique.

HÉLICES A GÉNÉRATRICE ET DIRECTRICE DROITES

La planche VII représente une hélice en fonte à 4 ailes, à génératrice droite *perpendiculaire à l'axe*, et à directrice droite, c'est-à-dire à pas constant. Dans la marche avant, l'hélice tourne de gauche à droite dans le demi-cercle supérieur : le pas est donc *à droite*.

Cette hélice appartient à un paquebot ayant les dimensions suivantes : longueur 74 mètres; largeur $9^m,20$; creux $7^m,25$; tirant d'eau arrière $4^m,50$; déplacement 1.690 tonneaux; surface immergée au maître-couple 34 mètres carrés. La machine compound développe en service courant une force de 1.000 chevaux de 75 kilogrammètres, pour 74 tours d'hélice et 13 nœuds 5 de vitesse. Le coefficient d'utilisation M vaut 3,92.

L'hélice a $4^m,50$ de diamètre, et $6^m,45$ de pas. La fraction de pas totale est : à la naissance des ailes, 0,45; au milieu des ailes, 0,33; à l'extrémité 0,095. Ce qui donne pour chaque aile : respectivement 0,1125; 0,0825; 0,0237; et en dimensions : $6^m,45 \times 0,1125 = 0^m,726$; $6^m,45 \times 0,0825 = 0^m,532$; $6^m,45 \times 0,0237 = 0^m,153$.

Comme on le voit sur le dessin, la fraction de pas à l'extrémité des ailes de cette hélice est notablement réduite. Cette réduction a été reconnue avantageuse à cause de l'effet de dispersion de l'eau qui se fait plus sensiblement sentir aux extrémités qu'au restant de l'aile. Dans la rotation du propulseur, il y a perte de travail par la projection ou la dispersion de l'eau perpendiculairement à l'axe, et cette perte est d'autant plus grande que la vitesse des points de l'aile qui choquent l'eau est plus considérable, et que la normale à ces points est plus inclinée sur l'axe : d'où le motif de la diminution de la fraction de pas à l'extrémité des ailes.

Le tracé de cette hélice s'obtient de la même manière que celle indiquée pour l'hélice géométrique, page 59.

La planche VIII représente la même hélice que ci-dessus, mais avec le pas à gauche tournant de droite à gauche, pour la marche avant, dans le demi-cercle supérieur de sa rotation.

Dans ces deux planches, la projection de l'hélice sur un plan transversal perpendiculaire à l'axe longitudinal est vue de l'arrière du navire en regardant l'avant.

La planche IX représente une hélice à 4 ailes, à génératrice droite *inclinée sur l'axe*, et à directrice droite, c'est-à-dire à pas constant.

Cette hélice appartient à un navire semblable à celui auquel se rapporte l'hélice précédente. La génératrice de la surface héliçoïdale est une droite inclinée sur l'axe de 7°. L'arête d'entrée est formée par une spirale d'Archimède de 40° d'ouverture, dont le pôle se confond avec le centre O de l'hélice.

Pour tracer cette spirale, on divise l'arc de cercle de 40°, à partir de A, extrémité du rayon, du côté de l'entrée, en un certain nombre de parties égales, cinq par exemple comme sur la figure, et l'on mène du centre O des rayons vecteurs à ces divisions. On partage le rayon O A en un même nombre 5 de parties égales, par lesquelles on fait passer des arcs de cercle avec O comme centre. Par les points d'intersection de ces derniers avec les rayons vecteurs de même numéro, on fait passer une courbe 0, 1, 2, 3, 4, A, qui est la spirale d'Archimède qui limite l'arête d'entrée de l'aile en projection transversale sur un plan perpendiculaire à l'axe OA.

On porte ensuite, également, du côté de l'arête de sortie, des arcs de 8° d'ouverture permettant de tracer les fractions de spires qui doivent déterminer, avec les fractions de pas, les arêtes d'entrée et de sortie de l'aile en vue longitudinale.

Pour cela, après avoir tracé le moyeu et placé la droite CD perpendiculaire à l'axe MN, on mène de C la génératrice droite CE de la surface héliçoïdale, inclinée de 7° sur l'axe. De C sur MN et de E sur FD, à droite et à gauche, on porte les divisions x équidistantes et égales à $\frac{P \times 8^\circ}{360^\circ} = \frac{6^m \times 8^\circ}{360^\circ} = 0^m,1333$, qui représentent, comme nous l'avons vu, les fractions de pas qui correspondent aux arcs de cercle parcourus par tout point de l'aile pour 8° de la circonférence.

Par les points de division de x, sur FD, on abaisse des perpendiculaires à cette ligne, sur lesquelles on projette les points de rencontre des rayons vecteurs à 8° d'espacement avec l'arc de cercle de l'extrémité de l'aile, dans la vue transversale. Les points d'intersection des perpendiculaires ci-dessus avec les horizontales de projection, donnent, par leur réunion, la courbe sEr qui est la fraction de spire tracée par un point de l'extrémité de l'aile pour un arc parcouru uAv, de 56°. On joint par des droites les points de division x de MN avec ceux de la spire sEr, et les intersections de ces droites avec les horizontales de projection menées des points de rencontre des rayons vecteurs avec les arcs de cercles décrits aux sections, dans la vue transversale, déterminent par leur jonction les fractions de spires correspondantes. Si l'on prolongeait la construction, ces spires viendraient toutes se couper au même point sur l'axe MN.

L'arête d'entrée de l'aile, déterminée en vue transversale, s'obtient en vue longitudinale en projetant les points d'intersection de cette arête avec les arcs de cercle aux sections, dans la vue transversale, sur les spires de vue la longitudinale, et l'on a l'arête d'entrée EE' en réunissant toutes les intersections des horizontales avec les spires.

A la naissance, au milieu et à l'extrémité de l'aile, on porte à partir de EE' la fraction de pas donnée qui est : à la naissance 0,533 pour 4 ailes, soit pour une aile, 0,1333 du pas, ou $6^m \times 0,1333 = 0^m800$; au milieu, 0,367, soit pour une aile 0,0917, ou $6^m \times 0,0917 = 0^m,550$; à l'extrémité, 0,086, soit pour une aile 0,0215, ou $6^m \times 0,0215 = 0^m,129$.

En réunissant par une ligne les points qui marquent les extrémités de ces distances, on obtient l'arête de sortie de l'aile en vue longitudinale, et, par suite, celle de la vue transversale en projetant ces points sur les arcs de cercle.

Dans cette hélice, la ligne du maximum d'épaisseur ne passe pas par le milieu de la largeur de l'aile, comme on le voit sur la figure des coupes aux sections. Cette ligne part d'un point plus près de l'arête de sortie que de l'arête d'entrée, au moyeu, et aboutit au milieu de la largeur à l'extrémité de l'aile. Cette disposition permet de mieux amincir l'arête d'entrée, ou l'angle d'attaque dans la marche avant.

La Compagnie Générale Transatlantique a adopté, pour la majorité de ses paquebots, ce tracé d'hélice, et en a obtenu les meilleurs résultats. La génératrice est inclinée sur l'axe d'un angle variant de 6 à 9°, suivant le genre de navire; le pas s'est fait souvent variable.

La figure 49 représente une hélice à génératrice droite inclinée sur l'axe, d'un remorqueur de

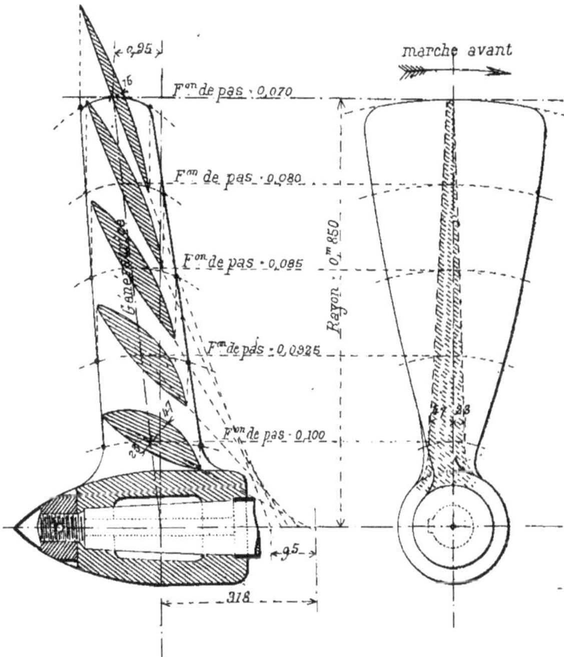

Fig. 49. — Hélice en fonte à 4 ailes, pour remorqueur de 135 chevaux de 75 kilogrammètres.
Echelle 0,1. — Diamètre 1m,70 — Pas, constant à droite, 2m,00 — Génératrice droite inclinée sur l'axe.

135 chevaux. Les fractions de pas sont portées, par moitié, à droite et à gauche de la génératrice, et la ligne du maximum d'épaisseur, qui correspond à cette dernière, est au milieu de la largeur de l'aile.

Dans les hélices de ce type, on fait quelquefois varier le pas sur la longueur de l'aile dans le sens du diamètre. Dans ce cas, l'hélice n'est pas ce que l'on est convenu d'appeler *à pas variable*, c'est-à-dire *à directrice brisée*, ayant un pas d'entrée et un pas de sortie, comme nous l'avons vu; la génératrice est droite, perpendiculaire ou inclinée sur l'axe, le pas est constant sur la largeur de l'aile dans le sens de la rotation, mais n'a pas la même valeur sur toute la longueur de l'aile, dans le sens du diamètre.

La planche X représente une hélice de ce genre, à génératrice droite inclinée sur l'axe, employée pour des torpilleurs. Le pas, à droite, est constant, mais varie sur la longueur de l'aile dans le sens du rayon; il est de $2^m,185$ au 1/4 du rayon, de $2^m,273$ au 1/2, de $2^m,361$ aux 3/4, et de $2^m,45$ à l'extrémité.

Cette disposition de pas, qui croît ainsi du moyeu à la circonférence, a pour effet d'empêcher que l'extrémité de l'aile, très mince sur ces hélices, principalement sur celles en acier, ne se trouve pas, si par accident elle vient à se déformer, dans des conditions de pas trop différentes de celles du restant de l'aile.

Le tracé de cette hélice s'effectue de la manière habituelle. La valeur de $\frac{P}{2\pi}$ varie pour chaque section, et se porte de A en B, en C, en D, en E. Pour la première section, $AB = \frac{2^m,185}{6,28} = 0^m,348$; pour la deuxième, $AC = \frac{2^m,273}{6,28} = 0^m,362$; pour la troisième, $AD = \frac{2^m,361}{6,28} = 0^m,376$; pour la quatrième, $AE = \frac{2^m,450}{6,28} = 0^m,390$.

Les fractions de spires, correspondant aux fractions de pas pour un arc parcouru par l'aile, varient à chaque section à cause de la variation du pas. Les fractions de pas ne sont pas portées dans cette hélice, par moitié à droite et à gauche de la génératrice; cette disposition a été adoptée pour donner une surface et une forme voulues aux ailes. Pour 5 degrés d'arc parcourus, la fraction de pas correspondante, pour toutes les sections, est respectivement: à la première section, $\frac{2^m185 \times 5^\circ}{360^\circ} = 0^m,0304$; à la deuxième, $\frac{2^m,273 \times 5^\circ}{360^\circ} = 0^m,0316$; à la troisième, $\frac{2^m,361 \times 5^\circ}{360^\circ} = 0^m,0328$; à la quatrième, $\frac{2^m,45 \times 5^\circ}{360^\circ} = 0^m,034$.

Les coupes aux sections sont figurées sur la vue longitudinale. La direction du pas leur est donnée par les droites menées de B, C, D, E sur la verticale AF, aux points des sections.

La planche XI représente une hélice en acier, à trois ailes, d'un torpilleur de 34 mètres. Le pas qui est à droite et constant sur la largeur de l'aile dans le sens de la rotation, varie du moyeu à la circonférence. Il est de $2^m,20$ au 1/4 du rayon, de $2^m,28$ à la moitié du rayon, de $2^m,33$ aux trois quarts du rayon, et de $2^m,45$ à l'extrémité de l'aile.

Les ailes sont rapportées sur le moyeu par un emmanchement conique. Le pied de l'aile, en forme de tenon plat, s'emboîte dans une rainure oblique à l'axe de l'hélice, et une clavette en coin, chassée avec force de l'avant à l'arrière, donne la tenue à l'aile.

Le torpilleur de 34 mètres, auquel se rapporte ce dessin d'hélice, a une surface immergée au maître-couple de $2^{m2},26$. La machine développe, à 235 tours, 800 chevaux de 75 kilogrammètres, pour une vitesse de 20 nœuds 1/2.

M. Henri Satre, ingénieur-constructeur à Lyon et à Arles, a adopté, pour tous les navires qui sortent de ses chantiers, notamment pour les remorqueurs et les bateaux à faibles tirants d'eau, un type d'hélice qui lui a donné les meilleurs résultats.

La planche XII représente une de ces hélices pour une machine de 75 chevaux de 75 kilogrammètres et 200 tours par minute. Elle est à génératrice droite, inclinée sur l'axe, et a le pas variable du moyeu à la circonférence ; la directrice est droite.

Toutefois, lorsque le rapport du pas au diamètre est inférieur à 1,25, M. Satre fait le pas constant sur toute la longueur de l'aile dans le sens du rayon.

Les fractions de pas sont portées par moitié à droite et à gauche de la génératrice.

La planche XIII représente un type d'hélice en bronze, à quatre ailes, d'une forme très usitée aujourd'hui. Ce propulseur appartient à un croiseur ayant les dimensions suivantes : longueur 100 mètres, largeur $13^m,40$, creux $10^m,85$, tirant d'eau arrière $7^m,45$, déplacement 5.400 tonneaux, surface immergée au maître-couple 70 mètres carrés. La machine développe en service 6.600 chevaux de 75 kilogrammètres pour 78 tours, et une vitesse de 16 nœuds 9. Le coefficient d'utilisation M est de 3,82.

Cette hélice est à pas constant à droite, à génératrice droite perpendiculaire à l'axe; elle a $5^m,80$ de diamètre et $7^m,70$ de pas.

La forme des ailes semble indiquer une génératrice courbe, inclinée sur l'axe du moyeu. Il n'en est rien cependant, et le renvoi en arrière est dû à la disposition particulière, dite en *lame de sabre*, de la projection des ailes sur un plan perpendiculaire à l'axe. Cette projection, suivant un contour courbe découpé dans la surface hélicoïdale a été faite dans le but d'empêcher deux ailes de se présenter à la fois dans toute leur surface suivant le plan de la cage d'étambot, afin d'atténuer les trépidations à l'arrière, dues aux inégalités de résistance que rencontre l'hélice dans sa rotation au sein de l'eau. Le rejet en arrière, écartant l'extrémité des ailes des façons du navire, a été trouvé très favorable à l'action utile de l'hélice, à la suite d'expériences faites par beaucoup de constructeurs.

La ligne médiane de l'aile est l'intersection de l'héliçoïde avec un cylindre dont la base sur le plan transversal est une spirale d'Archimède tournant à gauche, et dont le pôle se confond avec le centre de l'hélice. La concavité de la courbe se trouve ainsi tournée en arrière du sens du mouvement de l'hélice dans la marche en avant, et les génératrices sont parallèles à l'axe.

La courbure de la spirale varie suivant que l'on veut plus ou moins incliner l'aile vers l'arrière. On donne généralement de 25 à 45° d'ouverture à la spirale. La ligne médiane de l'aile sur le plan longitudinal est courbe pour 35 à 40° d'ouverture environ ; elle est sensiblement droite pour 25 à 30°. Dans l'hélice représentée planche XIII, la spirale d'Archimède a 45° d'ouverture. Le tracé de cette hélice s'obtient de la façon suivante :

On divise le rayon AO en un certain nombre de parties égales, et, par les points de division, on fait passer du centre O des arcs de cercle. On trace le secteur AOB de 45° d'ouverture, dans lequel doit être inscrit l'arc de spirale d'Archimède déterminant la ligne médiane de l'aile.

On divise l'arc AB en autant de parties égales que l'a été le rayon AO, et par les points de division on mène des rayons vecteurs au centre O. Les intersections de ces rayons avec les arcs de cercle de même numéro, passant par les points des sections, déterminent, par leur jonction, la courbe O.1.2.3.4.A, qui est la spirale d'Archimède cherchée.

L'arc compris entre deux rayons vecteurs consécutifs est de 9°, dans l'exemple, car il y a cinq divisions pour 45°. On peut, pour plus d'exactitude dans le tracé, déterminer la longueur de l'arc AB en portant $\frac{\pi D}{8} = \frac{18^m,22}{8} = 2^m,2775$ = arc AB ; (D est le diamètre de l'hélice).

La distance A'B', qui donne l'inclinaison de l'aile vers l'arrière, dans le plan longitudinal, et pour l'extrémité, est obtenue en posant :

$$\frac{\text{arc AB}}{\text{cir. } \pi D} = \frac{\text{A'B'}}{\text{Pas P}} \text{ ; d'où A'B'} = \frac{\text{P} \times \text{arc AB}}{\text{circ. } \pi D}$$

et :

$$\text{A' B'} = \frac{7^m70 \times 2^m2775}{18^m22} = 0^m9625$$

ou encore :

$$\text{A' B'} = \frac{7^m70 \times 45°}{360°} = 0^m9625$$

On divise ensuite cette distance A'B' en cinq parties égales, autant que de sections, et par les points de division on abaisse des perpendiculaires à l'axe xy du moyeu. La perpendiculaire A'C' est la génératrice de la surface héliçoïdale de l'aile. C'est à partir de cette ligne, qui correspond à la verticale AO de la vue transversale, que l'on trace les fractions de spires pour les fractions de pas qui correspondent aux arcs de cercle des sections, et qui doivent déterminer les arêtes d'entrée et de sortie de l'aile. Le tracé de ces spires est suffisamment indiqué par la figure et par la description qui en a été faite précédemment.

Les fractions de pas sont données : au moyeu 0,50, au milieu de l'aile 0,32, à l'extrémité 0,16 pour les quatre ailes. On en déduit les fractions de pas proportionnelles qui correspondent aux sections de l'aile, lesquelles sont égales au $\frac{1}{5}$ du rayon ou à $0^m,58$.

L'on a ainsi : à la première section, fraction de pas totale = 0,495, et pour une aile 0,124, donnant en dimensions $7^m,70 \times 0,124 = 0^m,955$; à la deuxième section, fraction de pas totale = 0,404 et pour une aile 0,101, donnant $7^m,70 \times 0,101 = 0^m,780$; à la troisième section, 0,32 : 4 = 0,08 et $7^m,70 \times 0,08 = 0^m,616$; à la quatrième section, $0,241 : 4 = 0,06 \times 7,70 = 0^m,462$; à la cinquième section, $0,16 : 4 = 0,04 \times 7,70 = 0^m,310$.

Ces dimensions de la fraction de pas aux différentes sections se portent sur les horizontales des points de la ligne médiane de l'aile, 1.2.3.4.5., moitié d'un côté, moitié de l'autre, comme en *ab* ($0^m,616$), pour la troisième section, par exemple. Des points *a* et *b*, on élève et on abaisse des perpendiculaires aux horizontales des sections jusqu'à la rencontre des fractions de spires, et, par les points d'intersection *m*, *m*.... *n*, *n*, on fait passer des lignes qui sont les arêtes d'entrée et de sortie de l'aile en vue longitudinale ou en projection sur un plan *parallèle* à l'axe. En projetant ensuite ces points sur la vue transversale jusqu'à la rencontre des arcs de cercle des sections correspondantes, on obtient des points d'intersection par lesquels on fait passer des courbes qui déterminent de même les arêtes d'entrée et de sortie de l'aile, en projection sur un plan *perpendiculaire* à l'axe.

Le restant de la construction est suffisamment indiqué par la figure. Nous reviendrons un peu plus tard sur la forme des coupes de l'aile aux sections.

La planche XIV représente une hélice du même genre que celle dont nous venons de donner la description, appartenant à une chaloupe. La spirale d'Archimède, qui a déterminé la ligne médiane de l'aile, a 32 degrés d'ouverture.

Il n'est pas indispensable que la ligne médiane de l'aile, en vue transversale, c'est-à-dire, en projection sur un plan perpendiculaire à l'axe, dans les hélices de ce genre, soit une spirale d'Archimède ou un arc de cercle, cette ligne peut être une courbe quelconque, tracée selon le goût du constructeur, telle que celle, par exemple, qui caractérise l'hélice de la planche XIV *bis*. La génératrice de la surface hélicoïdale est une ligne droite perpendiculaire à l'axe et l'aile est découpée dans cette surface suivant une courbe dont la projection en vue longitudinale, c'est-à-dire, sur un plan parallèle à l'axe, est encore une courbe, accentuée vers le moyeu, et se rapprochant de la ligne droite à l'extrémité de l'aile.

Ce propulseur appartient à un paquebot de 70 mètres de long, 9 mètres de large, $6^m,72$ de creux, 4 mètres de tirant d'eau moyen en charge, 1.445 tonnes de déplacement et $28^{m2},55$ de surface immergée au maître-couple. La machine compound est de 600 chevaux de 75 kilogrammètres, pour 86 tours et une vitesse moyenne de 11 nœuds.

Le tracé de cette hélice ne diffère pas de celui des deux propulseurs ci-dessus. La ligne médiane de l'aile, en vue transversale, est une courbe tracée dans un angle de 27°. En vue longitudinale, le renvoi en arrière de l'extrémité de l'aile, par rapport à la verticale passant par le pied de la courbe, sur l'axe du moyeu, est égal à $\frac{P \times 27°}{360°} = \frac{4^m,30 \times 27°}{360°} = 0^m,323$.

La largeur développée de l'aile est uniforme sur toute la surface.

Dans ce tracé, les fractions de spires, pour les sections, ont été continuées jusqu'à l'axe, correspondant ainsi à un quart de tour, avec une fraction de pas égale à $\frac{P}{4} = \frac{4^m,30}{4} = 1^m,075$.

Quelquefois l'on se donne pour ligne médiane de l'aile, dans ce même type d'hélice, en plan longitudinal parallèle à l'axe, une ligne droite plus ou moins inclinée vers l'arrière, selon que l'on veut avoir l'aile plus ou moins rejetée en arrière. Dans ce cas, la projection de cette ligne, sur le plan transversal perpendiculaire à l'axe, est une courbe quelconque.

L'hélice représentée planche XV est de ce genre. Elle est du type adopté par la Compagnie des Messageries maritimes, pour ses grands paquebots postaux des lignes de l'Indo-Chine et de l'Australie.

Ce propulseur, en bronze, est à génératrice droite perpendiculaire à l'axe. Le pas est constant et à droite. Les ailes sont renvoyées en arrière d'un angle de 8° environ, à partir de la circonférence du moyeu sphérique. L'extrémité de l'aile est donc à l'arrière de la verticale passant par l'axe du moyeu, à une distance égale à $0^m,260$, correspondant à l'arc de 8°.

Le tracé de cette hélice, quoique ne différant pas dans son ensemble de ceux indiqués ci-avant, présente pourtant les particularités suivantes :

La ligne droite inclinée *ab*, qui marque dans la vue longitudinale le renvoi en arrière de l'aile, est la ligne médiane de la surface de cette dernière. Sa projection en vue transversale s'obtient à l'aide de la vue auxiliaire des coupes aux sections. On trace sur cette vue la ligne *ab*, inclinée comme dans la vue longitudinale. Après avoir mené, comme d'habitude, les obliques des directions des pas pour les différents cylindres concentriques à l'axe, correspondant aux sections, à partir du point M, marquant la distance $\frac{P}{2\pi}$, on élève, des points d'intersection de la ligne inclinée *ab* avec les horizontales des sections, des perpendiculaires à ces dernières, *aa'*, *cc' dd,'ee'*, jusqu'à leur rencontre avec les obliques menées de M. Ces distances *aa'*, *cc'*, *dd'* et *ce'* sont portées ensuite, en vue transversale, sur les arcs du cercle, décrits de O aux sections, à partir de la verticale *a*O.

En joignant les points *a'*, *c'*, *d'*, *e'* et *b'* par une ligne, on a la projection cherchée de la ligne médiane de l'aile en vue transversale; cette ligne est une courbe. Les distances *aa'*, *cc'*.. — peuvent s'obtenir également par le calcul en fonction du pas. Ainsi, pour *aa'*, on a, en nous reportant à ce que nous avons indiqué page 150 ;

$$\frac{\text{arc } a'a}{\text{circ.}\pi D} = \frac{Aa}{P}$$

L'inconnue étant arc *a'a*, on a :

$$\text{arc } a'a = \frac{Aa \times \text{circ. } \pi D}{P} = \frac{0^m260 \times 15^m08}{6^m00} = 0^m653$$

Le restant de la construction s'effectue de la manière habituelle.

Les ailes de cette hélice sont rapportées sur le moyeu qui est sphérique, et l'axe des tourillons suit une direction un peu différente de la génératrice de la surface héliçoïdale.

L'épaisseur de l'aile aux sections est donnée par une courbe parabolique au dos. Les coupes aux sections sont également de forme parabolique dont le tracé est indiqué plus loin au paragraphe 15, ainsi que celui de la détermination des largeurs de l'aile.

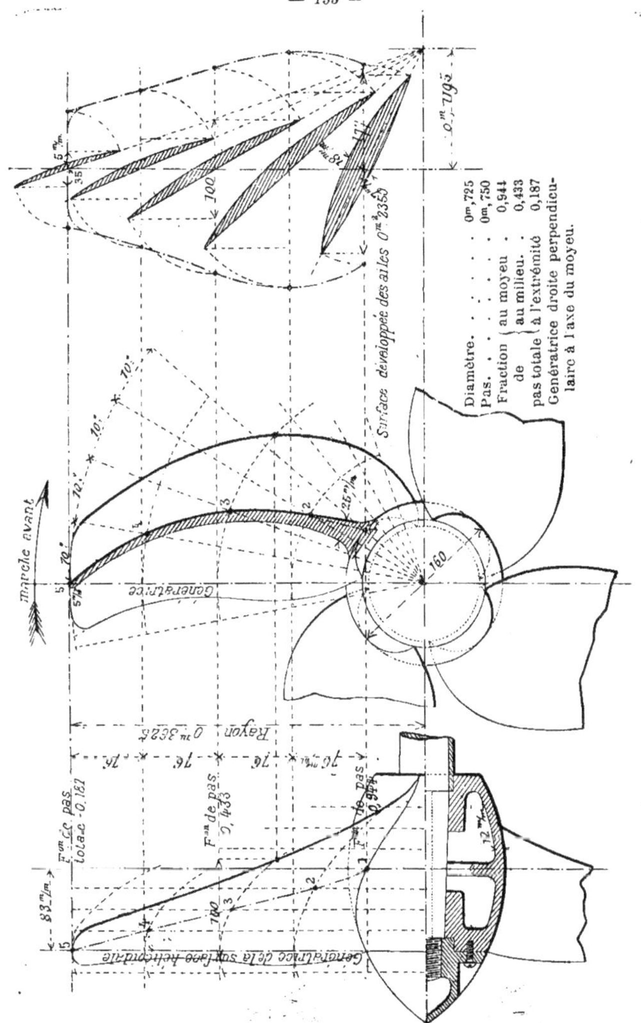

Fig. 50. — Hélice en bronze, à 4 ailes, pour canot de sauvetage. — Pas constant à droite. — Échelle 1/5.

Une autre disposition est donnée par la figure 50, qui représente une hélice en bronze à quatre ailes d'un canot de sauvetage, de 9^m,00 de long, 2^m,04 de large, 1^m,12 de creux et 0^m,88 de tirant d'eau sous crosse. La ligne médiane de l'aile, sur le plan transversal, part de l'intersection de la circonférence, au plus grand diamètre du moyeu, avec le rayon mené du centre et formant avec la génératrice verticale un angle de 40°.

Par les derniers exemples que nous venons de donner, on voit que l'on peut découper dans la surface héliçoïdale, engendrée par une génératrice droite perpendiculaire à l'axe, toute forme d'aile que l'on veut pour les besoins de la construction.

La forme en lame de sabre des hélices représentées planches XIII, XIV et XXX, a été adoptée par la plupart des compagnies de navigation pour les hélices de leurs paquebots. La marine militaire l'a employée sur bien des grands cuirassés, type *Amiral-Duperré*, et des croiseurs à grande vitesse, type *Tourville*, par exemple. Ces hélices sont dites à *ailes déployées*.

La planche XVI représente une hélice en fonte à quatre ailes d'un paquebot ayant les dimensions suivantes :

Longueur 95 mètres, largeur 10^m,45, creux 7^m,75, tirant d'eau arrière 5^m,50, déplacement en charge 2.900 tonnes, surface immergée au maître-couple 45 mètres carrés; machine compound de 2.000 chevaux de 75 kilogrammètres pour 72 tours, et une vitesse moyenne en service de 14 nœuds 5.

Cette hélice est à génératrice droite, perpendiculaire à l'axe, et à pas constant à droite. La forme de l'aile en plan transversal, découpée dans la surface héliçoïdale, comme nous venons de le faire remarquer ci-dessus, a été courbée par rapport à la génératrice, sous une direction déterminée, pour que l'extrémité de l'aile, plus élevée sur le plan héliçoïdal engendré par la génératrice droite, soit renvoyée en arrière en plan longitudinal. La ligne du maximum d'épaisseur est sensiblement la ligne médiane de l'aile.

HÉLICES A GÉNÉRATRICE DROITE ET DIRECTRICE VARIABLE

Nous avons donné, page 75 et planche V, le tracé géométrique d'une hélice à génératrice droite et directrice variable, c'est-à-dire, à pas variable, ayant un pas d'entrée et un pas de sortie. La génératrice était *verticale*, et les fractions de pas étaient également réparties à droite et à gauche de cette ligne.

La planche XVII représente une hélice en bronze à quatre ailes, à génératrice droite, *inclinée sur l'axe*, et à directrice variable. Ce propulseur appartient à un paquebot de 120 mètres de long, 13^m,40 de large, 11^m,65 de creux, et 7^m,30 de tirant d'eau arrière, correspondant à un déplacement de 7.700 tonnes. La machine développe en service 5.000 chevaux de 75 kilogrammètres pour 56 tours, et une vitesse de 13 nœuds 5. La valeur de B^2 est de 85$^{m^2}$,45.

Le pas de cette hélice est *à gauche*. Le pas d'entrée est de 7^m,50, et le pas de sortie 8^m,50. La fraction de pas est nulle à l'extrémité de l'aile.

Comme on le voit sur la figure, les fractions de pas ne sont pas portées par moitié, à partir de la génératrice de la surface héliçoïdale, du côté de l'entrée et du côté de la sortie. Cette génératrice est *la ligne de démarcation des pas*. La ligne du maximum d'épaisseur de l'aile ne passe pas par la ligne de démarcation des pas ; elle est reportée un peu plus du côté de la sortie pour permettre de mieux amincir l'arête d'entrée, c'est-à-dire, l'angle d'attaque de l'aile sur l'eau dans la marche avant.

Toutes ces particularités ont été étudiées et appliquées à la suite d'expériences et de résultats acquis sur le même navire, et pour un certain nombre d'hélices de construction différente.

Le tracé de ce propulseur est conforme à celui qui a été donné page 75.

La planche XVIII représente une hélice à génératrice droite, inclinée sur l'axe, et correspondant à l'arête de sortie, à partir de laquelle on porte les largeurs. Le pas est variable.

Ce propulseur appartient à un navire à deux hélices, ayant les dimensions suivantes : longueur 89 mètres, largeur $12^m,35$, creux $8^m,75$, tirant d'eau arrière $6^m,30$, déplacement 4.140 tonnes, $B^2 = 69$ mètres carrés. Chacune des machines compound développe en service 1.400 chevaux de 75 kilogrammètres, pour 80 tours par minute. La vitesse imprimée au navire par les deux hélices est en moyenne de 13 nœuds 5.

L'hélice représentée planche XVIII est celle de tribord, avec pas à droite; celle de bâbord, avec pas à gauche, lui est semblable et symétrique. Ces hélices tournent donc vers l'extérieur dans le demi-cercle supérieur de leur rotation.

La surface développée des ailes étant donnée, ainsi que les fractions de pas au moyeu (naissance de l'aile), au milieu et aux extrémités, on trace cette hélice de la manière habituelle.

Les fractions de pas pour un arc parcouru de 10 degrés, nécessaires au tracé des fractions de spires pour la détermination des arêtes d'entrée et de sortie, sont prises en fonction du pas moyen P de 7 mètres, c'est-à-dire que l'on a :

$$\frac{7^m00 \times 10^\circ}{360^\circ} = 0^m194$$

Les fractions de pas du côté de l'entrée et du côté de la sortie ont été déterminées par le tracé, en portant une ligne de démarcation des pas qui laisse une surface d'aile un peu plus grande du côté de la sortie que du côté de l'entrée, suivant l'idée du constructeur. La ligne de démarcation des pas ne coïncide donc pas avec la ligne médiane de l'aile.

La ligne du maximum d'épaisseur de l'aile est portée plus du côté de la sortie que du côté de l'entrée, pour amincir l'aile dans la marche avant. De la première section inférieure à la troisième section, l'arête de sortie est relevée suivant une courbe de $0^m,80$ de rayon, afin de faciliter l'évacuation de l'eau entraînée par le mouvement de rotation de l'hélice. La ligne *ab* a été menée pour déterminer exactement le point de départ ou de tangence de cette courbe avec la direction du pas, pour une section quelconque de l'aile au-dessous de la troisième. (Cette particularité n'est pas souvent adoptée.)

Dans l'hélice à pas variable à gauche, représentée planche XIX, la génératrice de la surface héliçoïdale est *droite* sur le plan parallèle à l'axe, et *courbe* sur le plan perpendiculaire à l'axe. La courbure de l'aile dans le sens de la rotation, avec la concavité dirigée vers la marche avant, a pour but de ramener parallèlement à l'axe les molécules d'eau au lieu de les projeter perpendiculairement, ce qui représente du travail perdu.

Cette disposition, que l'on retrouve sur les hélices du type Hirsch, ne se fait plus beaucoup aujourd'hui. On lui préfère la disposition donnée par les planches XIII et XIV qui indique, dans la projection des ailes sur un plan perpendiculaire à l'axe (vue transversale), que l'aile est découpée dans la surface héliçoïdale, engendrée par une génératrice droite perpendiculaire à l'axe, suivant un contour courbe dont la convexité est tournée dans le sens de la rotation pour la marche avant. Il ne faut donc pas confondre le tracé de l'hélice de la planche XIX avec celui de l'hélice de la planche XIII, quoique au premier aspect ces tracés paraissent semblables. Dans le premier, la génératrice de la surface héliçoïdale est *droite* dans le plan parallèle à l'axe (vue longitudinale), et *courbe* dans le plan perpendiculaire à l'axe (vue transversale); dans le second cas, la génératrice est *droite* dans les deux plans. L'aile est quand même courbe dans les deux cas; mais elle n'est pas renvoyée en arrière dans le type de la planche XIX.

Dans la planche XIX, la génératrice en plan longitudinal est une projection; sa longueur vraie serait obtenue en développant la courbe correspondante de la vue transversale. Les fractions de spires sont également en projection.

Le développement de la surface de l'aile, figuré dans la vue auxiliaire, à droite de la planche, a été tracé comme pour une hélice ordinaire; son développement exact s'obtiendrait en portant sur l'axe de cette vue la longueur vraie de la génératrice, et en modifiant en conséquence les distances entre les sections pour une nouvelle position des coupes.

Cette hélice appartient à un paquebot de 120 mètres de longueur.

La courbure de la génératrice dans le plan perpendiculaire à l'axe est un arc de cercle partant de l'axe et coupant la circonférence extérieure sous un angle de 24°. La corde qui sous-tend cet arc est égale au rayon de l'hélice. On déduit de ces données la valeur du rayon de cet arc de cercle par la petite construction suivante (fig. 51), tirée de la planche XIX.

Soient : AB la corde qui sous-tend l'arc ADB, égale à 2m,90, rayon de l'hélice; ABC l'angle de 24° de l'arc ADB; OB le rayon de l'arc, perpendiculaire à BC.

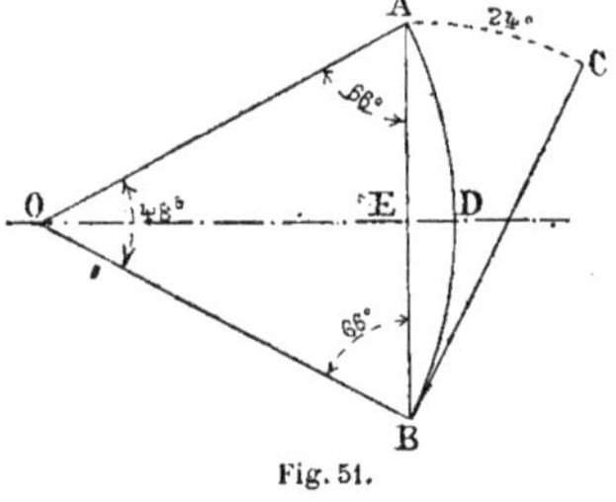

Fig. 51.

L'angle OBA est égal à 90° — 24° = 66°. L'angle au centre AOB est égal à 180° — (66° × 2) = 48°.

Pour un rayon = 1, la corde d'un arc de cercle, dont l'angle au centre vaut 48°, est donnée par des tables connues, en fonction du rayon, égale à 0,8135. D'où OB $= \frac{2,90}{0,8135} =$ 3m,565, valeur cherchée.

On peut obtenir encore la valeur de ce rayon OB en remarquant que le triangle rectangle OEB, dans lequel on connaît EB = 1m,45, et l'angle EBO = 66°, donne :

$$OB = \frac{BE}{\cos. 66^\circ} = \frac{1^m45}{0,407} = 3^m565$$

La génératrice de la surface héliçoïdale est donc un arc de cercle de $3^m,565$ de rayon en plan transversal. Cette génératrice est en même temps la ligne de démarcation des pas, et sensiblement la ligne médiane de l'aile, sauf à la partie près du moyeu. Les dimensions principales de cette hélice sont indiquées sur la planche XIX.

Les arcs de 6°, pour le tracé des spires qui doivent déterminer les arêtes d'entrée et de sortie de l'aile, en vue longitudinale, se portent à toutes les sections, à partir de la génératrice courbe de la vue transversale. Les fractions de pas, qui correspondent à ces arcs de 6°, sont égales à $\frac{8^m,65 \times 6^\circ}{360^\circ} = 0^m,144$ du côté de l'entrée, et à $\frac{9^m,35 \times 6^\circ}{360^\circ} = 0^m,156$ du côté de la sortie.

La ligne du maximum d'épaisseur a été tracée suivant une courbe, au goût du constructeur. L'arête de sortie de l'aile est relevée jusqu'à la troisième section suivant une direction *ab* qui donne aux coupes le point de départ de la courbure. Cette disposition modifie l'arête de sortie dans les vues longitudinale et transversale, au-dessous de la troisième section. Une ligne pointillée indique dans ces vues la forme de cette arête non relevée.

Cette hélice aurait pu être placée dans le type dit *à génératrice courbe*, dont nous parlons plus loin. C'est à cause de sa génératrice droite en vue longitudinale qu'elle a été indiquée ici.

HÉLICES A GÉNÉRATRICE DROITE ET DIRECTRICE COURBE

La planche XX représente une hélice en acier à trois ailes, à génératrice droite inclinée sur l'axe, et à directrice courbe, c'est-à-dire à *pas croissant*, sur la largeur de l'aile dans le sens de la rotation. En outre, sur la longueur de l'aile, dans le sens du rayon, le pas est variable.

Ce propulseur appartient à un croiseur à grande vitesse, à deux machines de la force totale de 5.000 chevaux de 75 kilogrammètres pour 280 tours par minute, et 19 nœuds 5 de vitesse. Ce navire, d'une surface immergée (B^2) au maître-couple de 17 mètres carrés, est pourvu de deux hélices. Celle représentée par la planche XX est l'hélice de bâbord, avec pas à droite, tournant vers l'axe longitudinal du navire dans la marche avant et dans le demi-cercle supérieur de sa rotation. Les ailes sont rapportées sur le moyeu.

Le pas croissant consiste à courber l'aile sur toute sa largeur suivant un arc de cercle, comme on le voit sur la figure. La flèche de cet arc est de 5 millimètres au maximum.

Le tracé se fait sur le pas de la corde, comme pour une hélice à pas constant. (Voir plus loin et planche XXII une hélice à pas croissant).

HÉLICES A GÉNÉRATRICE COURBE ET DIRECTRICE VARIABLE

La planche XXI représente une hélice de ce genre d'un grand paquebot de 140 mètres de longueur, et dont la surface immergée au maître-couple est de 83 mètres carrés. Aux essais, ce navire a donné une vitesse de 17 nœuds 3, à 61 tours, pour une puissance développée de 6.950 chevaux de 75 kilogrammètres. Le coefficient de recul, calculé sur le pas de sortie, a été de 0,073, et le coefficient de vitesse M, 3,93.

Le tracé de cette hélice ne diffère pas de celui décrit pour l'hélice à génératrice droite inclinée sur l'axe. La figure de la planche XXI indique suffisamment ce tracé.

La ligne de démarcation des pas n'est pas exactement la ligne médiane de l'aile. Dans la projection de l'aile sur un plan parallèle à l'axe (vue longitudinale), les fractions de pas données sont portées à partir de la génératrice de la surface héliçoïdale qui est une courbe déterminée par le constructeur.

Projetée sur un plan perpendiculaire à l'axe (vue transversale), cette' génératrice devient une ligne droite et limite l'arête de sortie. C'est à partir de cette ligne que l'on mène les rayons vecteurs, équidistants de 5° par exemple, qui permettent de tracer les fractions de spires pour la détermination, en vue longitudinale, de la ligne de démarcation des pas, lorsque celle-ci a été, au préalable, indiquée en vue transversale. Du côté de l'entrée, les rayons vecteurs de 5° d'écartement, et les fractions de pas correspondantes sont menés, à chaque section, à partir de cette ligne des pas.

La courbure de la génératrice, qui a pour but de combattre l'effet centrifuge de l'hélice, n'est pas toujours une ligne quelconque, comme nous l'avons dit, page 89; c'est souvent un arc de cercle qui coupe la circonférence extérieure sous un certain angle, et vient recouper, au moyeu ou à l'axe, le rayon qui passe par cette intersection. Quelquefois la génératrice est une spirale d'Archimède, comme dans l'hélice suivante.

La planche XXII représente uné hélice à génératrice courbe et directrice courbe, ou *pas croissant.* La courbure de la génératrice est faite suivant une spirale d'Archimède, de 30° d'ouverture, et la concavité est tournée vers l'arrière. Le pas est croissant sur la largeur de l'aile, dans le sens de la rotation; il varie à chaque point de l'aile.

Le tracé de ce propulseur a été exécuté en prenant quatre pas distincts, pour mieux le faire comprendre, car d'après le dessin, l'hélice serait à directrice variable, formant ligne brisée. Pour la construction, on doit augmenter le nombre des pas, en leur attribuant la valeur nécessaire, de manière à ce que la ligne brisée, qui forme la directrice de l'héliçoïde, soit sensiblement une courbe régulière, lorsque l'on arrondit légèrement les angles.

Pour l'hélice de la planche XXII, le tracé a été fait de la manière suivante :

La génératrice de la surface héliçoïdale étant, en vue longitudinale par rapport au navire, une spirale d'Archimède de 30° d'ouverture, on divise le rayon OR et l'arc de 30° en un même nombre de parties égales, et, par l'intersection des rayons vecteurs menés de O aux divisions de l'arc, et des arcs de cercle décrits de O comme centre et passant par les divisions du rayon, on fait passer la courbe connue de la spirale d'Archimède, qui détermine la génératrice de la surface héliçoïdale. Cette génératrice se projette en vue transversale suivant une ligne droite perpendiculaire à l'axe du moyeu.

Après cette opération, on porte en vue longitudinale les fractions de pas moyen données, qui permettent de tracer approximativement la forme de l'aile dans cette vue, et en projection transversale. Dans cette dernière, on trace un secteur AO'B qui comprend sensiblement toute l'aile, et qui va servir à déterminer la directrice de l'héliçoïde suivant des pas donnés.

L'arc du secteur est de 48°, par moitié de chaque côté de la génératrice, et sa longueur développée AB à l'extrémité du rayon est de 2m,388. A droite de la planche, on trace une ligne A'B' égale au développement de cet arc. Le pas est donné égal à 1 fois 6 le diamètre D de l'hélice pour un quart de la largeur de l'aile à l'extrémité, sur l'arc AB, et à la sortie; ensuite à 1 fois 5 le diamètre sur le deuxième quart suivant, 1 fois 4 et 1 fois 3 pour les deux autres quarts. On a, par suite, les valeurs successives : $P' = D \times 1{,}3 = 7^m{,}41$ à l'entrée; $P'' = D \times 1{,}4 = 7^m{,}98$; $P''' = D \times 1{,}4 = 8^m{,}55$; $P^{IV} = D \times 1{,}6 = 9^m{,}12$ à la sortie.

Si le pas avait été constant sur toute la largeur de l'aile, et égal par exemple à $9^m{,}12$ de la sortie, la fraction de pas, qui correspondrait à l'arc parcouru de 48°, dont le développement est A'B', serait égale à $\frac{9^m{,}12 \times 48^\circ}{360^\circ} = 1^m{,}215$; la directrice de l'héliçoïde serait l'hypthénuse A'C' du triangle rectangle A'B'C', dans lequel B'C' est égal à $1^m{,}215$, fraction de pas correspondant à l'arc A'B' développé.

Mais le pas varie pour chaque quart de la largeur ; divisons donc A'B' en quatre parties égales, et par les points de division, élevons des perpendiculaires à A'B'. Le point de rencontre a, avec A'C', de la perpendiculaire élevée en b, donne la longueur ab, qui est la fraction de pas correspondant à ce quart de l'aile à la sortie. La valeur numérique de cette fraction de pas est égale à $\frac{9^m{,}12 \times 12^\circ}{360^\circ} = 0^m{,}304$. L'angle de 12° de cette expression est celui qui correspond au quart de l'arc AB de la vue transversale. La droite A'a est donc le développement de l'hélice directrice pour le quart de l'aile à la sortie.

De a, menons la ligne ad_1 parallèle et égale à A'B', sur laquelle nous élèverons en d_1 une perpendiculaire $d_1\,c_1$, égale à :

$$\frac{8^m 55 \times 48^\circ}{360^\circ} = 1^m 140$$

Joignons ac_1, et la partie aa_1 comprise entre b et b_1, deuxième quart de la largeur de l'aile en venant vers l'entrée, représentera l'hélice directrice à partir de a. La fraction de pas correspondant à $a_1\,b'$ est alors égale à :

$$\frac{8^m 55 \times 12^\circ}{360^\circ} = 0^m 285$$

On continue de la même façon pour les autres quarts : de a_1 on mène $a_1 d_1$, égale et parallèle à A'B', sur laquelle on élève en d_2 la perpendiculaire $d_2 c_2$ égale à :

$$\frac{7^m 98 \times 48^\circ}{360^\circ} = 1^m 084$$

On joint a_1c_1, et a_1a_2 sera la nouvelle hélice directrice à partir de a_1 pour le pas de $7^m,98$ sur le troisième quart de la largeur de l'aile ; la fraction de pas correspondante a_1b'' est égale à :

$$\frac{7^m98 \times 12^\circ}{360^\circ} = 0^m266$$

De a_2, on mène a_2d_3 égale et parallèle à A'B', sur laquelle on élève en d_3 la perpendiculaire d_3c_3 égale à :

$$\frac{7^m41 \times 48^\circ}{360^\circ} = 0^m988$$

On joint a_2c_3, et $a_2\ a_3$ sera l'hélice directrice du pas d'entrée $7^m,41$, à partir de a_2. La fraction de pas correspondante a_3b''', du dernier quart de la largeur de l'aile, est égale à :

$$\frac{7^m41 \times 12^\circ}{360^\circ} = 0^m247$$

L'hélice directrice de la surface héliçoïdale est donc représentée finalement dans son développement par la ligne A'$aa_1a_2a_3$. Il est facile de comprendre que si l'on multipliait les divisions de A'B', en augmentant le nombre des pas, on aurait une ligne brisée A'a_3 qui serait sensiblement une courbe, et constituerait le pas croissant, tel qu'il a été donné pour l'hélice en question.

Les fractions de pas, étant ainsi déterminées pour chaque arc de 12° parcouru par l'aile dans sa rotation, on les porte en vue longitudinale à partir de la génératrice, deux du côté de l'entrée et deux du côté de la sortie, à toutes les sections, et on abaisse de ces points des perpendiculaires aux horizontales, sur lesquelles on projette les points correspondants des intersections des rayons vecteurs avec les arcs de cercle aux sections, de la vue transversale, pour déterminer les fractions de spires correspondantes, comme l'on fait d'habitude. On peut alors tracer très exactement les arêtes d'entrée et de sortie dans les deux vues, d'après les données que l'on a.

Dans la vue auxiliaire des coupes aux sections, on porte, comme d'ordinaire, à partir de la verticale MN, des distances $\frac{P'}{2\pi}$, $\frac{P''}{2\pi}$, $\frac{P'''}{2\pi}$, $\frac{P^{IV}}{2\pi}$, égales à $1^m,18$, $1^m,27$, $1^m,36$, $1^m,43$ et on élève des verticales ff, gg, hh, ii, espacées des fractions de pas pour 12° d'arc, rapportées à la génératrice droite du milieu de l'aile.

On commence par mener du point o, correspondant au pas du milieu vers la sortie, des droites aux sections que l'on prolonge jusqu'en gg, et l'on marque les points j. On mène ensuite du point p des droites aux points j jusqu'en ff, et l'on marque les points k ; puis du point n des droites aux points 1, 2, 3, 4, 5, et l'on marque les points l de leur rencontre avec hh ; enfin, du point m des droites aux points l, et l'on marque les points q de leur rencontre avec ii. Les lignes brisées, ainsi déterminées (k. j. 5. l. q., pour la cinquième section par exemple), représentent donc la forme de la directrice de l'héliçoïde d'après les divers pas, et pour les intersections de la surface avec les cylindres concentriques à l'axe.

En prenant sur ces lignes brisées les largeurs développées d'aile aux sections correspondantes, d'après le procédé ordinaire, et en portant les épaisseurs de matière, on obtient les coupes indiquées sur le dessin, qui complètent le tracé.

On remarquera que vers le moyeu l'arête d'entrée de l'aile sort un peu du secteur A O' B. Pour cette portion de la surface on a continué le pas de 7_m,41 qui suit.

Les types d'hélices que nous venons de donner représentent à peu près l'ensemble de ceux qui sont généralement employés pour la propulsion des navires.

Les hélices à 4 ailes déployées sont celles qui sont aujourd'hui le plus adoptées, comme produisant le moins de trépidations à l'arrière du navire.

Pour compléter notre travail, nous donnerons le tracé et la description de quelques types spéciaux d'hélices ne différant de ceux indiqués ci-dessus que par des particularités qui n'en changent pas le principe de construction.

Parmi ces dernières, on peut citer les hélices Griffith, adoptées par la marine militaire anglaise, qui sont à génératrice droite perpendiculaire ou inclinée sur l'axe, mais dont la forme franchement elliptique des ailes en a fait un type un peu spécial.

Les hélices Hirsch et Thornicroft, pour torpilleurs, sont également d'un type spécial.

Les hélices à 2 ailes doubles, du type Mangin, n'offrent de particularités que dans la disposition des ailes sur le moyeu pour la marche à la voile. La nature de la génératrice et de la directrice de la surface héliçoïdale, ainsi que la forme des ailes, appartiennent aux types ordinaires.

Les hélices à deux ailes doubles, comme celles à 2 ailes triples, ne sont plus que rarement employées aujourd'hui.

HÉLICES GRIFFITH

Nous avons parlé, lors des expériences exécutées sur le *Borysthène*, page 101, des hélices Griffith. Il existe plusieurs types de ces hélices.

En 1849, M. Robert Griffith, du Havre, prit un brevet pour des perfectionnements apportés dans les propulseurs, dont le principal consistait en une manière de changer le pas de l'hélice suivant le degré de résistance qu'elle éprouve. Ce propulseur se gouvernait lui-même au moyen d'un mécanisme, dont le but était d'arriver à ce que lorsqu'une cause quelconque fait mouvoir l'hélice avec plus de vitesse que d'habitude, l'accroissement de résistance de l'arête d'entrée augmente le pas, pour accroître la résistance des ailes et diminuer le nombre de tours.

Un des types d'hélices Griffith est représenté par la planche XXIII. Cette hélice en fonte, à 2 ailes, a la génératrice de la surface héliçoïdale recourbée à l'extrémité supérieure seulement, la partie inférieure est droite et perpendiculaire à l'axe. Nous avons parlé de ce genre d'hélice, page 89.

Le pas est variable du moyeu à la circonférence et constant sur la largeur de l'aile dans le sens de la rotation. Le moyeu est sphérique; les ailes sont rapportées et disposées de manière à en pouvoir modifier l'orientation, pour le cas où dans les essais de vitesse on reconnaîtrait la nécessité de changer le pas. Comme on le voit sur les figures de la planche XXIII, le tenon du pied de l'aile reçoit une clavette en bronze qui passe dans des parties du moyeu largement échancrées ; le tenon et la clavette peuvent ainsi tourner d'un certain angle, et, lorsque l'orientation est bien établie, on ajuste des cales en bronze dans les échancrures du moyeu. On enfile ensuite, sur les bouts de la clavette, des chapeaux en bronze tenus par deux écrous qui empêchent les cales de bouger, et assurent ainsi la fixité de tout le système.

Ce type d'hélice ne se fait plus beaucoup aujourd'hui. Dans la marine de guerre anglaise on emploie un autre type d'hélice Griffith (1) (fig. 52).

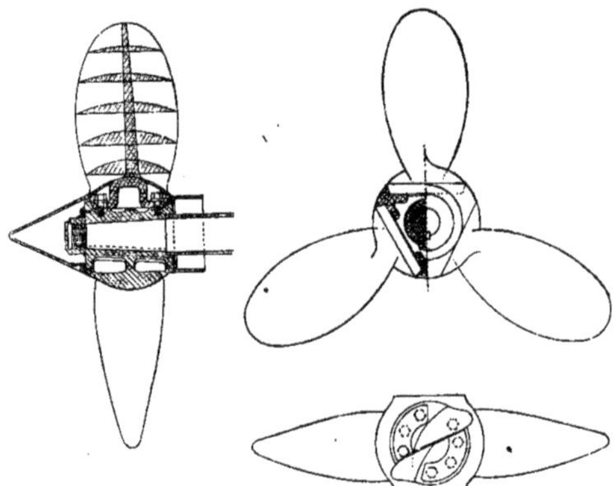

Fig. 52. — Hélice Griffith.

Ce propulseur est caractérisé par un gros moyeu qui permet de tenir les ailes de manière à en modifier l'orientation, suivant une disposition sensiblement différente de celle indiquée plus haut.

La surface développée d'une aile est une ellipse dont le grand axe est égal au rayon de l'hélice et le petit axe égal aux $\frac{4}{10}$ du grand. On peut trouver cependant qu'en raison d'un diamètre limité, la surface développée des ailes n'est pas suffisante avec ces proportions ; dans ce cas, la forme elliptique est établie en prenant comme petit axe les $\frac{5}{10}$ ou les $\frac{55}{100}$ du grand.

Si l'on ne pouvait pas obtenir la surface nécessaire, même avec quatre ailes, comme dans le cas de navires à tirant d'eau très faible où le diamètre de l'hélice est limité, la forme elliptique peut être altérée, et l'aile élargie à l'extrémité.

1. Barnaby. — *Marine Propellers.*

Le moyeu doit avoir un diamètre égal à :

$$\frac{\text{diamètre de l'hélice}}{3{,}25 \text{ à } 3{,}50}$$

et doit découper environ $\frac{1}{5}$ de la surface de l'ellipse règlementaire.

La surface développée d'une aile, que l'on peut considérer comme une surface plane, se déduit des considérations suivantes :

Un cylindre concentrique à l'axe coupera la surface héliçoïdale suivant une hélice faisant un certain angle avec l'axe; il coupera également un plan passant par le diamètre du cylindre, lequel passe par le point milieu de l'hélice, et faisant le même angle avec l'axe suivant un arc elliptique. La longueur du propulseur, dans le sens de la rotation, étant petite par rapport au pas, ces deux arcs coïncideront sensiblement.

Si l'on développe ces arcs elliptiques, à tous les rayons, autour d'un axe commun, jusqu'à ce qu'ils soient tous dans le même plan, avec leurs grands et petits axes coïncidant respectivement (quoique de longueur différente, nécessairement), la courbe passant par leurs extrémités formera alors la limite de la surface développée. Cette surface est sensiblement égale à la surface entière réelle de la face d'action de l'aile, quoique, de fait, quelque peu plus petite qu'elle.

Le tracé d'une hélice à trois ailes, à pas constant à droite du type Griffith, adopté par l'Amirauté anglaise, avec des ailes elliptiques de forme règlementaire, à génératrice droite perpendiculaire à l'axe du moyeu servant de ligne médiane à l'aile, s'effectue de la manière suivante, d'après la description et les dessins des planches XXIV et XXV, que nous empruntons à l'ouvrage de M. Sydney Barnaby, *Marine propellers*, 3e édition 1891 :

On mène une ligne droite AB (fig, 1, pl. XXIV), représentant l'axe du propulseur, sur laquelle on élève de B une perpendiculaire BC égale au rayon de l'hélice. Avec BC comme grand axe et un petit axe égal aux $\frac{4}{10}$ de BC on trace l'ellipse BDCE. On décrit le cercle FHG de rayon égal à celui du moyeu, et coupant l'hélice en FG: la surface GDCEFHG est la surface développée de l'aile. On divise HC en un certain nombre de parties, de préférence égales, donnant ainsi les points a, b, c, d, e, f.

Si P est le pas constant du propulseur, on prend BA égal à $\frac{P}{2\pi}$ et on joint AH, Aa, Ab, Ac..., ces lignes sont les lignes du pas. Alors, puisque la tangente de l'angle que fait avec BC une quelconque de ces lignes passant par un point sur BC, distant de B d'une quantité r, est égale à $\frac{P}{2\pi r}$, les angles de ces lignes sont les angles des hélices d'intersection correspondantes, et, par suite, d'après ce que nous avons expliqué plus haut, les angles que les plans des arcs elliptiques, formant la surface développée, font avec les plans à angles droits à l'axe du propulseur, lorsque les arcs coïncident approximativement avec les hélices correspondantes sur l'aile réelle.

Si l'on considère que l'arc elliptique sur la surface développée, passant par c, par exemple, a Bc

comme demi-petit axe, et que l'angle cAB est son inclinaison quand il occupe sa position sur l'aile réelle à l'axe du cylindre d'intersection, cA doit être la longueur de son demi-grand axe.

Semblablement AH, Aa, Ab..., etc., sont les longueurs des demi-grands axes des arcs elliptiques passant par H, a, b..., etc, respectivement; et BH, Ba..., etc., sont les demi-petits axes correspondants. Il s'ensuit que A est un foyer de tous ces arcs elliptiques; l'autre foyer est en K à une distance BK = BA.

Menons donc par les points H, a, b..., etc., des arcs elliptiques avec A et K comme foyers, et des demi-grands axes respectivement égaux à AH, Aa, Ab..., etc.; ces arcs elliptiques représentent les arcs héliçoïdaux d'intersection développés autour de BC jusqu'à ce qu'ils soient dans le même plan. Si l'on renverse le procédé et que l'on retourne ces arcs à partir de la surface développée de l'aile, sous le même angle, leurs extrémités donneront les points de la ligne extérieure de l'aile. L'angle sous lequel un arc quelconque doit être retourné est celui qui est fait par sa ligne de pas avec BA.

Cette construction nous permet de tracer les projections. Pour faire cette opération, nous prendrons un de ces arcs elliptiques et nous montrerons comment on obtient les projections du point à une de ses extrémités; les projections de l'autre extrémité peuvent être obtenues d'une façon analogue, mais de l'autre côté de la ligne du centre: ce sera ainsi un exemple. Si la même méthode est adoptée pour les extrémités de tous les autres arcs, des séries de points seront obtenues, et en faisant passer des courbes par les séries respectives, on a les projections demandées. Pour chaque projection de l'aile nous n'indiquerons que la projection d'un de ses points sur la ligne extérieure.

Prenons donc un de ces arcs elliptiques, comme exemple, celui qui passe par le point c, c_1cc_2 (fig. 1, pl. XXIV). Menons c_2c_0 parallèle à l'axe; portons sur la ligne du pas, passant par c, $cc_3 = c_0c_2$. Menons $c_3\ c_4$ perpendiculaire à AB et cc_4 parallèle à cette même ligne. Alors cc_4 est la projection de c_0c_2 suivant un plan longitudinal de l'aile, et c_3c_4 sa projection suivant un plan transversal. Portons $c_0c_5 = c_3c_4$, alors c_5 est un point de la projection transversale de l'aile. Semblablement, de l'autre côté de l'arc, on obtient un autre point c_6; et de même pour les autres arcs.

Remarquons que l'on peut trouver encore cette projection de la façon suivante: menons des arcs de cercle avec B comme centre, passant par les points H, a, b, c, etc... Sur l'aile, l'arc elliptique coïncidant à peu près avec l'arc héliçoïdal, se projettera sur un plan transversal suivant un arc de cercle, la corde du premier se projetant sur celle du second. En opérant sur l'arc passant par c, on mène c_0c_2 parallèle à l'axe en partant de c_2: cette ligne rencontre l'arc de cercle en c_5, alors l'arc elliptique cc_2 se projettera sur un plan transversal suivant l'arc de cercle cc_5. c_5 est donc un point de la surface projetée de l'aile sur un plan transversal.

Pour la projection longitudinale de l'aile on prend KP (fig. 2, pl. XXIV), comme axe du propulseur, et on mène PQ perpendiculaire à lui. On porte les distances PH_7, Pa_7, Pb_7... respectivement égales à BH_0, Ba_0 Bb_0..., et on mène des lignes droites par les points H_7, a_7, b_7..., parallèles à KP. On porte sur la ligne $c_9c_7c_8$ une distance c_7c_8 égale à cc_4 de la figure 1; c_8 est alors un point de la projection longitudinale de l'aile. On opère de la même façon pour les autres points.

Pour la projection horizontale (fig. 3), on prend NR comme axe, R étant l'avant, et on mène des lignes droites par le point N, faisant avec NB des angles égaux à HAB, aAB, etc... (fig. 1), et inclinées comme il est indiqué, puisque l'aile est perpendiculaire. Ces lignes droites représentent les directions sur l'aile réelle des cordes des arcs elliptiques, dont les longueurs sont données dans la figure 1. Opérant avec la ligne Nc', qui est la direction de la corde c_0c_2 (fig. 1), on porte Ny = c_0c_2, alors y est un point de la projection horizontale. De l'autre côté de N on obtient un point semblable y', projection horizontale de l'autre extrémité de la corde. On procède ainsi pour les autres points.

Les projections complètes de l'hélice à trois ailes sont montrées dans les figures de la planche XXV. Les projections transversales des deux ailes inférieures sont simplement les répétitions de celles de l'aile supérieure, leurs axes étant inclinés, par rapport à l'axe de cette dernière, de 120° (fig. 6, pl. XXV).

La projection longitudinale de l'aile inférieure, figure 7 de cette planche, est obtenue comme il suit: considérons le point dont la projection transversale est c_2, sur la partie droite de l'aile inférieure, (figure 6); ce point projeté sur la figure 7, sera à gauche de l'axe; le point correspondant c_1 de l'arête d'entrée sera sur la droite de cet axe. On prend $c_3c_4 = c_0c_7$, alors c_4 est un point de la projection longitudinale de l'aile sur l'arête de sortie. Il en est de même pour les autres points. Le tracé indique suffisamment la manière de procéder pour la représentation des projections de l'hélice. On remarquera que l'on peut trouver souvent suffisant de remplacer les arcs elliptiques, sur la surface développée, par des arcs de cercle avec B comme centre, formant les projections des cordes de ces arcs, comme il en a été donné une description pour les arcs elliptiques. L'erreur introduite par cette manière de procéder, n'est seulement appréciable que vers la racine de l'aile, où elle a quelque importance.

Les figures 9 et 10 de la planche XXV représentent une de ces hélices Griffith avec la génératrice droite inclinée sur l'axe, dont le tracé est semblable à celui décrit ci-dessus.

HÉLICES HIRSCH

Les hélices du type Hirsch sont caractérisées par la courbure de la génératrice suivant une spirale d'Archimède de 30 degrés d'ouverture, et dont la concavité est tournée dans le sens de la rotation pour la marche en avant. La directrice est variable ou courbe; c'est-à-dire, que sur certains de ces propulseurs, il y a un pas d'entrée et un pas de sortie, et sur d'autres, le pas est croissant sur la largeur de l'aile dans le sens de la circonférence (fig. 53).

L'hélice que nous avons donnée, page 156 et planche XIX, ne diffère du type essentiellement Hirsch que par la forme de la courbure de la génératrice, qui est un arc de cercle, au lieu d'une spirale d'Archimède.

Comme nous l'avons vu, la courbure de la génératrice a pour but d'atténuer les effets centrifuges de l'hélice, et de ramener parallèlement à l'axe les molécules d'eau mises en mouvement par le propulseur.

La planche XXVI donne le dessin d'une hélice Hirsch ayant appartenu à un paquebot de 80 mètres de long, 11 mètres de large et 7^{m},75 de creux, ayant donné aux essais, au tirant d'eau de 4^{m},45, pour une surface immergée au maître-couple de 40 mètres carrés, une vitesse de 11 nœuds 5. La machine compound a développé 1.000 chevaux de 75 kilogrammètres, à 64 tours 5, avec un coefficient d'utilisation M de 3,93.

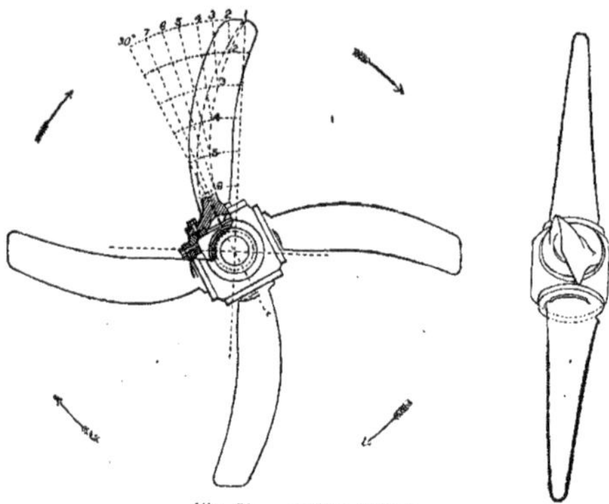

Fig. 53. — Hélice Hirsch.

Ce propulseur, à quatre ailes fixes, est en fonte et à pas variable à droite. Dans la projection de l'aile sur un plan perpendiculaire à l'axe (vue transversale), la génératrice est une spirale d'Archimède de 30 degrés d'ouverture en partant de l'axe, et dont la concavité est tournée dans le sens de la rotation pour la marche en avant. La projection de cette génératrice, sur un plan parallèle à l'axe (vue longitudinale), est une ligne droite perpendiculaire à l'axe du moyeu. Cette génératrice est la ligne de démarcation des pas et sensiblement la ligne médiane de l'aile.

Le dessin de la planche XXVI indique suffisamment le tracé de cette hélice. La génératrice courbe n'est pas développée dans la vue auxiliaire des coupes aux sections. On peut voir ainsi que sous le même diamètre et la même forme d'ailes qu'une autre hélice ordinaire, à génératrice droite dans les deux plans, la courbure de la génératrice donne un propulseur d'une surface développée plus grande, ce qui peut lui être défavorable dans certaines conditions de vitesse où le coefficient de frottement a de l'influence.

HÉLICES THORNICROFT

Les hélices que M. Thornicroft a construites pour des bateaux torpilleurs sont à génératrice courbe dans le plan longitudinal du navire, avec la concavité tournée vers l'avant.

Cette génératrice de la surface héliçoïdale est une branche de parabole dont le sommet est tangent à la surface du moyeu, et la directrice parallèle à l'axe du moyeu et très près de lui. Le pas est variable du moyeu à la circonférence, et constant sur la largeur de l'aile dans le sens de la rotation (fig. 54).

Ces hélices sont en acier et généralement à trois ailes rapportées. Les ailes sont forgées à l'aide d'étampes de forme donnée, et emmanchées à queue d'aronde dans des mortaises pratiquées sur la surface du moyeu, suivant la direction de la tangente à la spire directrice. Une clavette en queue d'aronde partage avec le pied de l'aile la largeur de la mortaise.[1] Une vis, servant de frein, placée perpendiculairement au talon de l'aile, fixe cette dernière et la clavette au moyeu.

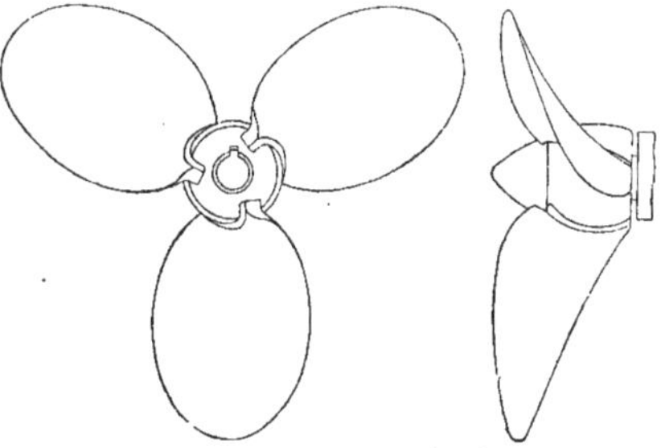

Fig. 54. — Hélice Thornicroft.

Dans ces propulseurs, la vitesse de rotation étant considérable (360 tours en moyenne par minute), on rapproche le centre d'action des ailes du centre de l'hélice, afin de diminuer la fatigue des ailes à leur emmanchement sur le moyeu, en faisant sensiblement la décroissance de la fraction de pas du moyeu à la circonférence.

La courbure de la génératrice suivant une forme parabolique et son renvoi excessif en arrière ont été adoptés par le constructeur pour diminuer le recul et la vitesse de l'eau perpendiculairement à l'axe, ainsi que pour atténuer l'effet centrifuge.

Ces hélices ont donné de bons résultats sur les torpilleurs.

Les reculs relevés aux essais d'un certain nombre de ces petits navires ont donné comme moyenne 10 0/0, pour des vitesses de 19 nœuds.

L'hélice Thornicroft représentée planche XXVII est celle d'un torpilleur de 28 mètres, dont la surface immergée au maître-couple est de $1^{m2},74$. Le pas est à droite; variable du moyeu à la circonférence et constant sur la largeur de l'aile dans le sens de la rotation. Le diamètre de l'hélice est sensiblement égal au pas moyen. La génératrice est la ligne médiane de l'aile.

Le dessin de la planche XXVII donne les dimensions de ce propulseur, la disposition et la forme des ailes, les éléments de construction de la branche de parabole génératrice de la surface héliçoïdale, ainsi que le tracé général, qui, d'ailleurs, s'exécute de la même façon que pour les autres hélices.

Nous rappellerons que la parabole est une courbe à une branche non fermée, dont tous les points sont également distants d'un point fixe nommé *foyer*, et d'une droite fixe nommée *directrice*.

Ainsi, dans la figure de la planche XXVII, *ab* est égal à *ac* pour le point *a* de la parabole. Les autres points de cette dernière se déterminent de la même façon.

HÉLICE A DEUX AILES DOUBLES, SYSTÈME MANGIN

Cette hélice due à M. Mangin, directeur des Constructions Navales, est formée de deux paires d'ailes placées l'une devant l'autre et implantées perpendiculairement sur un moyeu venu de fonte avec elles. (Voir pl. XXVIII.)

Le but de cette hélice était de faciliter la marche à la voile, car la disposition de ses ailes lui permettait d'être remontée facilement dans un puits, ou d'être entièrement masquée derrière l'étambot du navire, en la plaçant verticalement.

Le rapport de la Commission chargée d'expérimenter ce propulseur, en a donné la description suivante :

« Que l'on suppose un plan passant par le milieu du moyeu et perpendiculairement à l'axe d'une hélice ordinaire à deux ailes ; on partagera ainsi cette hélice en deux autres dont les ailes seront chacune la moitié correspondante de l'hélice primitive. Que l'on fasse maintenant tourner une de ces demi-hélices sur son axe, de manière à ce que sa projection sur un plan perpendiculaire à l'axe se confonde avec celle de l'autre demi-hélice, et que l'on suppose le moyeu de nouveau solidifié. On aura obtenu ainsi un nouveau propulseur qui aura le même diamètre, le même pas, la même fraction de pas, la même largeur suivant l'axe que l'hélice primitive ; mais il aura sur le maître-couple du bâtiment une projection réduite de moitié, et il pourra se hisser par un puits moins large. Quant à l'effet utile, la théorie n'indique aucune différence entre ce propulseur et l'hélice primitive ».

Il y avait à craindre que les deux ailes de l'avant, masquant celles de l'arrière à une petite distance et leur étant parallèles, nuisissent à l'effet de ces dernières, ou que l'eau restant emprisonnée entre les deux ailes parallèles, celles de l'arrière seules eussent pu agir. Mais des essais faits sur plusieurs navires prouvèrent que pourvu que les deux demi-hélices ne soient pas trop rapprochées l'une de l'autre, l'utilisation, aux vitesses modérées, est la même qu'avec deux ailes ordinaires.

On craignait également de fortes trépidations sur l'arrière du navire ; mais elles furent très légères et bien moindres que celles données par l'hélice ordinaire à deux ailes.

L'hélice Mangin a été très employée autrefois, tant en France qu'en Angleterre.

Le type de ce propulseur que nous donnons, planche XXVIII, a été construit pour un navire pourvu d'une machine de 250 chevaux de 75 kilogrammètres.

HÉLICE VERGNE

La planche XXIX représente une hélice en bronze à six ailes, à pas constant à droite, du système Vergne, ayant appartenu à un navire de 70 mètres de long et 2.800 tonnes de déplacement.

Ce propulseur caractérisé par un certain nombre de saillies ajoutées aux ailes et dirigées suivant des sections cylindriques, a été proposé en 1858 par M. Vergne, alors lieutenant de vaisseau. Des essais comparatifs faits avec cette hélice et des hélices ordinaires n'ont pas donné de résultats de supériorité bien marquée en faveur de ce système.

Les saillies des ailes avaient pour but de s'opposer, sur toute la largeur, à ce que l'eau ne glisse pas le long de la surface, et arrêter ainsi l'action centrifuge du propulseur.

Les types d'hélices que nous venons de donner sont ceux les plus connus et les plus universellement employés; mais il a été fait encore une foule d'expériences avec des propulseurs de genres différents.

Parmi ces derniers, nous citerons l'hélice à *surface d'ailes développable*, imaginée par M. L. Gravier, chef mécanicien à la Compagnie Générale Transatlantique au Havre.

Se basant sur la définition de la surface héliçoïdale, amenant forcément a la comparaison de l'hélice à une vis tournant dans l'eau comme écrou et poussant le navire avec elle, M. Gravier en a tiré les principes suivants, basés sur la théorie du plan incliné et sur la définition du pas :

1° Deux vis du même diamètre étant données, celle à pas le plus faible demande le moins de force motrice.

2° Deux vis du même pas étant données, celle du plus grand diamètre demande le moins de force motrice.

3° *Corollaire du 2°.* — Plus on creuse le filet d'une vis, plus la force motrice nécessaire à la mouvoir augmente, sans qu'il y ait augmentation du travail utile.

L'hélice n'étant autre chose qu'une vis dont le filet est creusé jusqu'à l'axe (moyeu), le défaut appartenant à la vis subsiste tout entier chez l'hélice. Il s'ensuit que l'hélice ordinaire est le cas le plus mauvais de la vis, et que la vis elle-même n'est pas l'application parfaite du plan incliné.

Pour remédier à cela, M. Gravier a cherché quelle était la surface de révolution qui pouvait servir de meilleur plan incliné et utiliser le mieux la force motrice. Il a tracé alors son propulseur à surface d'ailes développable qui est basé sur le principe suivant, différent des autres:

« La surface est engendrée par une génératrice quelconque indéfinie, fixe par son extrémité, et tournant autour de ce point comme centre, en s'appuyant sur une hélice directrice ».

Dans l'hélice ordinaire, la génératrice marche toute entière parallèlement à elle-même, l'axe est une ligne droite; dans cette nouvelle hélice, l'axe est un point fixe, et chaque point de la génératrice marche proportionnellement à sa distance du centre. Dans la première, la surface est gauche; dans la seconde, elle est développable; c'est une surface conique, une fraction de la surface d'un cône spirale.

De même que dans les hélices ordinaires, les éléments principaux de ce propulseur sont : le diamètre, le pas, la surface d'ailes, et un quatrième qui lie directement les deux premiers et que M. Gravier considère comme le plus important.

C'est lui qui est la base du nouveau propulseur:

« L'angle sous lequel la surface de l'aile frappe l'eau en tournant », et qu'il appelle *angle de poussée*. Cet angle est, en d'autres termes, celui que fait le plan incliné de la surface de l'aile avec un plan perpendiculaire à l'axe.

Dans l'hélice ordinaire, le pas est constant du moyeu à l'extrémité, l'angle de poussée varie; au contraire, dans celle-ci l'angle de poussée est constant et le pas variable.

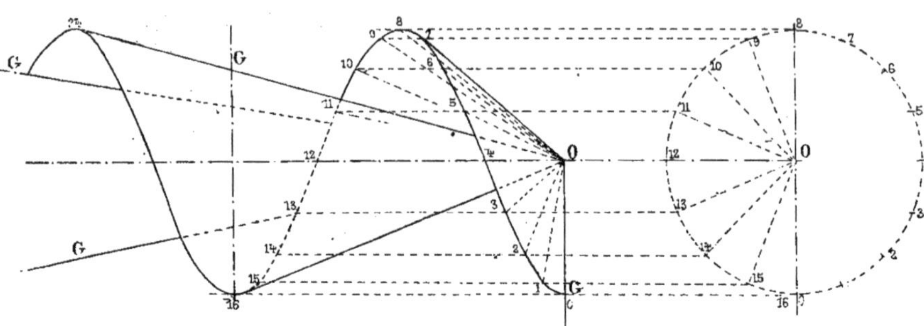

Fig. 55. — O, Point, axe de révolution de la génératrice G. Ce point est immobile.

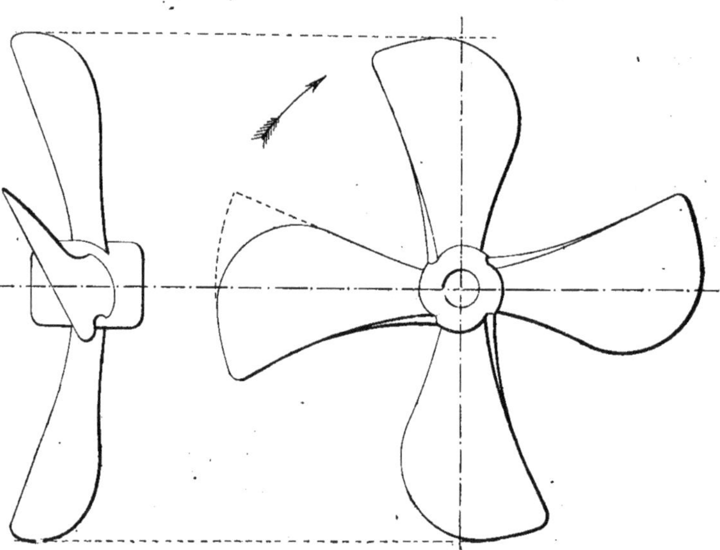

Fig. 56. — Hélice Gravier.

D'après des expériences faites sur un remorqueur du Havre, l'angle de poussée le plus favorable à la marche serait compris entre 35 et 28°.

La figure 55 donne la génération de la surface de l'hélice à surface d'ailes développable, et la figure 56 le propulseur lui-même.

Un type d'hélice Gravier a été exécuté pour le remorqueur ci-dessus, à titre d'essai. Le diamètre était de 1 mètre et le pas de $1^{m},75$. Les résultats d'une série d'expériences faites avec ce propulseur ont paru à l'Inventeur assez satisfaisantes pour lui permettre d'affirmer qu'avec de grands diamètres on obtiendrait une grande supériorité sur les autres hélices, et qu'avec le principe nouveau, on peut construire un propulseur donnant un rendement net variant de 12 à 18 0/0 supérieur à celui de toute hélice ayant pour base une héliçoïde.

15. — Construction des Hélices.

Les hélices se font en fonte, en bronze ou en acier, selon leurs dimensions, leur service, la nature du bâtiment et leur disposition à bord. Elles sont à ailes fixes ou à ailes rapportées.

Dans la marine militaire, les hélices sont généralement exécutées en bronze de composition suivante :

Cuivre	90 parties	Il est ordonné d'employer pour la coulée au moins 50 % de matière neuve.
Etain	10 —	
Zinc	2 —	
Total	102 parties	

Dans les ateliers privés et les compagnies de navigation on emploie souvent du bronze au manganèse et du bronze phosphoreux, très résistants, qui donnent de bons résultats comme dureté et conservation.

Un nouveau bronze très résistant, dit bronze Stone, du nom de l'inventeur, vient d'entrer dans la pratique de la construction des hélices.

Les hélices à ailes fixes sont coulées d'un seul jet. Les ailes en acier des hélices de certains torpilleurs sont forgées à l'aide d'étampes.

ÉPAISSEURS DE L'AILE

L'épaisseur maxima de l'aile est donnée par certaines formules adoptées en pratique et consacrées par l'expérience.

Cette épaisseur se détermine généralement à une distance de l'axe de l'hélice égale au quart du rayon, position considérée de la section la plus chargée.

La formule la plus employée qui donne l'épaisseur maxima de la section de l'aile, au quart du rayon, sur sa longueur développée suivant la circonférence, est la suivante :

$$e^2 = \frac{KF}{lNm}$$

dans laquelle :

e, est l'épaisseur de l'aile en mètres;

F, la force de la machine en chevaux de 75 kilogrammètres;

l, la longueur réelle de la section développée de l'aile;
N, le nombre de tours de l'hélice par minute;
m, le nombre d'ailes;
K, un coefficient variable et empirique, de la valeur suivante :

Pour la fonte : K = 0,0055 à 0,0065
Pour le bronze : K = 0,0025 à 0,0035
Pour l'acier : K = 0,00045 à 0,00060 (hélice des torpilleurs).

Dans certaines hélices construites en bronze Stone, la valeur de K a été abaissée à 0,0020, en raison de la résistance de cette matière.

Une autre formule également employée en pratique est la suivante :

$$e^2 = \frac{KFD}{NlP}$$

dans laquelle :

e, F, N et l ont les significations de la formule précédente; D est le diamètre de l'hélice en mètres et P le pas en mètres également.

La valeur de K de cette formule se fait, au quart du rayon :

Pour la fonte : K = 0,0020 à 0,0025
Pour le bronze : K = 0,0009 à 0,0011.

L'épaisseur des autres sections de l'aile se déterminent d'après l'épaisseur e donnée au quart du rayon, par la proportion :

$$\frac{e'^2}{e^2} = \frac{L'}{L}.$$

e' étant l'épaisseur d'une section distante de L' de l'extrémité de l'aile, et L la distance à cette extrémité de la section au quart du rayon, laquelle est la section de départ.

On se donne le plus souvent une épaisseur à l'extrémité de l'aile, que l'on fait la plus petite possible, ou déterminée pratiquement par comparaison avec d'autres hélices, et l'on joint cette épaisseur avec celle calculée au quart du rayon par une ligne droite ou une courbe parabolique.

On raccorde ensuite l'aile au moyeu par de bons congés.

L'on ne doit pas craindre de faire les ailes épaisses à leur attache sur le moyeu, car cela n'a pas d'inconvénient au point de vue de la résistance de l'aile considérée comme carène.

L'aile d'hélice, quand elle agit sur l'eau, se trouve dans la position d'une pièce chargée et dont le poids est réparti inégalement sur toute sa surface.

Il serait difficile de trouver le moment fléchissant à la racine, et il est d'usage de faire en sorte que la pression totale sur l'aile tendant à la rompre à sa section près du moyeu, soit proportionnelle à la poussée de la machine, ou à $\frac{F}{PN}$.

En Angleterre, l'épaisseur e de l'aile au milieu de la largeur, à son point d'attache au moyeu, est donnée par la formule :

$$e^2 = \frac{c\,F\,(D-d)}{PNl}$$

dans laquelle :

e, F, P, N, L et D ont les significations données plus haut ; d est le diamètre du moyeu et c un coefficient égal à 230 pour le bronze, et variant de 90 à 100 pour des ailes en acier forgé.

Dans cette formule P, D et d sont exprimés en pieds, et e et l en pouces.

De quelques dimensions relevées sur un certain nombre d'hélices construites, on peut déduire l'épaisseur suivante à donner à l'extrémité de l'aile, suivant le diamètre du propulseur.

Pour les hélices en fonte.	De $1^m,00$ à $2^m,00$ de diamètre	10 à 12 $^m/_m$
	De 2 ,00 à 3 ,00 —	12 à 15 »
	De 3 ,00 à 5 ,00 —	15 à 20 »
	De 5 ,00 à 7 ,00 —	20 à 35 »
Pour les hélices en bronze.	De $1^m,00$ à $2^m,00$ de diamètre	6 à 8 $^m/_m$
	De 2 ,00 à 3 ,00 —	8 à 12 »
	De 3 ,00 à 5 ,00 —	12 à 15 »
	De 5 ,00 à 7 ,00 —	15 à 25 »

On trouve encore chez certains constructeurs les données suivantes pour déterminer les épaisseurs intermédiaires de l'aile :

Dans la formule :

$$e^2 = \frac{KFD}{NlP}.$$

on fait pour les hélices en bronze :

K = 0,00060 à 0,00070 au 1/2 rayon
K = 0,00030 à 0,00035 aux 3/4 du rayon.

Plus simplement, on prend au milieu de l'aile l'épaisseur e' égale à 0,73 e.

On fait aussi l'épaisseur de l'aile en bronze égale aux 2/3 de l'aile en fonte.

Par ce qui vient d'être dit, on voit que la détermination des épaisseurs de l'aile n'est pas réglée pratiquement d'une façon absolue. Comme nous l'avons vu, l'épaisseur qui devrait régler toutes les autres est celle qui correspond à la section la plus chargée qui est au moyeu.

FORME DE LA SECTION DE L'AILE

La forme à donner à la section développée de l'aile, devrait être déterminée de manière à répartir la matière suivant une courbe d'égale résistance; mais en pratique, chaque constructeur trace ce contour à son goût, et l'épaisseur e se met au milieu de la largeur développée.

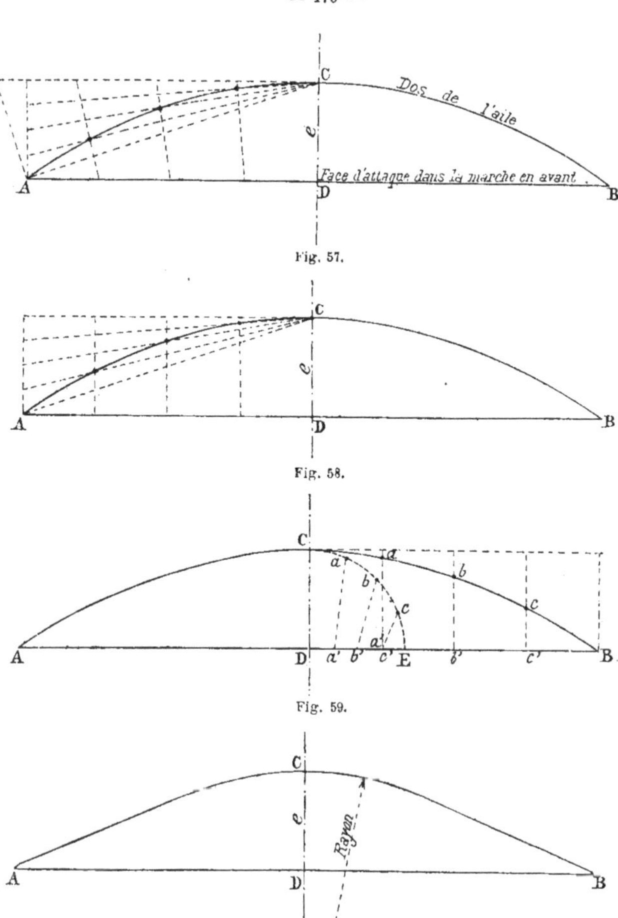

Fig. 57.

Fig. 58.

Fig. 59.

Fig. 60.

D'après les expériences de M. l'ingénieur Joessel sur les lames minces rencontrées par un courant oblique, le centre de poussée de l'eau n'est pas au milieu de la largeur, mais notablement sur l'avant, et c'est à ce point que l'on devrait porter le maximum d'épaisseur. En pratique on ne tient pas toujours compte de cette considération, et la section de l'aile affecte généralement les formes suivantes :

Dans les figures 57, 58, 59 et 60, la largeur développée de l'aile est AB, et l'épaisseur *e* est portée sur CD au milieu de cette largeur. La courbe ACB est *un arc de grand rayon* dans la figure 57, et *un arc de parabole* dans la figure 58, dont le tracé connu est suffisamment indiqué par les figures. Cette dernière forme de section d'aile a été adoptée par la Compagnie des Messageries maritimes pour les hélices de ses grands paquebots.

La figure 59 donne le tracé connu sous le nom de *quart de nonante*. L'arc CE et le rayon DE divisés en quatre parties égales donnent les ordonnées *aa'*, *bb'* *cc'*, qui, portées sur les divisions de DB, déterminent par la jonction de leurs extrémités la courbe CB.

Ces trois courbes diffèrent très peu entre elles.

On trace quelquefois, figure 60, un arc de petit rayon à l'extrémité C de l'épaisseur *e* portée au milieu de la longueur AB, et des points A et B l'on mène des droites tangentes à cet arc de cercle. Pour les hélices en fonte on fait en A et B de petits congés de 5 millimètres de rayon.

Cette forme de section d'aile a été adoptée par les Forges et Chantiers de la Méditerranée pour les hélices du cuirassé *Amiral-Duperré* et des paquebots des Chargeurs réunis du Havre.

D'autres fois, on porte la ligne d'épaisseur *e* sur la surface de sortie de l'aile (fig. 61), à une certaine distance de l'axe *xy*, milieu de la longueur. En A et B, on décrit de petits arcs de cercle de 5 millimètres de rayon pour les hélices en fonte ; pour les hélices en bronze, l'angle peut se faire vif. On fait passer ensuite un arc de cercle par le point C et le congé de A ; puis on mène de B une tangente à cet arc : l'arête d'entrée B est ainsi amincie, et l'angle d'attaque dans la marche avant très aigu. Dans cette construction, on doit néanmoins prendre garde de ne pas trop amoindrir la surface de la section, car, dans ce cas, il faudrait augmenter l'épaisseur *e* en dehors de la règle.

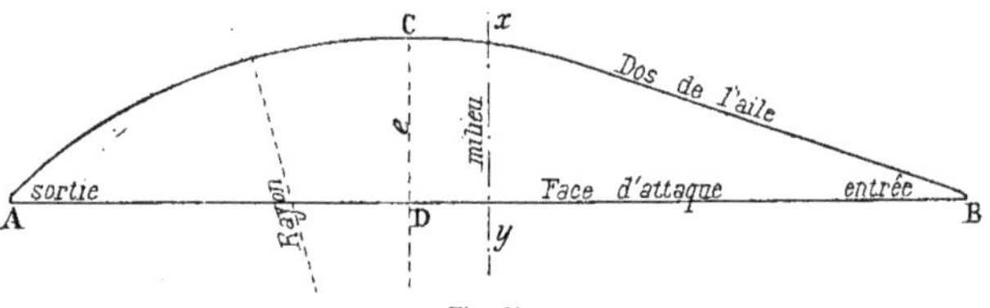

Fig. 61.

Cette forme de section d'aile a été adoptée par la Compagnie Générale Transatlantique pour la plupart de ses paquebots postaux.

Vers le moyeu, on ne conserve pas toujours droite la face d'attaque, suivant la ligne du pas ; on donne souvent à la section de l'aile, vers ce point, la forme de la figure 62. On répartit inégalement l'épaisseur e de la matière des deux côtés de AB. Dans ce cas, la direction du pas n'existe plus et l'aile travaille mal, mais elle offre moins de résistance dans l'eau. Dans cette partie, d'ailleurs, c'est-à-dire vers sa racine, l'aile utilise assez mal, et il n'y a pas grand inconvénient à altérer sa forme pour la rattacher solidement au moyeu.

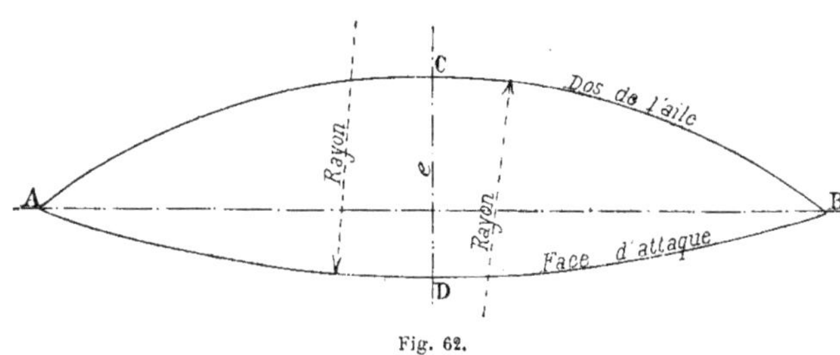

Fig. 62.

Il existe des hélices où cette forme de section est continuée jusqu'à l'extrémité (voir fig. 49, p. 147); ces hélices ne doivent pas donner de bons résultats.

On recourbe quelquefois l'arête de sortie de manière à laisser plus facilement échapper l'eau entraînée par la rotation de l'hélice (voir planches XVIII et XIX).

Détermination des épaisseurs et des largeurs d'ailes de l'hélice de la planche XV.

Les largeurs et les épaisseurs des ailes du type d'hélice donné par le dessin de la planche XV s'obtiennent d'une manière toute spéciale.

Les largeurs développées de l'aile aux différentes sections de la longueur, dans le sens du rayon, se déterminent à l'aide du tracé empirique de la figure 63.

Sur le triangle ABC, dans lequel AB est le pas de l'hélice et BC le développement de la circonférence au diamètre du propulseur, on porte, sur la ligne BC, à partir de B, pour toutes les sections faites dans la longueur de l'aile, suivant le rayon (voir pl. XV), les longueurs $2\pi R$ de la circonférence à ces sections, et l'on joint, par des lignes droites, le point A à ces points de division de BC.

Également, à partir de B, on porte sur BC les distances R des sections à l'axe, et l'on joint par des droites le point A à ces divisions de sections.

Sur AB on trace une demi-circonférence de diamètre AD égal à la moitié du pas. De A, avec des rayons égaux aux droites d'intersection de cette demi-circonférence avec les lignes menées de A aux distances R des sections à l'axe, on décrit les arcs de cercle qui déterminent, sur les droites de développement des hélices directrices aux sections, les points *a, b, c, d, e*, par lesquels on fait passer une courbe que l'on prolonge jusqu'en D. Les distances A*a*, A*b*, A*c*, A*d*, A*e* représentent les largeurs développées des sections pour les quatre ailes de l'hélice. La courbe *a b c d e* D permet d'obtenir la largeur développée des ailes pour toute section intermédiaire.

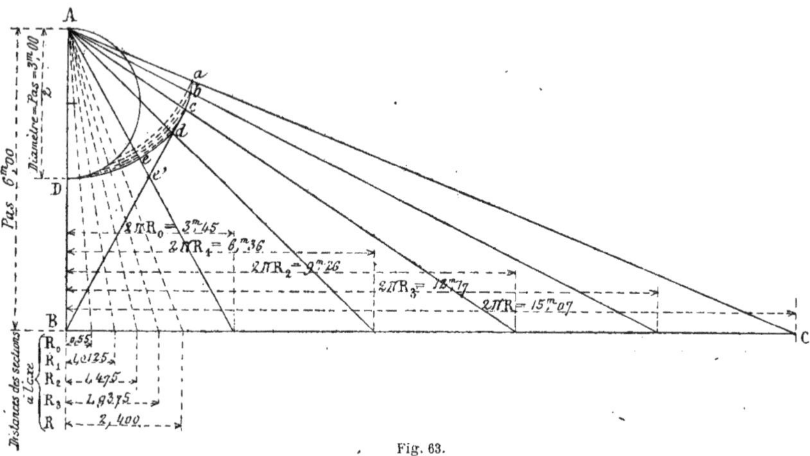

Fig. 63.

Dans l'exemple, la longueur A*a*, prise à l'échelle, donne 2m,80 : la longueur A*b* donne 2m,86, etc. Ces quantités divisées par 4, le nombre d'ailes, donnent pour chaque aile la largeur développée des sections. Ainsi, 2m,80 : 4 = 0m,700, largeur développée de l'aile à la quatrième section, extrémité de l'aile : 2m,86 : 4 = 0m,715, largeur développée à la troisième section.

Pour donner à l'aile une plus grande largeur à son attache au moyeu, on mène, de B, une tangente à la courbe *a b c d e* D, et la largeur développée des ailes aux sections au-dessous du point de tangence, se prennent alors de A jusqu'à l'intersection de la tangente avec les droites de développement des hélices.

Ainsi, la largeur à la naissance de l'aile, section 0, se prend suivant A*e'*. Cette longueur, prise à l'échelle, donne 3m,40, soit pour une aile 3m,40 : 4 = 0m,850. Toutes ces quantités sont indiquées sur le dessin de la planche XV.

Comme on le voit, le tracé de la figure 63 donne bien la largeur développée de l'aile aux différentes sections faites sur le rayon.

La détermination de ces largeurs est liée à celle des épaisseurs de l'aile. Les sections de l'aile sont faites suivant une courbe parabolique, telle que celle indiquée par la figure 58, page 175.

L'épaisseur des sections, c'est-à-dire, la flèche des sections paraboliques aux différentes distances de l'axe se déterminent par la formule empirique suivante :

$$b = b_o \sqrt{\frac{\frac{R^5}{5} - \frac{R^4}{4} r + \frac{r^5}{20}}{\frac{R^5}{5} - \frac{R^4}{4} R_o + \frac{1}{20} R_o^5}}$$

dans laquelle :

b, est la flèche à déterminer pour une section quelconque.

b_o, est la flèche de la section à la naissance de l'aile, déterminée par les formules données plus haut, pages 172 et 173.

R, est le rayon de l'hélice.

R_o, le rayon du moyeu.

r, la distance à l'axe de la section dont on calcule la flèche b.

Pour l'application de cette formule, calculons la flèche de la section parabolique numéro 1, (voir pl. XV), qui est à une distance de l'axe de $1^m,0125$.

Nous aurons pour cela :

$R = 2^m,40$; $R_o = 0^m,55$; $r = 1^m,0125$; $b_o = 0^m,140$ (épaisseur donnée).

La formule ci-dessus deviendra alors :

$$b = 0^m140 \sqrt{\frac{\frac{\overline{2^m,40}^5}{5} - \left(\frac{\overline{2^m,40}^4}{4} \times 1^m0125\right) + \frac{\overline{1^m0125}^5}{20}}{\frac{\overline{2^m,40}^5}{5} - \left(\frac{\overline{2^m40}^4}{4} \times 0^m55\right) + \frac{\overline{0^m55}^5}{20}}}$$

$$\frac{\overline{2^m,40}^5}{5} = 15^m,926 ; \quad \frac{\overline{2^m40}^4}{4} = 8^m,295 ; \quad \frac{\overline{1,^m0125}^5}{20} = 0^m,0532 ; \quad \frac{\overline{0^m,55}^5}{20} = 0^m,025$$

D'où :

$$b = 0^m140 \sqrt{\frac{15,926 - (8,295 \times 1,0125) + 0,0532}{15,926 - (8,295 \times 0,55) + 0,025}} = 0^m114$$

L'épaisseur de la section 1 est donc de $0^m,114$, pour une largeur d'aile de $0^m,751$ donnée par la figure 63.

On opérerait ainsi pour toute autre section.

L'effort sur chaque élément de l'aile est supposé proportionnel au cube de sa distance à l'axe.

16. — Confection des hélices.

MOULAGE ET MODELAGE

Pour la confection d'une hélice en fonderie, on se sert de deux procédés : le premier consiste à découper le sable à mouler suivant la forme du propulseur, au moyen d'une *planche à trousser;* le second à confectionner un *modèle en bois* pour mouler l'hélice comme une pièce de fonte quelconque.

MOULAGE AU MOYEN D'UNE TROUSSE

Pour bien faire comprendre cette opération du moulage au moyen d'une trousse, nous prendrons une hélice pour exemple, et nous la confectionnerons complètement.

Soit, planche XXX, une hélice en bronze à quatre ailes, d'un petit navire ayant une machine développant, à 200 tours par minute, une force de 70 chevaux de 75 kilogrammètres avec une surface immergée au maître-couple de $5^{m2},60$.

Le pas de cette hélice est constant et à droite; la génératrice de la surface héliçoïdale est une droite perpendiculaire à l'axe; la ligne médiane de l'aile est une spirale d'Archimède de 30° d'ouverture.

Les autres dimensions et données de l'hélice sont indiquées sur la planche.

L'épaisseur de l'aile au quart du rayon, à partir de l'axe, a été déterminée par les formules suivantes :

$$1° — e^2 = \frac{KF}{Lnn}$$, dans laquelle on a pris pour valeur de K, 0,00315.

Alors :

$$e = \sqrt{\frac{0,00315 \times 70}{0^m,225 \times 200 \times 4}} = 0^m,035;$$

$$2° — e^2 = \frac{KFD}{NlP}$$, dans laquelle on a pris pour valeur de K, 0,00095.

Alors :

$$e = \sqrt{\frac{0,00095 \times 70 \times 1^m,20}{200 \times 0^m,225 \times 1^m,45}} = 0^m,035.$$

Pour déterminer les éléments du tracé des projections de l'aile sur un plan longitudinal parallèle à l'axe, et sur un plan tranversal perpendiculaire à l'axe, on a calculé à chaque section la fraction de pas correspondante, d'après celle donnée au moyeu, au milieu et à l'extrémité de l'aile. Le tableau de la planche XXX donne en mesures métriques les dimensions ainsi obtenues, contrôlant le tracé géométrique.

L'épaisseur maxima de l'aile est portée au milieu de la largeur développée, et le dos a été tracé suivant un arc de cercle de petit rayon, raccordé aux arêtes d'entrée et de sortie par des lignes droites.

Pour l'opération du moulage, on construit, pour chaque aile, un gabarit en tôle mince, appelé *gabarit directeur*, ayant la forme d'un triangle rectangle, et qui sert de point d'appui à la ligne directrice pour engendrer la surface héliçoïdale sur laquelle est moulée l'aile de l'hélice.

La planche XXXI, figure 1, donne la disposition de l'hélice dans la fosse de la fonderie, ainsi que l'appareil de moulage.

Le gabarit directeur doit être tracé de façon telle que la surface héliçoïdale, qu'il engendrera avec la planche à trousser, soit suffisante pour comprendre toute l'aile; on doit même prendre légèrement plus pour placer le châssis de moulage. La forme de ce gabarit est celle d'un triangle rectangle ayant pour côtés de l'angle droit la fraction de pas et le contour du cylindre correspondant à l'aile. On place le gabarit à une certaine distance de l'extrémité de l'aile pour laisser la place au châssis du moulage; on le cintre suivant le rayon adopté, et on le fixe solidement sur le sol par des équerres.

Dans notre exemple, le gabarit directeur, pour comprendre dans son secteur toute la surface de l'aile, doit faire un angle au centre de 62°. On le placera à 75 millimètres de l'extrémité de l'aile, distance reconnue suffisante par le fondeur. Son rayon de cintrage sera alors égal à $0^m,600$ (rayon de l'hélice), plus 75 millimètres, soit $0^m,675$. La circonférence, au diamètre de $0^m,675 \times 2 = 1^m,350$, est de $4^m,241$; la longueur de l'arc de 62°, qui correspond à un rayon de $0^m,675$, est par suite égal à :

$$\frac{4^m,241 \times 62^\circ}{360^\circ} = 0^m,731.$$

La fraction de pas qui correspond à un arc de 62° est égale à

$$\frac{1^m,45 \times 62^\circ}{360^\circ} = 0^m,250.$$

Le gabarit, cintré suivant un rayon de $0^m,675$, est donc un triangle rectangle ayant comme base la longueur développée $0^m,731$, et comme hauteur la fraction de pas $0^m,250$.

L'hypothénuse de ce triangle représente la *directrice de l'héliçoïde*. Cette ligne est *droite* parce que le pas est constant; elle serait *brisée* si le pas était variable, et *courbe* si le pas était croissant. Au-dessous de la base du triangle, on porte une largeur permettant de fixer le gabarit en terre, et en même temps empêchant l'arête inférieure de se déformer.

Dans la planche XXX, la largeur supplémentaire du gabarit est de 5 centimètres.

Il y a autant de gabarits directeurs que d'ailes. Dans la fosse, on les raccorde tous au centre, ainsi qu'entre eux, de manière à conserver leurs distances respectives. On fait au fond de la fosse une surface plane, ou plutôt une couronne plane d'une certaine largeur, sur laquelle on place les gabarits. Au centre du cylindre formé par ces derniers, on plante verticalement un axe en fer tourné, sur lequel on emmanche le noyau de la règle à trousser; cette dernière est une planche avec la face inférieure bien dressée, de manière à ce qu'elle glisse ou tourne sur cet axe en lui restant constamment dans une direction donnée, suivant la nature de la génératrice. Si la génératrice est droite et perpendiculaire à l'axe, la planche à trousser reste constamment horizontale; si la génératrice est inclinée, la planche est inclinée de la même quantité sur l'axe. Si la génératrice est courbe, la planche à trousser affecte cette forme.

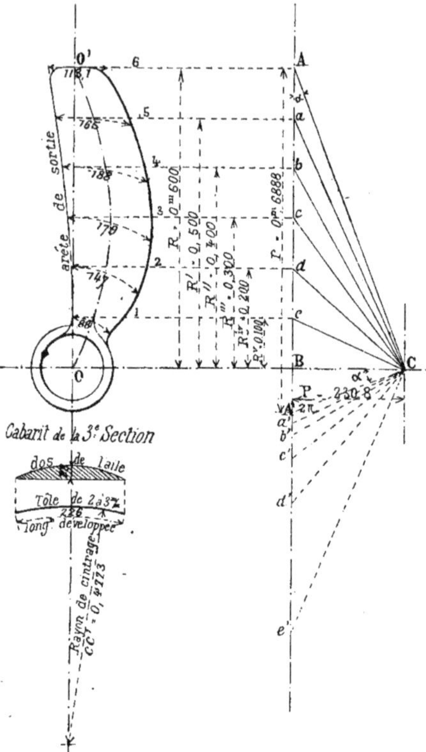

Fig 64.

Après avoir bien réglé la position des gabarits directeurs et de la trousse, on remplit l'intérieur des tôles, dans le secteur AOB, de briques recouvertes de sable à mouler, puis on fait tourner la planche en l'appuyant sur le bord de la tôle du gabarit, ce qui la force à monter successivement, et à découper ainsi le sable suivant la surface d'une hélice. Cette règle est bien la génératrice de la surface héliçoïdale, puisqu'elle suit la courbure de l'hélice tracée sur le cylindre en restant perpendiculaire à l'axe, ou suivant une direction donnée, pendant tout le temps de sa rotation: la surface du sable est donc exactement celle de l'héliçoïde gauche à plan directeur de pas donné.

Cette opération terminée aux quatre ailes, on procède au moulage proprement dit du propulseur.

A cet effet, on marque sur la surface héliçoïdale la trace des sections avec lesquelles on a déterminé les épaisseurs et la forme du dos des ailes. Cette trace est obtenue en piquant sur la planche à trousser, à des distances de l'axe égales aux rayons des sections, de petites pointes en fer qui, dans le mouvement de rotation et ascensionnel de la planche, marquent sur la surface héliçoïdale moulée les arcs de cercle correspondant à ces sections. Sur ces traces, ainsi déterminées, on placera de petits gabarits de section, flexibles, en zinc ou en tôle, cintrés suivant le développement de ces arcs, d'après le dessin de construction.

Le rayon de cintrage de ces petits gabarits de section s'obtient de la manière suivante :

Dans la figure 64, les arcs de cercle aux sections, décrits de O comme centre, sont la projection de ceux tracés sur la face de l'aile par la planche à trousser, puisque l'aile est inclinée et qu'elle est figurée en projection sur le dessin.

La longueur développée de ces arcs est celle indiquée par les coupes aux sections (pl. XXX), et leur rayon de cintrage est égal à l'hypothénuse du triangle rectangle obtenu en élevant du point C une perpendiculaire à la direction du pas, pour les différentes sections. Le rayon de cintrage du gabarit de la sixième section correspondant à l'extrémité de l'aile, est AA', CA' étant perpendiculaire à AC; celui du gabarit de la cinquième section est aa', Ca' étant perpendiculaire à Ca; de même pour les autres.

La valeur de ces rayons peut être obtenue en fonction de quantités connues. En effet, dans le triangle rectangle ABC on a BC = AB tang. BAC.

AB est le rayon R de l'hélice ; si l'on fait l'angle BAC égal à α, on a : BC = R tang α.

Dans le triangle rectangle CBA' on a BA' = BC tang. BCA'. Mais les deux triangles ABC et CBA' sont semblables, l'angle BCA' est égal à BAC, d'où BA' = BC tang α; et en remplaçant BC par sa valeur ci-dessus, on a :

$$BA' = R \tan \alpha \times \tan \alpha = R \tan^2 \alpha$$

AA', rayon de cintrage du gabarit de section à l'extrémité de l'aile, est égal à AB + BA' ou R + BA', ou R + R tang $^2 \alpha$. Ce qui donne enfin, en faisant AB + BA' = r, la formule générale :

$$r = R\,(1 + \tan^2 \alpha)$$

Pour le gabarit correspondant aux autres sections, on a :

Rayon de cintrage $aa' = R'\,(1 + \tan^2 BaC)$; $bb' = R''\,(1 + \tan^2 BbC)$, ainsi de suite.

Connaissant donc la valeur de l'angle que fait avec la verticale la direction du pas aux différentes sections, on a facilement la valeur du rayon de cintrage des petits gabarits. Ces angles sont déterminés par le calcul, en remarquant que dans le triangle BAC on a :

$$\text{Tang. BAC} = \frac{BC}{AB};\ \text{ou tang}\ \alpha = \frac{P}{2\pi} : R = \frac{P}{2\pi R}.$$

Pour les autres sections on a :

$$\text{Tang. B}a\text{C} = \frac{\text{P}}{2\pi\text{R}'} \text{ ; tang. B}b\text{C} = \frac{\text{P}}{2\pi\text{R}''}$$

ainsi de suite.

De sorte que nous aurons pour notre exemple, figure 64 :

$$\text{Tang. BAC} = \frac{\text{P}}{2\pi\text{R}} = \frac{1^m,45}{6,28 \times 0^m,600} = 0,385 = 21^\circ$$

$$\text{Tang. B}a\text{C} = \frac{\text{P}}{2\pi\text{R}'} = \frac{1,45}{6,28 \times 0,500} = 0,461 = 24^\circ\ 45'$$

$$\text{Tang. B}b\text{C} = \frac{\text{P}}{2\pi\text{R}''} = \frac{1.45}{6,28 \times 0,400} = 0,578 = 30^\circ$$

$$\text{Tang. B}c\text{C} = \frac{\text{P}}{2\pi\text{R}'''} = \frac{1.45}{6,28 \times 0,300} = 0,769 = 37^\circ\ 35'$$

$$\text{Tang. B}d\text{C} = \frac{\text{P}}{2\pi\text{R}^{\text{IV}}} = \frac{1,45}{6.28 \times 0,200} = 1,154 = 48^\circ\ 55'$$

$$\text{Tang. B}e\text{C} = \frac{\text{P}}{2\pi\text{R}^{\text{V}}} = \frac{1,45}{1,28 \times 0,100} = 2,309 = 66^\circ\ 25'$$

Les valeurs de l'angle α étant ainsi déterminées, l'on peut constituer le tableau suivant pour la détermination des rayons de cintrage des gabarits de section, d'après la formule générale : $r = \text{R}\,(1 + \text{tang.}^2\alpha)$.

NUMÉROS des Sections	DISTANCE des sections au centre R	ANGLE de la direction du pas avec la verticale α	TANGENTE de l'angle α	TANGENTE^2 α	RAYON de cintrage des gabarits de section r
1	0^m,100	66° 25'	2,309	5,331	0^m,6331 = ee'
2	0 ,200	48° 55'	1,154	1,332	0 ,4664 = dd'
3	0 ,300	37° 35'	0,769	0,591	0 ,4773 = cc'
4	0 ,400	30°	0,578	0,334	0 ,5336 = bb'
5	0 ,500	24° 45'	0,461	0,213	0 ,6065 = aa'
6	0 ,600	21°	0,385	0,148	0 ,688 = AA'

Dans la figure 64, le gabarit de la troisième section, pris comme exemple, est indiqué séparément. Il est cintré suivant un rayon de $0^m,4773$; il a comme longueur développée $0^m,226$, et sa forme est celle indiquée par le tracé de construction de la planche.

Ces gabarits construits en tôle mince, de 2 à 5 millimètres d'épaisseur, suivant la grandeur de l'hélice, sont donc la reproduction des coupes aux sections de l'aile, telles qu'elles ont été déterminées par le tracé de construction, et cintrés suivant des rayons dont la valeur est obtenue par le procédé que nous venons d'indiquer.

Avant de mettre à leur place les gabarits de section, dans la fosse de la fonderie (pl. XXXI), on doit tracer, sur la surface héliçoïdale, la ligne médiane de l'aile qui doit guider la mise en place des gabarits.

A cet effet, pour notre exemple, on fait tourner la règle à trousser suivant des angles de 5°, et l'on pointe successivement les intersections *a, a, a*... des rayons vecteurs avec les arcs de cercle tracés sur la surface héliçoïdale. A l'aide d'une latte on fait passer, par ces points, une courbe qui est la ligne médiane de l'aile telle qu'elle a été donnée par le dessin de construction. Ayant marqué, au préalable, sur les gabarits de section, le milieu de la largeur de l'aile au moyen d'une légère encoche, on met ces gabarits en place suivant les arcs 1.1, 2.2, 3.3, 4.4, 5.5, 6.6, en faisant correspondre l'encoche avec la ligne médiane de l'aile.

On fait ensuite le remplissage en briques et sable entre les gabarits, et l'on donne aux arêtes d'entrée et de sortie des ailes une courbe régulière en faisant passer une latte par les extrémités des gabarits. Le dos de l'aile, ainsi moulé et soigneusement repassé à la truelle pour corriger les imperfections, est séché ensuite et recouvert de feuilles de papier ou de sable sec.

L'opération terminée pour les 4 ailes, on met le noyau du moyeu en place en le raccordant aux ailes par de bons congés, et on fait les châssis supérieurs qui prennent la forme du dos des ailes. Ce nouveau moulage terminé, on détruit la construction en briques et sable faite pour la construction des ailes, et l'on repasse pour la dernière fois la planche à trousser sur la surface héliçoïdale en enlevant, cette fois, toutes les marques du tracé. L'hélice est alors prête à être fondue, car il reste entre les châssis et la surface inférieure un creux qui est égal aux ailes que l'on veut couler.

Comme on le voit sur le dessin de la planche XXXI, figure 1, l'hélice est tournée dos en l'air, la face d'attaque, dans la marche avant, sur la surface héliçoïdale faite dans le sable, comme si elle était vue de l'avant du navire et en projection perpendiculaire à l'axe.

La construction que nous venons de faire est relative à une hélice à pas constant, c'est-à-dire, à directrice droite, avec la génératrice de la surface héliçoïdale, droite et perpendiculaire à l'axe.

Pour compléter le travail, nous allons procéder à la construction d'une hélice à pas variable, c'est-à-dire à directrice brisée, avec la génératrice de la surface héliçoïdale, droite mais inclinée sur l'axe.

Le plan de cette hélice est donné planche XXXII.

Ce propulseur appartient à un paquebot de 75 mètres de long, $9^m,20$ de large et $7^m,85$ de creux; le déplacement en charge est de 1.770 tonneaux pour un tirant d'eau de $4^m,65$ et une surface immergée au maître-couple de $36^{m2},10$.

La machine qui actionne cette hélice, développe, à 65 tours, 950 chevaux de 75 kilogrammètres, pour une vitesse de 12 nœuds.

L'hélice est à génératrice droite inclinée sur l'axe de 6°.

Les gabarits directeurs sont placés à $2^m,26$ de l'axe, laissant un intervalle de 10 centimètres avec l'extrémité des ailes. La longueur de la circonférence qui correspond à un rayon de $2^m,26$ est de $14^m,20$. Du côté du pas d'entrée, le gabarit directeur a un arc de 35°, dont la longueur est :

$$\frac{14^m,20 \times 35^\circ}{360^\circ} = 1^m,380\,;$$

Du côté de la sortie l'arc est de 25° dont la longueur est :

$$\frac{14^m,20 \times 25^\circ}{360^\circ} = 0^m,986.$$

La fraction de pas d'entrée qui correspond à un arc de 35°, est :

$$\frac{5^m,70 \times 35^\circ}{360^\circ} = 0^m,554\,;$$

La fraction de pas de sortie qui correspond à un arc de 25° est :

$$\frac{6^m,20 \times 25^\circ}{360^\circ} = 0^m,430.$$

Ces dimensions sont celles du gabarit directeur (voir pl. XXXII). On a donné 8 centimètres de plus à la hauteur de ce gabarit pour les raisons données plus haut.

Les gabarits de section qui doivent être placés sur la surface héliçoïdale des ailes, seront cintrés sous deux rayons différents à cause des deux pas d'entrée et de sortie. En pratique, on prend souvent la moyenne des deux rayons de cintrage et l'on cintre les gabarits avec ces rayons moyens : la différence dans l'exécution est insignifiante.

Pour notre exemple, la valeur de tangente $^2\alpha$ aux différentes sections est donnée par le tableau suivant :

Du côté de l'entrée .

1re Section.	— $\frac{P'}{2\pi R}$	$= 0^m,907 : 0^m,35 = 2,591$.	Tang^t. α	$= 6,710$
2e d°	— d°	$= 0,907 : 0,6516 = 1,392$.	d°	$= 1,934$
3e d°	— d°	$= 0,907 : 0,9532 = 0,951$.	d°	$= 0,904$
4e d°	— d°	$= 0,907 : 1,2548 = 0,723$.	d°	$= 0,523$
5e d°	— d°	$= 0,907 : 1,5564 = 0,583$.	d°	$= 0,340$
6e d°	— d°	$= 0,907 : 1,858 = 0,489$.	d°	$= 0,239$
7e d°	— d°	$=$ 0		

Du côté de la sortie :

1re Section.	—	$\frac{P''}{2\pi R}$ = 0m,987 : 0m,35 = 2,82	. . . . .	Tang² α	= 7,952
2e	d°	— d° = 0 , 987 : 0 , 6516 = 1,515.	. . . .	d°	= 2,295
3e	d°	— d° = 0 , 987 : 0 , 9532 = 1,035.	. . . .	d°	= 1,071
4e	d°	— d° = 0 , 981 : 1 , 2548 = 0,786.	. . . .	d°	= 0,618
5e	d°	— d° = 0 , 987 : 1 , 5564 = 0,634.	. . . .	d°	= 0,402
6e	d°	— d° = 0 , 987 : 1 , 858 = 0,531.	. . . .	d°	= 0,282
7e	d°	— d° = 0 , 987 : 2 , 16 = 0,457.	. . . .	d°	= 0,209

La valeur du rayon de cintrage r des gabarits, donnée par la formule générale $r = R\ (1 + \text{tang}^2\,\alpha)$, est donc :

Du côté de l'entrée :

1re Section.	d°	— r = 0m,350 + (0,35 × 6,71) = 2m,698
2e	d°	— r = 0 , 6516 + (0,6516 × 1,934) = 1 , 912
3e	d°	— r = 0 , 9532 + (0,9532 × 0,904) = 1 , 815
4e	d°	— r = 1 , 2548 + (1,2548 × 0,523) = 1 , 911
5e	d°	— r = 1 , 5564 + (1,5564 × 0,340) = 2 , 086
6e	d°	— r = 1 , 858 + (1,858 × 0,239) = 2 , 302
7e	d°	— r = 0

Du côté de la sortie :

1re Section.	d°	— r = 0m,35 + (0,35 × 7,952) = 3m,133
2e	d°	— r = 0 , 6516 + (0,6516 × 2,295) = 2 , 147
3e	d°	— r = 0 , 9532 + (0,9532 × 1,071) = 1 , 974
4e	d°	— r = 1 , 2548 + (1,2548 × 1,618) = 2 , 030
5e	d°	— r = 1 , 5564 + (1,5564 × 0,402) = 2 , 182
6e	d°	— r = 1 , 858 + (1,858 × 0,282) = 2 , 382
7e	d°	— r = 2 , 160 + (2,16 × 0,209) = 2 , 611

Le troussage de cette hélice, en fonderie, s'exécute de la même façon que celui de l'hélice à pas constant et génératrice droite perpendiculaire à l'axe, que nous avons décrit.

La planche à trousser (fig 2, pl. XXXI) est inclinée sur l'axe de 6°, comme la génératrice de la surface héliçoïdale de l'hélice.

Les gabarits directeurs, en tôle de 4 millimètres d'épaisseur, cintrés suivant un rayon de 2m,26, porteront une encoche à la lime, sur l'arête, en F, du côté convexe, au point d'intersection des pas. On fait tourner la planche à trousser, inclinée sur l'axe, en suivant les gabarits directeurs, et l'on obtient ainsi la surface héliçoïdale sur laquelle seront moulées les ailes. On place la trousse au point E du gabarit, et on trace, en trait léger, sur la surface héliçoïdale, le rayon OE qui marquera sur toute la longueur de l'aile la ligne de démarcation des pas d'entrée et de sortie, qui servira de guide pour la pose des gabarits de section. Ces derniers porteront également une encoche à l'intersection des pas.

La ligne OE devra être conservée dans la fonte de l'hélice afin de faciliter le relevé des dimensions pour la vérification du pas, après l'exécution de la pièce.

Lorsque la génératrice de la surface héliçoïdale est courbe dans le plan perpendiculaire à l'axe, la règle à trousser se fait en fer pour lui donner plus facilement la forme de cette génératrice. En vue verticale, dans la figure 1 de la planche XXXI, cette règle se présente de la même façon que celle indiquée de la génératrice droite perpendiculaire à l'axe dans les deux plans; mais en vue horizontale, elle est courbe, comme la ligne $Oa.a...a$, par exemple, tournée en sens inverse.

Le troussage se fait de la même manière que pour les autres hélices.

MODÈLE EN BOIS DE L'HÉLICE

Le troussage de l'hélice a remplacé aujourd'hui le modèle en bois que l'on faisait autrefois pour préparer le moule dans lequel se coule l'hélice. Ce modèle a l'inconvénient de se déformer sensiblement par l'humidité du sable, et, de plus, est d'une confection difficile. Mais il se présente des cas où la confection d'un modèle offre quelques avantages ; ainsi, pour les hélices à ailes rapportées, on peut faire exécuter le modèle d'une aile, afin d'avoir plus rapidement une pièce de rechange lorsque l'on vient à perdre une de ces ailes. De même, dans le cas de petits propulseurs, si l'on a adopté un type pour un certain nombre de navires de même espèce, on peut trouver avantageux d'avoir un modèle en bois de l'hélice.

Pour confectionner ce modèle, on prend des planches d'égale épaisseur, et de largeur suffisante pour que, découpées suivant l'hélice, elles aient encore du bois. On prend autant de séries de planches qu'il y a d'ailes, et on les réunit à une pièce ronde, percée d'un axe, représentant le moyeu. Puis, une fois placées l'une sur l'autre, on les détourne d'une quantité correspondante à la fraction de pas donnée par leur épaisseur : si le pas est constant, ces distances (ou décroisements) sont égales; si le pas est croissant, elles suivent sa progression. On les coupe ensuite de la longueur du rayon du propulseur.

Les planches forment ainsi des escaliers à petites marches. On les fixe entre elles par des vis à bois ou avec de la colle, et on abat les arêtes jusqu'à parvenir au fond des angles de jonction; alors la surface devient régulière. On fait la même opération pour le dos de l'aile en prenant les dimensions d'épaisseur données par le dessin, puis on confectionne le moyeu et les attaches des ailes sur ce dernier; on arrondit les angles, et le modèle est terminé.

A l'appui de ce que nous venons d'exposer, nous donnerons, planche XXXIII, le tracé d'une hélice de $1^m,25$ de diamètre et d'un pas à droite croissant du moyeu à la circonférence, pour la confection d'un modèle en bois.

Les planches ont 25 millimètres d'épaisseur, et disposées comme on le voit sur la figure 1. La forme des arêtes des planches, sur chacune des faces arrière et avant, est indiquée sur la figure 2, vue transversale, suivant des courbes numérotées. Ainsi, la planche n° 5, par exemple, dont la face arrière, en vue longitudinale (fig. 1), est *ab*, et la face avant *cd*, se développe en vue transversale selon les courbes $a_1 a_1 \ldots . d_1 d_1 \ldots .$, d'après le tracé rouge. La distance $a_1 d_1$ à la quatrième section est égale à la distance *ab* ou *cd* de la figure 1. Les arêtes *a* et *d* peuvent donc se tracer sur la planche suivant leur courbure respective, et marquent d'un côté, *a*, le dos de l'aile ; de l'autre côté, *d*, la face d'attaque ; on les découpe ensuite suivant ces lignes.

Si l'on trace de la même façon les courbes qui correspondent : d'une part, en *e*, à l'arête inférieure de la planche du numéro au-dessous, et d'autre part, en *f*, à l'arête supérieure de la planche du numéro au-dessus, on aura sur la planche 5 les lignes suivant lesquelles on devra placer les planches voisines lorsqu'elles auront subi la même opération que la première. Les courbes e_1 et f_1, correspondant aux points *e* et *f*, sont numérotées 4 et 5 sur les figures. Les tracés rouge et bleu indiquent suffisamment leur développement.

Si le pas était constant sur toute la longueur de l'aile, dans le sens du rayon, les décroisements successifs sur la face d'attaque ne seraient plus développés suivant un contour courbe, mais suivant une ligne droite, et leur valeur serait donnée par la détermination de la longueur de l'arc, à l'extrémité du rayon, correspondant à l'épaisseur des planches, et par les rayons vecteurs menés aux points de division de cet arc.

Ainsi, si nous supposons que dans l'hélice de la planche XXXIII le pas est constant sur toute la surface de l'aile, et égal, par exemple, à 1m,90, nous aurons (fig. 3), pour valeur x de l'arc qui correspond à l'épaisseur des planches, (épaisseur représentant en somme une fraction de pas égale) : $x = \frac{\pi D \times p}{P}$, dans laquelle D est le diamètre de l'hélice, p l'épaisseur des planches, et P le pas.

Alors :

$$x = \frac{3^m,93 \times 0^m,025}{1^m,90} = 0^m,0517$$

Cette valeur de x, portée sur l'arc à l'extrémité du rayon de l'hélice, en nombre égal au nombre de planches, permet, en menant des rayons vecteurs aux divisions qu'elle détermine, d'avoir les décroisements successifs des planches à toutes les sections de la longueur de l'aile dans le sens du rayon. Dans la figure 3, on aurait ainsi les distances $e_1 b_1$ qui seraient égales à celles correspondantes *cb* de la fig. 1, pour leurs sections respectives.

L'arête *a* du dos de l'aile serait toujours une courbe, mais l'arête *d* serait une ligne droite suivant le rayon vecteur, comme il est indiqué sur la figure 3, pour la cinquième planche, par exemple.

Les hélices restent généralement brutes de fonte. Le moyeu seul est alésé pour recevoir le cône de l'arbre porte-hélice.

Les surfaces des ailes sont rendues aussi lisses que possible pour en diminuer le frottement à travers le liquide, et augmenter le rendement du propulseur. Dans ce but, on les ponce, pour enlever les stries et les rugosités provenant de la coulée.

On doit tenir compte, dans le calcul du pas, du retrait de matière occasionné par le refroidissement de la pièce, et qui a pour effet de diminuer la valeur du pas.

17. — Relevé des dimensions d'une hélice.

La coulée d'une hélice donne rarement les dimensions prévues, soit à cause du retrait de la matière, soit par suite de l'exécution du moulage. Il est donc prudent, lorsque l'hélice est fondue, d'en relever exactement les dimensions, diamètre, pas et fractions de pas, afin d'être fixé sur leur valeur.

Pour cette opération, on emploie plusieurs systèmes. Un des plus pratiques est celui dont nous allons nous servir pour relever les dimensions d'une hélice donnée, prise comme exemple, et représentée par la planche XXXIV.

Cette hélice en bronze, à quatre ailes, à pas variable à droite, a été dessinée sous les dimensions suivantes : diamètre 4_m,900, pas d'entrée 6_m,300, pas de sortie 6^m,900, pas moyen 6^m,600.

L'hélice étant posée à plat, l'extrados au-dessous, la première opération consiste à la mettre parfaitement horizontale. On fixe ensuite dans le trou du moyeu un disque ou croisillon en bois porteur d'un guide creux en métal, dont l'axe correspond exactement à l'axe du moyeu. Ce guide est destiné à recevoir le pivot d'une règle en bois dont la longueur doit être un peu supérieure au rayon de l'hélice. Cette règle doit être aussi parfaitement horizontale, et on y arrive au moyen d'un contrepoids. Pour la sécurité de l'opération, on met deux cales d'égale épaisseur entre la règle et le moyeu. La figure 1 de la planche XXXIV représente l'ensemble de l'installation.

La valeur du rayon de l'hélice doit fixer l'opérateur sur le nombre et la distance à l'axe des sections qu'il doit faire dans l'aile, afin de relever le pas avec le plus d'exactitude possible.

Dans le cas que nous prenons comme exemple, le rayon de l'hélice étant de 2^m,450, nous nous contenterons de trois sections dont les distances à l'axe sont respectivement : 1^m,00, 1^m,50 et 2^m,00. Ces distances sont indiquées sur la règle au moyen de petites encoches.

Les ailes de l'hélice ayant été numérotées, l'opération du relevé des pas commence. On fait passer un fil à plomb par l'encoche de la règle correspondant à la première section, à 1 mètre de l'axe, et on tourne la règle jusqu'à ce que la pointe du fil à plomb effleure l'arête de sortie de l'aile n° 1, au point *a* (fig. 1 et 3). On marque exactement ce point d'une manière visible, et on mesure la distance *ad*, que l'on inscrit sur un croquis préparé par l'opérateur. (Pour éviter toute confusion on doit tracer à l'avance, pour chaque aile et chaque section, des croquis tels que ceux représentés par la figure 4 qui serviront à inscrire toutes les cotes relevées. Ces croquis sont des abrégés de la figure 3.)

On continue à faire tourner la règle jusqu'à ce que la pointe du fil à plomb soit en *b* sur la ligne de démarcation des pas, ligne qui est ordinairement indiquée sur ces hélices par une proéminence venue de fonte. On marque le point *b* et on mesure les distances *be*, verticale, et *af*, horizontale (fig. 1 et 3), que l'on inscrit sur le croquis *ad hoc*. On continue à faire tourner la règle jusqu'à ce que la pointe du fil à plomb soit sur l'arête d'entrée, au point c. On marque ce point et l'on mesure les distances bg et ch que l'on inscrit également.

A l'inspection de la figure 3, il est facile de se rendre compte que les distances cg et bf représentent les fractions de pas d'entrée et de sortie, et les distances bg et fa, les cordes des arcs de cercle correspondant à ces fractions de pas, pour une circonférence de 1 mètre de rayon. Ayant la longueur des cordes on pourra facilement déterminer la longueur des arcs qu'elles sous-tendent.

Arrêtons-nous un instant à cette première section et, d'après les éléments relevés, cherchons le pas de l'hélice.

La recherche du pas est donnée par la proportion suivante connue:

$$\frac{\text{arc}}{\text{circonférence}} = \frac{\text{fraction de pas}}{\text{pas total}}$$

ou:

$$\text{Pas} = \frac{\text{fraction de pas} \times \text{circonférence}}{\text{arc.}}$$

Dans l'exemple, nous avons à la première section, à 1 mètre de l'axe, de l'aile n° 1:

$$\text{Pas d'entrée} = \frac{cg \times 2\pi r}{bg}$$

$$\text{Pas de sortie} = \frac{bf \times 2\pi r}{af}$$

La corde $bg = 421$ millimètres, la corde $af = 249$ millimètres; les arcs correspondants sont pour bg 425 millimètres, pour af 254 millimètres.

De plus:

$$cg = ch - be = 1^{m},153 - 730 = 423\ ^{m}/_{m},$$

et

$$bf = be - ad = 730 - 466 = 264.$$

$$r = \text{rayon de la section} = 1^{m},00.$$

En remplaçant les lettres par leurs valeurs, nous aurons:

$$\text{pas d'entrée} = \frac{423 \times 6^{m},283}{425} = 6^{m},251$$

$$\text{pas de sortie} = \frac{264 \times 6^{m},283}{254} = 6^{m},471.$$

On opère de la même façon pour les autres sections, à toutes les ailes; on a ainsi les éléments suivants:

1re Section à 1m,00 de l'axe
Circonférence = 6m,283

	PAS D'ENTRÉE	PAS DE SORTIE
Aile n° 1.	$-\frac{6,283 \times 423}{425} = 6^{m},251$	$-\frac{6,283 \times 264}{254} = 6^{m},471$
Aile n° 2.	$-\frac{6.283 \times 427}{428} = 6,264$	$-\frac{6,283 \times 268}{249} = 6,722$
Aile n° 3.	$-\frac{6,283 \times 425}{425} = 6,283$	$-\frac{6,283 \times 267}{250} = 6,703$
Aile n° 4.	$-\frac{6,233 \times 424}{425} = 6,264$	$-\frac{6.283 \times 266}{251} = 6,653$

2e Section à 1m,500 de l'axe.
Circonférence = 9m,425.

	PAS D'ENTRÉE	PAS DE SORTIE
Aile n° 1.	$-\frac{9,425 \times 278}{425} = 6^{m},163$	$-\frac{9,425 \times 232}{334} = 6^{m},540$
Aile n° 2.	$-\frac{9.425 \times 287}{420} = 6,437$	$-\frac{9,425 \times 236}{329} = 6,729$
Aile n° 3.	$-\frac{9.425 \times 280}{416} = 6,343$	$-\frac{9,425 \times 235}{327} = 6,767$
Aile n° 4.	$-\frac{9,425 \times 285}{424} = 6,333$	$-\frac{9,425 \times 233}{337} = 6,493$

3e Section à 2m,00 de l'axe.
Circonférence = 12m,570.

	PAS D'ENTRÉE	PAS DE SORTIE
Aile n° 1.	$-\frac{12,57 \times 134}{270} = 6^{m},234$	$-\frac{12,57 \times 202}{383} = 6^{m},624$
Aile n° 2.	$-\frac{12,57 \times 139}{270} = 6,460$	$-\frac{12,57 \times 205}{383} = 6,724$
Aile n° 3.	$-\frac{12,57 \times 132}{267} = 6,209$	$-\frac{12,57 \times 205}{382} = 6,737$
Aile n° 4.	$-\frac{12,57 \times 138}{273} = 6,437$	$-\frac{12,57 \times 204}{384} = 6,674$

Avec tous les résultats trouvés ci-dessus nous formerons le tableau suivant qui nous donnera le résultat final cherché :

Numéros des ailes	SECTION A 1^m, DE L'AXE		SECTION A 1^m,50 DE L'AXE		SECTION A 2^m. DE L'AXE		MOYENNES	
	Pas d'entrée	Pas de sortie	Pas d'entrée	Pas de sortie	Pas d'entrée	Pas de sortie	Pas d'entrée	Pas de sortie
1	6^m,251	6^m,471	6^m,163	6^m,540	6^m,234	6^m,624	6^m,216	6^m,545
2	6 , 264	6 , 722	6 , 437	6 , 729	6 , 460	6 , 724	6 , 387	6 , 725
3	6 , 283	6 , 703	6 , 343	6 , 767	6 , 209	6 , 737	6 , 278	6 , 735
4	6 , 264	6 , 653	6 , 333	6 , 493	6 , 347	6 , 674	6 , 314	6 , 606
							6^m,298	6^m,652

Pas moyen relevé = 6^m,475

Le diamètre de l'hélice se vérifie en plaçant la règle le long de chaque aile et en faisant glisser le fil à plomb à l'extrémité jusqu'à tangenter le bout de l'aile, de manière à pouvoir mesurer sa distance à l'axe qui est le rayon de l'hélice.

Le même procédé de relevé peut être employé pour les hélices à pas constant. Mais il en est un plus simple, quand on dispose d'un marbre de grandeur suffisante pour contenir au moins la projection de toute une aile de l'hélice à relever.

Sur ce marbre, on trace des arcs de cercle ayant comme rayons les distances à l'axe des sections que l'on veut faire passer par l'aile.

On fait coïncider l'axe de l'hélice et le centre de ces arcs ; puis l'on promène sur le marbre une équerre à chapeau (fig. 65) jusqu'à ce qu'une de ses arêtes verticales touche une arête de l'aile et se trouve en même temps, au pied, sur l'arc de cercle de la section dont on s'occupe. On marque, sur l'arête de l'équerre et sur l'arc, deux traits bien visibles *a* et *c*. On opère de la même façon pour l'autre arête de l'aile et pour la même section, on a ainsi les points *b* et *d*. En mesurant alors, sur l'équerre, la distance *ab* représentant la fraction de pas, et sur le marbre, au moyen d'un mètre flexible, l'arc *cd* correspondant, on a les deux quantités qui permettent, par ce que nous avons vu plus haut, de déterminer pour cette section le pas de l'hélice.

En renouvelant l'expérience aux autres sections de l'aile et ensuite à toutes les ailes, on obtient les éléments nécessaires pour constituer un tableau, semblable à celui donné ci-dessus, qui permettra de déterminer le pas moyen de l'hélice.

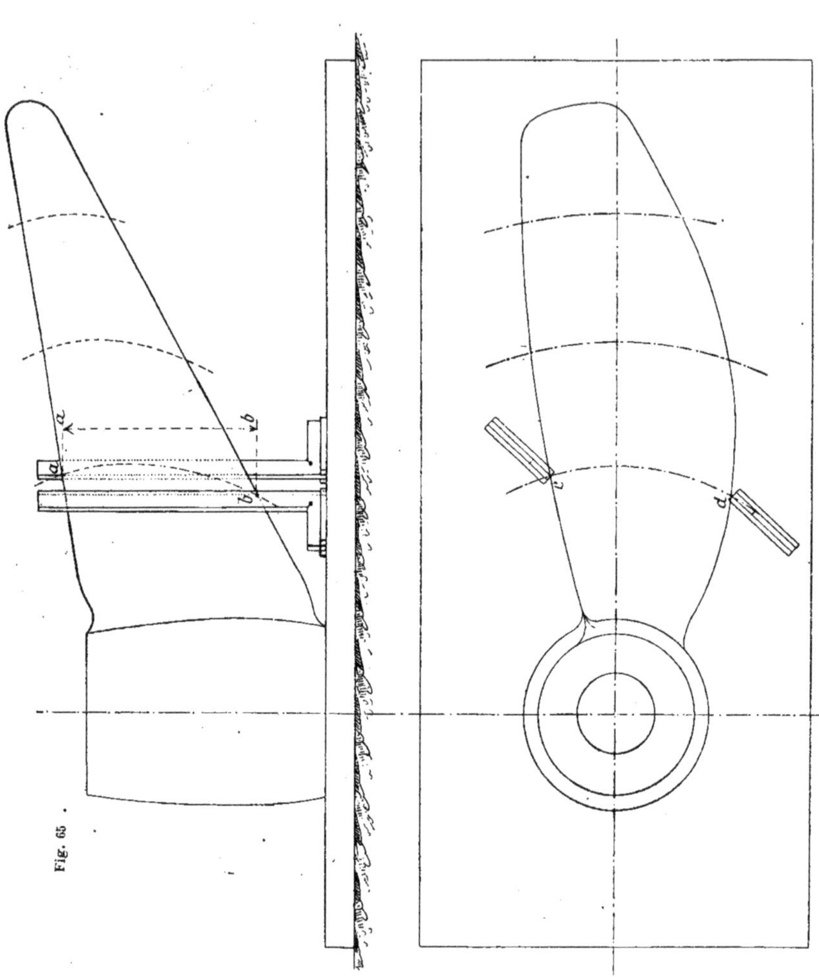

Fig. 65

18. — Renseignements sur les hélices.

Pour compléter le travail que nous venons de voir sur les hélices, nous donnerons un tableau de renseignements concernant la coque, la machine et les hélices d'un certain nombre de navires connus.

Une grande partie de ces renseignements a été recueillie par M. l'Ingénieur de la marine italienne, S. Manasse, actuellement professeur de construction navale à l'Institut de Livourne, et portée dans son ouvrage *Teoria della Nave*, que nous avons eu l'occasion de citer plusieurs fois dans le cours de notre travail.

Dans le tableau A les indications données sont relatives aux essais des navires faits lors de leur construction, ou, plus tard, à la suite de certaines modifications apportées à leurs appareils moteurs et évaporatoires.

Les dimensions de la coque sont déterminées de la manière suivante: les longueurs, entre les perpendiculaires (sauf celles des grands cuirassés qui sont extrêmes); les largeurs sont prises hors bordé; le coefficient de finesse est le rapport du volume de la carène au parallélipipède circonscrit à la flottaison. Ce dernier est le produit de la longueur par la largeur et par la profondeur de carène.

Par machine simple on entend celle dans laquelle la vapeur agit avec une égale pression dans tous les cylindres; la dénomination de machine compound est relative à celle dans laquelle la vapeur agit à haute et à basse pression dans des cylindres de diamètres différents.

Pour les navires à marchandises et les paquebots, les données du tableau A correspondent à des essais faits généralement à mi-chargement.

Le tableau B donne des renseignements spéciaux sur les hélices d'un certain nombre de navires connus.

Les renseignements de ce tableau qui concernent les navires de guerre ont été empruntés, en grande partie, au *Cours de machines marines* de M. Bienaymé.

Toutes les hélices dont le nombre d'ailes n'est pas spécifié sont à quatre ailes.

TABLEAU A

NOMS des NAVIRES	ESPÈCE des navires. — Année de leur construction ou de leurs essais	DIMENSIONS DES NAVIRES: Longueur et largeur en mètres	Tirant d'eau moyen et différence de tirant d'eau en mètres	Surface de la partie immergée au maître couple B^2 en mètres carrés	Déplacement de la carène en tonneaux métriques et coefficient de finesse	MACHINES: ESPÈCE des machines	Puissance indiquée en chevaux de 75 kilogrammètres F Nombre de tours par minute	PROPULSEURS: ESPÈCE des hélices	Diamèt. D et pas P en mètres	Vitesse des navires en nœuds V	Rapport $\frac{F}{B^2}$	Coefficient de vitesse ou d'utilisation M dans la formule $V = M\sqrt[3]{\frac{F}{B^2}}$
Dévastation.	Cuirassé anglais à tourelles — Fer 1871.	94m70 19 00	8m 10 0 10	135 m²90	9190 tx 0,620	2 machines horizontales.	6648 ch 76T	2 hélices.	5m33 5 96	13n 84	48,68	3,82
Pierre-le-Grand. .	Cuirassé russe — Fer 1872.	97 80 19 50	7 24 0 60	115 30	9820 0,710	»	10000 »	2 hélices à 3 ailes	5 40 »	15 00	86,73	3,38
Suffren. .	Cuirassé français de 1re classe — Bois 1873.	86 20 17 24	8 20 1 40	119 90	7508 0,600	1 mach. horizont. à 3 cylindres.	4181 64	1 hélice à 4 ailes avec moyeu sphérique.	6 00 7 50	14 30	34,90	4.38
Redoutable .	Cuirassé français de 1re classe - Acier 1878.	100 70 19 60	7 20 0 80	125 60	8796 0,600	1 mach. avec 3 paires de cyl.	6500 70	1 hélice à 4 ailes.	6 30 7 35	14 89	51,70	3,98
Duilio . .	Cuirassé ital. à tourell. — Fer 1880.	103 50 19 76	8 20 0 35	142 25	11138 0,656	2 mach. simples horizontales.	7710 83	2 hélices à 4 ailes	5 26 6 55	15 04	54,20	3,99
Dandolo. .	Cuirassé ital. à tourel. — Fer et acier 1882.	103 50 19 30	8 19 0 29	142 80	11180 0,656	2 mach. compound vertic.	7420 72	2 hélices à 4 ailes	5 19 7 15	15 51	51,96	4,16
Incostant. .	Croiseur cuirassé angl. — Fer doublé en bois 1868.	106 40 15 20	7 00 1 40	85 20	5560 »	1 machine horizontale.	7460 74	1 hélice.	7 06 7 31	16 50	87,56	3,70
Infernet. .	Corvette française — Bois 1869.	78 60 10 92	4 78 1 72	39 22	1919 0,507	1 mach. horizont. à 3 cylindres.	1784 95	1 hélice à 4 ailes avec moyeu sphérique.	4 20 4 90	14 40	45,50	4,04
Glatton. .	Garde-côtes cuirassé anglais — Fer 1871.	80 20 16 50	5 80 »	84 80	4915 0,680	2 mach. horizont à 2 cylindres.	2910 82	»	4 27 4 18	12 10	34.40	3,72
Cyclops. .	Garde-côtes cuirassé anglais — Fer 1871.	72 60 13 70	4 70 »	61 90	3460 0,760	2 compound verticales.	1680 127	»	3 66 »	11 00	27,14	3,66

Raleigh. . .	Croiseur anglais — Fer doublé en bois 1873.	95 00 14 80	7 20 0 90	88 50	5435 »	»	6240 74	1 hélice.	6 40 »	15 50	70,50	3,75
Boadicea. .	Croiseur anglais — Fer doublé en bois 1873.	91 00 13 70	6 70 0 70	72 00	4092 »	»	5320 75	1 hélice.	5 82 »	15 00	74,00	3,57
Shah. . . .	Croiseur anglais — Fer doublé en bois 1873.	106 00 15 80	7 20 1 10	91 60	6075 »	»	7600 70	1 hélice.	7 02 »	16 50	83,00	3,78
Indépendance.	Cuirassé anglais à tourelles — 1874.	91 50 19 22	7 52 0 40	132 00	9094 0,700	1 mach. simple à 2 cylind. horiz. à fourreau.	9120 71	1 hélice Griffith à 2 ailes.	6 85 7 01	14 41	69,10	3,50
Jeanne-d'Arc	Cuirassé français de 2e classe — Bois 1876.	68 05 13 20	6 17 1 14	70 82	3521 0,662	1 mach. à 3 cyl. égaux horiz.	2010 69	1 hélice à ailes doubles.	4 90 6 20	12 10	28,40	3,97
Duquesne. .	Croiseur français — Fer doublé en bois 1875.	106 70 15 20	6 90 1 60	74 00	5436 »	1 mach. à 3 paires de cylind. horiz. comp.	6589 77	1 hélice à 4 ailes.	6 10 7 02	17 00	89,20	3,81
Général-Amiral. .	Croiseur cuirassé russe — Fer 1873.	87 10 14 60	6 40 1 20	77 10	4648 »	»	3500 »	1 hélice.	6 25 »	15 00	45,40	4,20
Northampton	Croiseur cuirassé anglais — Acier 1879.	85 89 18 30	7 66 0 39	115 40	7323 0,630	2 machines compound.	4075 74	2 hélices à 3 ailes	5 49 5 80	12 37	35,30	3,78
Iris. . . .	Aviso rapide anglais — Acier 1878.	91 50 14 03	5 51 1 50	65 03	3342 0,514	2 machines compound.	7003 90	2 hélices ordinaires à 4 ailes	5 65 5 54	16 58	107,60	3,49
Iris. . . .	Aviso rapide anglais — Acier 1878.	91 50 14 03	5 51 1 50	65 03	3342 0,514	2 machines compound.	4368 89	2 hélices ordinaires à 2 ailes	5 65 5 54	15 73	67,10	3,87
Iris. . . .	Aviso rapide anglais — Acier 1878.	91 50 14 03	5 51 1 47	65 03	3342 0,514	2 machines compound.	7714 97	2 hélices Griffith à 4 ailes.	4 97 6 09	18 57	118,60	3,78
Iris. . . .	Aviso rapide anglais — Acier 1878.	91 50 14 03	5 51 1 47	65 03	3342 0,514	2 machines compound.	7556 93	2 hélices Griffith à 2 ailes.	5 53 6 49	18 59	116,20	3,80
Christophe-Colomb. .	Corvette à barbettes ital. — Bois 1876.	75 72 11 30	5 12 1 05	44 71	2316 0,563	1 mach. vertic. à 3 cylind. égaux	3782 85	1 hélice.	5 23 5 94	16 33	84,57	3,72
Estafette. .	Aviso italien. — Fer 1878.	77 08 9 43	3 97 1 51	28 39	1505 0,536	1 machine compound.	2085 68	1 hélice.	4 05 7 97	15 37	73,44	3 66
Flavio-Gioia.	Corvette à barbettes ital. — Acier 1883.	78 00 12 76	5 31 1 64	51 80	2524 0,532	1 horizont. à 3 cylind. égaux.	3920 88	1 hélice.	5 47 5 78	15 30	75,67	3,62

TABLEAU **A** (*suite*)

NOMS des NAVIRES	ESPÈCE des navires. — Année de leur construction ou de leurs essais	DIMENSIONS DES NAVIRES: Longueur et largeur en mètres	Tirant d'eau moyen et différence de tirant d'eau en mètres	Surface de la partie immergée au maître couple B^2 en mètres carrés	Déplacement de la carène en tonneaux métriques et coefficient de finesse	MACHINES: ESPÈCE des machines	Puissance indiquée en chevaux de 75 kilogrammètres F Nombre de tours par minute	PROPULSEURS: ESPÈCE des hélices	Diamèt. D et pas P en mètres	Vitesse des navires en nœuds V	Rapport $\frac{F}{B^2}$	Coefficient de vitesse ou d'utilisation M dans la formule $V = M\sqrt[3]{\frac{F}{B^2}}$
Agostino-Barbarigo.	Aviso italien — Acier 1882.	66m00 7 34	3m29 1 58	17mq31	656tx 0,482	1 verticale à 3 cylind. égaux.	1827ch 119T	1 hélice.	3m66 4 88	15n82	105,54	3,33
Marco-Anto.-Colonna.	Aviso italien — Acier 1883.	66 00 7 35	3 55 1 50	19 00	656 0,482	1 verticale à 3 cylind. égaux.	1704 118	1 hélice.	3 66 4 88	15 49	89,68	3,46
Vienne.	Transport français — Fer.	62 20 9 35	4 26 1 60	32 88	1678 0,661	1 mach. verticale compound.	723 76	1 hélice à 2 ailes doubles.	3 75 4 50	10 25	22,00	3,72
Citta di Napoli.	Transport écurie italien — Bois 1866.	81 60 13 52	5 49 1 04	57 26	3359 0,575	1 mach. simple à bielle renvers.	1814 59	1 hélice.	5 16 7 47	11 25	31,68	3,55
Cariddi.	Canonnière à barbettes ital. — Bois 1875.	54 39 8 75	3 92 0 74	26 97	1102 0,590	1 machine compound.	844 102	1 hélice.	3 05 4 57	10 64	31,29	3,38
Sentinella.	Canonnière italienne — Fer 1875.	30 50 8 15	1 75 0 23	11 07	259 »	2 horizontales.	212 148	2 hélices à 3 ailes	1 67 2 48	9 23	19,15	3,44
Torpilleur italien.	Acier 1879.	22 40 3 04	» »	2 68	» »	1 verticale compound.	250 »	1 hélice à 3 ailes.	1 50 1 60	18 00	93,28	3,97
France.	Paquebot transatlantique français — Fer.	120 00 13 50	5 62 0 74	63 00	5493 0,591	1 verticale compound à 4 cyl.	3361 64	1 hélice à 4 ailes.	5 80 8 70	14 54	53,35	3,90
Servia.	Paquebot transatlantique anglais.	156 90 15 85	» »	97 17	10960 »	Machine à pilon comp. à 3 cyl.	10400 54	1 hélice à 4 ailes.	7 33 10 82	16 90	107,00	3,40
Giralda.	Yacht en fer 1881.	41 45 6 45	2 77 »	9 75	258 0,403	»	330 111	1 hélice.	2 743 »	11 70	33,84	3,62

Oriental. .	Yacht.	32 50 6 13	2 64 »	11 71	266 0,460	»	330 146	1 hélice.	2 134 »	11 40	28,18	3,74
Jacamar .	Yacht.	47 40 7 32	3 09 »	15 60	422 0,400	»	494 95	1 hélice.	3 048 »	12 50	31,66	3,94
Anadyr. .	Paquebot des Messager. Maritimes — Fer.	120 30 12 07	4 94 »	48 66	4160 0,615	1 mach. verticale à 3 cylindres.	245. 74	1 hélice à 4 ailes amov. sur un moyeu sphér.	4 80 6 40	14 45	50,39	3,89
Gironde. .	Paquebot des Messager. Maritimes — Fer.	112 00 12 18	4 85 »	44 07	3352 0,534	1 mach. verticale à 3 cylindres.	2067 75	1 hélice à 4 ailes amov. sur un moyeu sphér.	4 50 6 20	14 43	46,90	4,00
Aréthuse .	Paquebot des Messager. Maritimes — Fer.	83 00 10 09	4 24 0 53	30 15	1412 0,428	1 mach. verticale comp. à 4 cyl.	805 63	1 hélice à 3 ailes	4 25 5 80	11 12	26,69	3,72
La Seyne .	Cargo-boat des Messageries — Fer.	95 00 11 50	5 88 »	46 80	3800 0,652	1 mach. verticale comp. à 4 cyl.	1421 66	1 hélice à 4 ailes amov. sur un moyeu sphér.	4 80 5,20	11 80	30,36	4,00
Henri IV .	Cargo-boat en fer.	72 00 11 00	6 05 0 48	56 96	2952 0,623	1 mach. verticale comp. à 2 cyl.	577 66	1 hélice à 4 ailes.	4 38 4 38	9 20	10,13	4,25
Paquebot italien. .	Fer.	82 56 9 20	4 60 »	35 70	» »	1 machine compound à 4 cyl.	700 »	1 hélice à 4 ailes.	4 55 7 75	10 25	19,60	2,81
Ortigia. .	Paquebot en fer 1878.	88 66 10 00	6 20 0 40	55 00	3540 »	1 machine compound à 4 cyl.	1300 »	1 hélice à 4 ailes.	4 88 6 10	11 50	23,63	4,00
Remorqueur.	Fer 1870.	24 00 4 00	1 65 1 30	4 97	89 »	1 machine compound.	128 »	1 hélice à 4 ailes.	2 20 3 33	11 00	25,75	3,73
La Bourgogne	Paquebot transatlantique — Acier 1886.	150 00 15 97	6 45 1 88	81 61	8360 0,568	1 machine compound à 3 paires de cylind.	9454 64	1 hélice à 4 ailes rapportées.	7 00 10 00	18 85	115,84	3,87
La Corse .	Paquebot en fer 1882. Cie transatlantique.	74 20 9 20	3 87 1 15	29 03	1371 0,547	1 machine compound à pilon.	1258 76	1 hélice à 4 ailes.	4 56 5 80	13 80	43,34	3,92
Moïse. .	Paquebot en fer 1891. Cie transatlantique.	95 10 10 25	4 65 1 20	39 30	2560 0,600	1 mach. à pilon à triple expans	2700 78	1 hélice à 4 ailes.	4 90 6 70	15 45	68,70	3,77
Dragut. .	Paquebot de la Cie transatlantique — Fer 1880	54 85 7 67	3 07 0 15	20 45	709 0,576	1 machine compound.	485 87,5	1 hélice à 4 ailes.	3 05 4 27	11 75	23,71	4,08
St-Germain .	Paquebot de la Cie transatlantique — Fer 1876	112 72 12 28	5 78 0 60	59 92	4733 0,623	1 machine compound.	2269 50,8	1 hélice à 4 ailes.	5 94 8 75	13 35	37,87	3,97

TABLEAU A (*Suite*)

NOMS des NAVIRES	ESPÈCE des navires — Année de leur construction ou de leurs essais	DIMENSIONS DES NAVIRES: Longueur et largeur en mètres	DIMENSIONS DES NAVIRES: Tirant d'eau moyen et différence de tirant d'eau en mètres	DIMENSIONS DES NAVIRES: Surface de la partie immergée au maître couple B^2 en mètres carrés	DIMENSIONS DES NAVIRES: Déplacement de la carène en tonneaux métriques et coefficient de finesse	MACHINES: ESPÈCE des machines	MACHINES: Puissance indiquée en chevaux de 75 kilogrammètres F Nombre de tours par minute	PROPULSEURS: ESPÈCE des hélices	PROPULSEURS: Diamèt. D et pas P en mètres	Vitesse des navires en nœuds V	Rapport $\frac{F}{B^2}$	Coefficient de vitesse ou d'utilisation N dans la formule $V = N \sqrt[3]{\frac{F}{B^2}}$
Olinde-Rodrigues.	Paquebot de la Cie Transatlantique — Fer 1878.	106m68 11 95	5m 10 0 14	49m²30	3842tx 0,622	1 machine compound.	1798ch 67T	1 hélice à 4 ailes	4m60 6 36	13n26	36,47	4,00
Amiral-Cécile	Croiseur à gr. vitesse. — Acier 1890.	115 50 15 03	5 80 1 55	74 40	5514 0,546	2 mach. à pilon indépendantes.	10363 101 2	2 hélices à 4 ailes	5 06 6 15	19 2	139,30	3,70
Marceau	Vaisseau cuirassé. — Acier 1890.	98 60 20 12	8 00 0 60	143 00	10629 0,653	d°	10940 87 4	2 hélices à 4 ailes	5 36 6 44	16 19	76,52	3,81
Pelayo	Vaisseau cuirassé espagnol — Acier 1888.	102 00 20 20	6 88 1 14	128 45	9165 0,637	d°	9660 89 8	2 hélices à 4 ailes	5 10 6 36	16 77	75,22	3,97
Matsushima.	Cuirassé japonais — 1891.	90 00 15 54	6 05 0 80	73 16	4291 0,518	2 mach. à double ou triple expansion.	6866 107 9	2 hélices à 4 ailes	4 40 5 08	17 01	93,85	3,75
Ghelendjik.	Torpilleur de haute mer russe — Acier 1884.	37 00 3 75	1 17 0 90	3 00	74,4 0,505	1 machine à 2 cylindres.	535 312	1 hélice à 3 ailes.	1 76 2 04	18 04	178,33	3,21
Orage	Aviso torpilleur — Acier 1892.	42 50 4 55	1 08 1 00	3 59	100,7 0,484	1 mach. à triple expansion.	1358 323	1 hélice à 3 ailes.	2 00 2 50	22 01	378,27	3,05
Gabriel-Charmes	Aviso torpilleur — Acier 1887.	40 00 3 80	0 91 1 20	2 42	70,7 0,511	1 machine compound.	560 353 5	1 hélice à 3 ailes.	1 70 2 18	19 85	231,40	3,23
Armand-Béhic	Paquebot des Messager. maritimes — 1892.	148 50 15 22	5 95 2 02	68 40	7170 0,565	1 mach. à triple expansion.	7512 81 9	1 hélice à 4 ailes rapportées.	6 20 7 20	17 68	109,82	3,68
Melbourne.	Paquebot des Messager. maritimes — 1882.	126 15 12 07	5 17 1 34	51 44	4719 0,635	1 machine comp. à 3 cylindres.	3467 86 9	1 hélice à 4 ailes rapportées.	4 80 6 00	15 43	67,40	3,79

Yarra . .	Paquebot des Messager. maritimes — 1884.	126 15 12 66	5 20 1 28	53 50	4868 0.620	1 machine comp. à 3 cylindres.	3480 87 2	1 hélice à 4 ailes rapportées.	5 00 5 70	15 12	65,05	3,76
Yang-Tsé. .	Paquebot des Messager. maritimes — 1890.	120 30 12 07	5 06 1 48	50 10	4301 0,617	1 machine comp. à 3 cylindres.	2998 84 4	1 hélice à 4 ailes rapportées.	5 00 5 70	15 09	59,84	3,86
La Plata . .	Paquebot des Messager. maritimes — 1889.	141 00 14 04	5 74 1 34	62 70	6520 0,605	1 mach. à triple expansion.	5225 77 4	1 hélice à 4 ailes rapportées.	6 00 6 90	16 60	83,33	3,82
Ortégal . .	Cargo-boat des Messag. maritimes — 1885.	100 00 13 84	4 29 1 42	48 45	3557 0,638	1 machine compound.	2110 81 9	1 hélice à 4 ailes.	4 80 5 20	13 38	43,55	3,81
Mpanjaka. .	Paquebot des Massager. maritimes — 1889.	63 28 7 88	3 10 0 84	18 80	803,60 0,560	1 mach. à triple expansion.	458 114 3	1 hélice à 4 ailes.	2 10 3 00	10 97	24,36	3,78
La Touraine.	Paquebot de la Cie Transatlantique — Acier 1891.	157 45 17 05	6 67 0 80	100 50	11115 0,650	2 mach. à triple expans. indépendantes.	10086 73 2	2 hélices à 3 ailes	6 00 8 74	19 15	100,35	4,11
La Normandie	Paquebot de la Cie Transatlantique — Acier 1883.	140 00 15 20	6 32 1 52	81 88	7865 0,615	1 machine comp. à 6 cylindres.	6897 60 9	1 hélice à 4 ailes rapportées.	6 71 9 45	17 28	84,23	3,94
Eugène-Péreire. . .	Paquebot de la Cie Transatlantique — Acier 1888.	102 50 10 67	4 64 1 90	39 04	2450 0,507	1 mach. à triple expansion.	3345 90 1	1 hélice à 4 ailes.	4 90 6 45	17 63	85,68	4,00
Général-Chanzy. . .	Paquebot de la Cie Transatlantique — Acier 1892.	104 45 10 94	4 73 2 34	39 73	2601 0,505	1 mach. à triple expansion.	3948 93	1 hélice à 4 ailes.	4 90 6 53	18 25	99,38	3,94
Ferdinand-de-Lesseps. .	Paquebot de la Cie Transatlantique — Fer 1882.	106 07 11 65	5 05 1 40	49 18	3670 0,623	1 machine compound.	1488 53 5	1 hélice à 4 ailes.	5 48 7 00	11 80	30,25	3,79
Ville-de-Tunis	Paquebot de la Cie Transatlantique — Fer 1884.	96 38 10 57	4 55 1 79	39 01	2465 0,559	1 machine compound.	2205 70 8	1 hélice à 4 ailes.	4 85 6 40	15 05	56,53	3,92
Morbihan. .	Cargo-boat de la Cie Transatlantique — Acier 1887.	70 00 10 15	5 05 0 94	44 20	2212 0,645	1 mach. à triple expansion.	870 76 6	1 hélice à 4 ailes.	3 96 4 43	11 15	19,68	4,12
Salvador. .	Cargo-boat de la Cie Transatlantique — Fer 1889.	70 00 9 00	3 50 0 46	24 03	1198 0,528	1 machine compound.	728 96	1 hélice à 4 ailes.	3 20 4 30	11 70	30,29	3,76
Espagne . .	Paquebot de la Cie des Transports maritimes — 1891.	121 05 12 85	4 94 1 76	51 03	5465 0,725	1 mach. à triple expansion.	3242 80 1	1 hélice à 4 ailes.	5 10 5 95	15 23	63,50	3,84
Aquitaine. .	Paquebot de la Cie des Transports maritimes — 1891.	106 98 12 98	5 25 0 50	49 75	4367 0,633	1 mach. à triple expansion.	2600 72	1 hélice à 4 ailes.	5 18 5 83	13 50	52,26	3,61

TABLEAU A (*Suite*)

NOMS des NAVIRES	ESPÈCE des navires. — Année de leur construction ou de leurs essais	DIMENSIONS DES NAVIRES: Longueur et largeur en mètres	Tirant d'eau moyen et différence de tirant d'eau en mètres	Surface de la partie immergée au maître couple B^2 en mètres carrés	Déplacement de la carène en tonneaux métriques et coefficient de finesse	MACHINES: ESPÈCE des machines	Puissance indiquée en chevaux de 75 kilogrammètres F / Nombre de tours par minute	PROPULSEURS: ESPÈCE des hélices	Diamèt. D et pas P en mètres	Vitesse des navires en nœuds V	Rapport $\frac{F}{B^2}$	Coefficient de vitesse ou d'utilisation M dans la formule $V = M\sqrt[3]{\frac{F}{B^2}}$
Béarn . . .	Paquebot de la Cie des Transports maritimes Fer 1882.	120m30 12 25	6m00 0 40	66m²30	5865tx 0,692	1 machine compound.	1853ch 55T,4	1 hélice à 4 ailes.	5m30 7 25	12n97	27,95	4,27
Provence . .	Paquebot de la Cie des Transports maritimes — 1884.	118 00 12 83	4 92 1 73	53 80	4523 0,646	1 machine compound.	2587 70	1 hélice à 4 ailes.	5 06 6 56	14 84	48,07	4,06
Poitou . . .	Paquebot de la Cie des Transports maritimes — Fer 1871.	96 35 10 40	5 05 1 50	48 00	3100 0,645	1 machine compound.	1005 53 3	1 hélice à 4 ailes.	4 54 6 70	11 14	20,93	4,04
Berry . . .	Paquebot de la Cie des Transports maritimes — Fer 1884.	77 72 10 34	4 53 1 08	39 83	2250 0,650	1 machine compound.	1264 62	1 hélice à 4 ailes.	4 72 6 09	12 40	31,73	3,96
Franche-Comté . . .	Cargo-boat des Transports maritimes — Fer 1886.	72 00 8 85	4 04 1 18	30 15	1640 0,677	1 mach. à triple expansion.	706 89	1 hélice à 4 ailes. Pas à gauche.	3 84 4 00	10 78	23,41	3,80
Tibet. . . .	Paquebot de la Cie Fraissinet — Fer 1884.	97 60 12 22	4 70 2 80	50 10	3526 0,664	1 machine compound.	1828 74 7	1 hélice en bronze à 4 ailes.	4 90 5 74	13 52	36,48	4,07
Liban. . . .	Paquebot de la Cie Fraissinet — Fer 1892.	91 50 11 06	4 98 0 59	48 13	3150 0,658	1 mach. à triple expansion.	2150 75	1 hélice à 4 ailes.	4 88 5 93	13 29	44,67	3,75
Taurus. . .	Paquebot de la Cie Fraissinet — Fer 1889.	79 25 11 24	4 30 1 40	44 64	2453 0,680	1 machine compound.	1525 75 5	1 hélice à 4 ailes.	4 58 5 19	12 63	34,16	3,89
Cyrnos. . .	Paquebot de la Cie Fraissinet — Acier 1890	68 58 8 84	3 54 1 20	26 94	1159 0.579	1 mach. à triple expansion.	1351 86 2	1 hélice en bronze à 4 ailes.	3 96 5 64	13 93	50,15	3,78
Taygète. . .	Paquebot de la Cie Fraissinet — Fer 1890.	79 25 11 24	4 13 1 45	42 50	2350 0,678	1 machine compound.	1433 65 4	1 hélice à 4 ailes.	4 90 6 17	12 26	33,71	3,79

Moco. . . .	Remorqueur de la Société Chambon à Marseille — Fer 1891.	33 50 6 00	2 23 0 75	8 85	219tx 0	500 520	1 machine compound.	500 130	1 hélice à 3 ailes.	2 35 3 22	12 00	56,50	3,12
Nouveau Marseillais .	Remorqueur de la Société Chambon — Bois 1880.	24 00 5 46	2 32 1 35	7 02	120 0	520 470	d°	160 115	1 hélice à 4 ailes.	1 91 3 50	10 00	22,79	3,53
Marseillais n° 2	Remorqueur de la Société Chambon — Bois	20 00 4 20	2 23 0 75	6 45	86 0	440 490	d°	110 130	1 hélice à 4 ailes.	1 75 2 30	9 00	17,05	3,50
Marseillais n° 3	Remorqueur de la Société Chambon — Fer 1870.	17 20 3 50	1 35 0 30	3 25	38 0	350 510	d°	80 180	1 hélice à 4 ailes.	1 15 1 75	9 00	24,61	3,10
Marseillais n° 7. . . .	Remorqueur de la Société Chambon.	15 50 3 86	2 15 0 30	5 90	66 0	800 545	d°	90 180	1 hélice à 4 ailes.	1 70 2 00	8 00	15,25	3,22
Marseillais n° 9. . . .	Remorqueur de la Société Chambon — Fer	11 71 3 00	1 20 0 40	2 60	22 0	800 590	d°	35 160	1 hélice à 4 ailes.	1 12 1 45	7 50	13,46	3,15
Marseillais n° 14. . . .	Remorqueur de la Société Chambon — Acier 1887.	18 00 4 40	1 93 0 45	5 92	74 0	130 520	d°	100 180	1 hélice à 4 ailes.	1 70 2 00	8 20	16,88	3,18
Utile. . . .	Remorqueur de la Société Chambon — Bois	21 55 4 12	2 10 0 60	6 78	74 0	800 425	d°	100 120	1 hélice à 4 ailes.	1 70 2 75	7 50	14,75	3,05
Côtier . . .	Remorqueur de la Société Chambon — Bois	17 00 4 20	1 33 0 55	4 40	41 0	280 480	d°	45 185	1 hélice à 4 ailes.	1 20 1 60	7 70	10,23	3,52
Lorraine . .	Remorqueur de la Société Chambon — Fer 1891.	14 40 3 60	1 50 0 40	3 50	39 0	520 515	d°	90 240	1 hélice à 4 ailes.	1 50 1 75	9 10	25,71	3,05
Joliette. . .	Remorqueur de la Société Chambon — Fer 1884.	11 45 3 25	1 38 0 15	3 00	28 0	560 600	d°	45 200	1 hélice à 4 ailes.	1 10 1 40	8 00	15,00	3,24
Furet. . . .	Remorqueur de la Société Chambon — Fer	10 70 2 65	1 10 0 30	2 10	17 0	080 610	1 machine à 1 cylindre.	25 170	1 hélice à 4 ailes.	0 96 1 30	7 00	11,90	3,07
Torpilleurs. .	Type Normand.	34 00 3 50	1 00 »	2 32	52 0	000 440	1 machine compound.	475 314	1 hélice à 3 ailes.	1 70 2 33	20 00	204,73	3,39
Torpilleurs. .	Type Schichau (en Allemagne).	39 01 4 88	1 19 0 02	3 65	88 0	000 400	1 mach. à triple expansion.	970 370	1 hélice.	1 80 2 30	21 00	265,75	3,26
Torpilleurs. .	Type Balny.	40 75 3 27	1 15 1 08	2 52	66 0	300 435	1 machine compond.	500 308	1 hélice.	1 80 2 17	20 20	198,41	3,46
Canots-vedettes . .	Marine militaire.	13 00 2 38	0 65 0 45	0 94	7 0	050 374	1 mach. à triple expansion.	105 483	1 hélice en bronze à 2 ailes.	1 00 1 10	13 05	117,70	2,71

TABLEAU B

NOMS DES NAVIRES	Surface immergée au maître-couple en mètres carrés B^2	Diamètre de l'hélice en mètres D	Pas de l'hélice en mètres P	Rapport $\frac{B^2}{D^2}$	Rapport $\frac{P}{D}$	FRACTION DE PAS f au moyeu	au 1/2 rayon	à l'extrémité des ailes	OBSERVATIONS
NAVIRES DE GUERRE									
Redoutable	122,95	6,30	7,34	3,08	1,16	0,32	0,264	0,132	1 hélice.
Amiral-Duperré . .	142	5,36	6,40	2,46	1,16	0,56	0,36	0,14	2 hélices.
Océan	121,15	6,10	8,75	3,25	1,45	0,32	0,264	0,160	1 hél. à génératrice courbe
Colbert.	120,64	6,12	7,15	3,20	1,17	0,221 à 2m40			1 hélice.
Vengeur	82,60	4,60	4,00	3,90	0,87	0,804	0,387	0,16	1 hél. à génératrice courbe
Annamite.	74,44	5,48	6,54	2,48	1,20	0,28	0,209	0,13	1 hélice Mangin.
Tourville	67,19	5,85	7,53	1,96	1,28	0,498	0,32	0,16	1 hélice.
Terrible	111,5	4,70	5,70	2.50	1,21	0,604	0,424	0,100	2 hélices.
Vauban	100	4,30	5,80	3,70	1,35	0,640	0,440	0,140	—
Lagalissonnière . .	80	3,80	5,18	2,75	1,38	0,230 à 1m33—0,152 à 1m82			2 hél. à génératrice courbe
Voltigeur.	20,25	3,25	4,115	1,80	1,28	0,24 à 1 137—0,172 à 1 54			1 hélice.
Rigault-de-Genouilly	34,97	4,22	4,83	1,96	1,14	0,221 à 1 47 —0,17 à 2 00			—
Aspic	15,18	2,70	3,00	2,08	1,11	0,50	0.365	0,05	—
Gladiateur, ...	15,25	1,80	2,55	2,35	1,42	0,394	0,392	0,318	2 hélices.
Epée	10,70	1,38	1,77	2.80	1,28	0,384	0,384	0,384	—
Elan.	9,36	2,02	2,79	2,30	1,39	0,540	0,354	0,220	1 hélice.
D'Herville	17,5	2,32	2,90	3,25	1,25	0,65	0,48	0,16	2 hélices.
Chishima-Kan . . .	17,0	2,30	2,74	3,20	1,19	0,45	0,39	0,115	2 hélices à 3 ailes, pas variable du moyeu au bout de l'aile.
Hirondelle	23,30	2,92	3,89	1,36	1,32	»	0,37	0,26	2 hélices.
Seignelay.	37,72	4,24	5,64	2,10	1,35	0,48	0,24	0,16	1 hélice.
Villars.	42,58	4,60	5,20	2,03	1,13	0,72	0,36	0,14	—
Duguay-Trouin. . .	55,71	5,10	5.75	2,13	1,13	0,75	0,24	0,145	1 hél. à génératrice courbe.
Bayard	92,20	4,72	5,60	2,20	1,18	0,306 à 1m645 — 0,16 à 2m20			2 hél. à génératrice courbe.
Allier	33,90	3,60	3,68	2,77	1,02	»	0,28	0,16	Hélice Mangin.
TORPILLEURS									
Normand, de 34 mètres.	2,32	1,70	2,33	0,80	1,37	»	0,33	0,078	1 hél. à 3 ailes, à génératrice droite inclinée.
Normand, de 28 mètres.	1,76	1,70	2,33	0,61	1,21	0,33 à 0m500 0,11 à 1 00		0,071	1 hél. à 3 ailes, pas variable du moyeu au bout de l'aile.
Thornycroft, de 28 mèt.	1,74	1,78	1,80	0,55	1,01	0,143 à 0m53—0,06 à 0m84			1 hél. à 3 ailes, pas variable du moyeu au bout de l'aile.

TABLEAU **B** (*suite*)

NOMS DES NAVIRES	Surface immergée au maître-couple en mètres carrés B^2	Diamètre de l'hélice en mètres D	Pas de l'hélice en mètres P	Rapport $\frac{B^2}{D^2}$	Rapport $\frac{P}{D}$	FRACTION DE PAS f au moyeu	FRACTION DE PAS f au milieu	FRACTION DE PAS f à l'extrémité des ailes	OBSERVATIONS
TORPILLEURS (*suite*).									
Thornycroft, de 19 mèt.	»	1,235	1,44	»	1,16	0,22 à 0m38—0,12 à 0m57			1 hélice à 3 ailes, pas variable du moyeu au bout de l'aile.
Marine, de 34 mètres .	2,64	1,70	2,31	0,91	1,36	0,44	0,32	0,06	1 hélice à 3 ailes, pas variable du moyeu au bout de l'aile.
Balny, de 40m75. . .	2,52	1,80	2.18	0,78	1,21	0,32	0,193	0,072	1 hélice à 3 ailes, pas variable du moyeu au bout de l'aile.
PAQUEBOTS									
Eugène-Péreire . .	39,04	4,90	6,45	1,63	1,32	0,545	0,383	0,118	1 hélice à génératrice droite inclinée. Recul 0,04.
Ville-de-Tunis . . .	39,01	4,85	6,40	1,66	1,32	0,69	0,39	0,20	1 hélice à génératrice droite inclinée d'un quart.
Saint-Domingue . .	24,03	3,20	4,30	2,34	1,34	0,60	0,45	0,24	1 hél. à génératrice droite.
Afrique	29,21	4,56	5,60	1,40	1,27	0,56	0,39	0,08	1 hél à génératrice inclinée
Labrador.	63,00	5,70	8,05	1,94	1,41	0,541	0,35	0.165 à 2m62 de rayon	—
Anjou	23,60	3,20	4,45	2,30	1,39	0,45	0,28	0,08	1 hélice.
Melbourne.	51,44	4,80	6,00	2,23	1.25	0,500	0,26	0,165	1 hélice à génératrice droite
Ville-de-Rome . . .	38,39	4,88	7,70	1,62	1,37	0,534	0,45	0,14	1 hélice à génératrice droite Recul 0,05.
Normandie	81,88	6,71	9.45	1,82	1,41	0,440	0,312	0,148	1 hél. à génératrice courbe Recul 0,07.
Armand-Béhic . . .	68,40	6,20	7,20	1,79	1,16	0,624	0,235	0,109	1 hélice à génératrice droite
Yarra	53,50	5,00	5,70	2,14	1.14	0,588	0,275	0,113	—
Tibet	50,10	4,90	5,74	2,09	1,17	0,600	0,350	0, 100	1 hélice, recul 0,03.
Liban	48,13	4,88	5,93	2,02	1,21	0,552	0,371	0,118	1 hélice, recul 0,08.
Stamboul.	47,90	4,90	5,64	1,99	1,15	0,535	0,310	0,096	1 hélice.
Taurus	44,64	4,58	5,19	2,13	1,13	0.594	0,318	0,098	1 helice, recul 0,01.
Taygète	42,50	4,90	6,17	1,77	1,26	0,503	0,467	0,181	1 hélice, recul 0,06.
Cyrnos.	26,94	3,96	5,64	1,72	1,42	0,467	0,425	0,117	1 hélice, recul 0,11.
Espagne	51,03	5,10	5.95	1,96	1,17	0,543	0,402	0,120	1 hélice, recul 0,02.
Béarn	66,30	5,30	7,25	2,36	1,37	0,500	0,300	0,100	1 hélice, recul 0.005.
Provence.	53,80	5,06	6,56	2,10	1,29	0,600	0,350	0,120	1 hélice, recul 0,003.
Poitou.	48,00	4,54	6.70	2,32	1,47	0,627	0,297	0,095	1 hélice, recul 0.04.
Bourgogne	39,96	4,90	4,90	1,66	1,00	0,706	0,326	0,082	1 hélice, recul 0,27.
Bretagne.	41,00	4,80	4,50	1,78	0,93	0,500	0,320	0,160	1 hélice, recul 0,05.

TABLEAU **B** *(suite)*

NOMS DES NAVIRES	Surface immergée au maître-couple en mètres carrés B^2	Diamètre de l'hélice en mètres D	Pas de l'hélice en mètres P	Rapport $\frac{B^2}{D^2}$	Rapport $\frac{P}{D}$	FRACTION DE PAS f au moyeu	au milieu	à l'extrémité des ailes	OBSERVATIONS
PAQUEBOTS *(suite)*									
Franche-Comté . . .	30m²15	3m84	4m00	2,04	1,04	0,576	0,316	0,104	1 hélice, recul 0,04.
Général-Chanzy . .	39,78	4,90	6,53	1,66	1,34	0,560	0,330	0,100	1 hélice, recul 0,10.
La Touraine. . . .	100,50	6,00	8,74	1,40	1,46	0,380	0,298	0,079	2 hél. à 3 ailes, recul 0,10
Ville-d'Alger . . .	41,52	4,90	6,61	1,73	1,35	0,560	0,370	0,110	1 hélice, recul 0,06.
La Corse	29,03	4,56	5,80	1,39	1,27	0,511	0,386	0,095	1 hél. génératrice droite.
Ville-d'Oran. . . .	38,91	4,90	6,53	1,62	1,33	0,500	0,360	0,100	1 hélice, recul 0,10.
France.	63,00	5,80	8,70	1,87	1,50	0,450	0,340	0,112	1 hélice, recul 0,07.
Olinde Rodrigues. .	49,30	4,60	6,36	2,33	1,38	0,524 à 0m50	0,442 à 1m25	0,280 à 2m00	1 hélice.
REMORQUEURS									
Moco.	8,85	2,35	3,22	1,60	1,37	0,450 à 0m30	0,395 à 0m70	0,195 à 1m11	1 hélice à 3 ailes.
Marseillais 2 . . .	6,45	1,75	2,30	2,10	1,31	0,564	0,385	0,130	1 hélice.
Marseillais 3 . . .	3,20	1,15	1,75	2,42	1,52	0,448	0,337	0,230	—
Marseillais 7 . . .	5,90	1,70	2,00	2,04	1,18	0,675	0,410	0,150	—
Marseillais 9 . . .	2,55	1,12	1,45	2,04	1,29	0,524	0,415	0,160	—
Marseillais 12. . .	5,92	1,70	2,00	2,05	1,18	0,640	0,386	0,140	—
Nouveau-Marseillais	7,02	1,91	3,50	1,92	1,84	0,390	0,360	0,105	1 hélice en bronze.
Utile.	6,78	1,70	2,75	2,38	1,61	0,370	0,235	0,090	1 hélice.
Côtier	4,40	1,20	1,60	3,05	1,33	0,495	0,395	0,120	—
Furet	2,10	0,96	1,30	2,28	1,35	0,430	0,360	0,220	—
Joliette.	3,00	1,10	1,40	2,48	1,27	0,500	0,400	0,130	—
— de 70 chevaux.	5,62	1,20	1,45	3,90	1,21	0,560	0,340	0,120	1 hélice en bronze.
Chaloupe de 13 mètres.	2,48	1,10	1,35	2,05	1,23	0,500	0,685	0,240	—

TABLE DES MATIÈRES

I. — Préliminaires.

II. — Roues à aubes.

III. — Hélice.

Imprimerie E. BERNARD et Cie, 23, rue des Grands-Augustins, Paris.

www.ingramcontent.com/pod-product-compliance
Ingram Content Group UK Ltd.
Pitfield, Milton Keynes, MK11 3LW, UK
UKHW021137260726
13994UKWH00001B/188

9 782329 364179